春华秋实

交通运输部公路科学研究院
“十二五”优秀科技成果

交通运输部公路科学研究院　组织编写

人民交通出版社股份有限公司
China Communications Press Co.,Ltd.

内容提要

“十二五”期间，交通运输部公路科学研究院以“提高自主创新能力、发展引领能力、科技服务能力，建设世界一流科研院”为目标，开展了卓有成效的科技创新活动，突破了一批前沿和重大技术，取得了一批优秀科技成果，为行业发展提供了重要支撑。

本书为公路院“十二五”期间科技成果一部分，包括基础前沿研究取得的新突破、重大应用技术研究取得的新进展、政策规划研究取得的新成果和标准规范创制取得的新成绩。这本成果集既是实用性成果的汇集，也是创新性研究理念的展示，可为公路交通运输行业新成果的应用提供参考，也可为广大科技人员开展科技创新活动提供启迪。

本书适合从事公路科研工作的人员参考使用。

图书在版编目（CIP）数据

春华秋实：交通运输部公路科学研究院“十二五”优秀科技成果 / 交通运输部公路科学研究院组织编写. — 北京：人民交通出版社股份有限公司，2016.10

ISBN 978-7-114-13380-0

Ⅰ.①春… Ⅱ.①交… Ⅲ.①公路运输 – 科学技术 – 文集 Ⅳ.①U4-53

中国版本图书馆 CIP 数据核字 (2016) 第 235719 号

春华秋实

交通运输部公路科学研究院“十二五”优秀科技成果

著 作 者：交通运输部公路科学研究院

责任编辑：孙 玺 周 宇 牛家鸣

排　　版：北京楚泰文化传播有限公司

出版发行：人民交通出版社股份有限公司

地　　址：北京市朝阳区安定门外外馆斜街3号（100011）

网　　址：http://www.ccpress.com.cn

销售电话：（010）59757973

总 经 销：人民交通出版社股份有限公司发行部

经　　销：各地新华书店

印　　刷：北京盛通印刷股份有限公司

字　　数：450千　　开　　本：880×1230 1/16　　印　　张：18.5

版　　次：2016年10月　第1版

印　　次：2016年10月　第1次印刷

书　　号：ISBN 978-7-114-13380-0

定　　价：86.00元

Preface 序言

熠熠一甲子，艰苦创业60年！

交通运输部公路科学研究院自1956年10月10日正式成立，经过60年的发展，已成为集科研创新与产业开发于一体、公路交通运输行业最大的、国家级的综合性科研机构。

20世纪60、70年代，为解决公路“通”的问题，增加运输能力，我院科研人员刻苦攻关，取得了渣油路面、钻孔灌注桩和双曲拱桥等重大成果，被誉为公路建设的“三大法宝”。主持完成了冻土地区筑路技术研究课题，解决了青藏公路多年冻土、岛状冻土等技术难题，成果获国家科学技术进步一等奖。主导完成了公路桥梁单点顶推施工技术和新型刚架拱桥结构。这些成果对后来我国路面、桥梁技术的发展产生了深远的影响。

20世纪80年代初，为解决公路“畅”的问题，提升运输效率，交通部确立了“普及与提高相结合，以提高为主”的公路建设方针，高等级公路的修建成为重点，高速公路建设开始提上发展议程，公路现代化发展步入快车道。为解决公路建设的资金问题，我院牵头进行了车辆购置附加费征收研究，主持完成的《关于车辆购置附加费的建议》被国务院采纳，使我国公路建设有了长期稳定的资金来源。我院参与完成的国家“12个重要领域技术政策研究”，在“路面发展与材料问题”“解决混合交通问题”“汽车合理使用寿命”“汽车拖挂运输”“汽车合理轴重与车速”“降低汽车油耗与节油途径”以及“公路集装箱运输”等方面取得重要成果，填补了多项国内空白。主持完成了大跨径桥梁荷载试验方法研究，该成果在行业内得到广泛采用。在高速公路起步阶段，我院论证了在国内修建高速公路的可行性，又通过一系列样板工程的实施以及国家“六五”“七五”攻关项目研究，论证提出了高速公路交通工程及沿线设施和半刚性基层沥青路面设计方案，为高速公路交通安全设施和机电系统设计打下了坚实基础，深刻影响了我国高速公路技术的发展，至今仍被广泛使用。随着高等级公路的大规模兴建和公路总里程的增加，对在役公路和桥梁的养护管理提出了新的要求，我院对检测手段自动化、技术状况评定标准化、养护管理信息化、决策科学化以及维修养护工程技术开展了系统研究，取得了累累硕果，开启了我国公路养护技术现代化的新时代。

20世纪90年代，智能交通在国际上悄然起步，我院敏锐地抓住先机，及时设立了智能交通研究中心，开始谋划智能交通的发展，并在公路交通试验场建设实体化收费车道，开展ETC试验等相关研究，为我国高速公路智能化奠定了基础。通过研究汽车排放对环境的影响及其防治技术，在国内最先界定了汽车污染分担率，提出的汽车排放源强纳入了公路环评导则，沿用至今。我院研究提出的路域生态系统的新理论，在路域生态保护中发挥了重要作用。这一时期，我院还主持完成了虎门悬索桥关键技术、道路通行能力等重要研究课题，取得了一系列成果，有力地支撑了我国公路大规模建设和高速发展。

在交通瓶颈得到初步缓解之后，从20世纪末开始，我院又将关注点转向交通运输全面协调、可持续发展，全方位加大各学科专业建设力度，结合行业发展和工程建设的问题和需求，积极行动，开展了路面早期损坏、复杂地质和气候条件下筑路技术、长大桥梁建设技术，以及智能交通、环境保护、交通安全等方面卓有成效的研究，在信息技术应用、生态环保、交通安全等领域取得了一系列具有自主知识产权和影响深远的科研成果，培养了一批国内顶尖的科研团队，拥有一流的科研平台和设备，成长为能够有力助推中国交通运输现代化发展的科技“主引擎”，提升了科技支撑能力和水平。

“十二五”期间，我院贯彻落实交通运输部党组的决策、部署和要求，以“提高自主创新能力、发展引领能力、科技服务能力，建设世界一流科研院”为目标，以实现“为部服务再上新水平、科学研究再上新档次、产业开发再上新台阶”为抓手，统筹推进全院各项工作，突破了一系列前沿与重大技术，取得了一批优秀科技成果，为行业发展提供了重要支撑。

基础前沿研究取得新突破。一是形成了宽刚度域长寿命沥青路面协调设计模型、基于下一代互联网的国家干线公路网管理与服务等15项前瞻性技术。二是构建了新一代国家交通控制网、在役混凝土桥梁可靠性检测评估等32项前沿技术。引领了行业技术发展。

重大应用技术研究取得新进展。一是打造了桥梁耐久性、公路基础设施维护、公路甩挂运输等12项交通运输行业重大共性关键技术。二是完成了湖北沪蓉西、山西忻阜、江西庐西等6项高速公路科技示范工程。三是在高性能材料、新型结构、无损检测、监测控制、路网运行、安全评估、运输服务、交通物流、交通信息化等方面取得了一系列创新与突破，推动了行业共性技术的进步。五年间共获得国家科学技术进步二等奖7项。

政策规划研究取得新成果。一是完成了深化出租汽车行业改革、公路养护、绿色公路、跨省道路危险品运输、安全风险防控、交通运输治理现代化等86项政策规划研究；二是依托《科技创新与现代交通运输业发展》专刊，研究提出了“关于创新公路网运行监管与服务体系建设及运营方式的建议”“公路交通行业治理体系现代化思考”等政策建议68项，其中5篇专报和12条建议得到部领导批示，为深化交通运输行业改革、制定产业和技术政策提供了决策支持。

标准规范创制取得新成绩。主持或参与制修订了《公路工程技术标准》《公路工程质量检验评定标准》《公路通行能力手册》等技术标准规范

300 余项，制定团体标准 49 项。通过发挥标委会桥梁纽带作用，凝聚行业智慧、成果和经验，在行业标准规范方面发挥了主导和支撑作用。

科技服务能力得到新提升。一是形成了以科研活动为先导、科技服务为主体的成果转移转化体系。技术服务、开发、咨询、转让成为我院科研成果转移转化的重要方式。二是在公路、桥梁建设与养护，路网运营与管理，智能交通与运输服务，工程检测与设备，工程诊断与评估，事故调查与鉴定，安全与环境评价，生态保护，节能减排与循环利用，工程材料与制品等领域，形成了较强的科技服务能力。

本书展现的是我院“十二五”期间众多科研成果的一部分，侧面反映了我院为行业发展所做的服务和起到的支撑作用。本书既是我院优秀成果的汇集，也是我院创新性研究理念的展示。真诚希望这本成果集能够为服务行业发展发挥一些作用，也希望能使更多的公路人获得启迪，共同为引领和支撑我国公路交通运输发展做出更大的贡献。

张劲泉

交通运输部公路科学研究院院长

2016 年 8 月

Contents 目 录

2011年 优秀科技成果

2012 年 优秀科技成果

2013 年 优秀科技成果

2014 年 优秀科技成果

2015 年 优秀科技成果

春华秋实

交通运输部公路科学研究院"十二五"优秀科技成果

2011年

优秀科技成果

山区拱桥建设与维护新技术研发及应用

国家科技进步奖　二等奖

研究背景

拱桥是中华文明的见证，因其经济、实用、美观、耐久而成为山区最常用的桥型之一，统计数据表明，在我国山区公路桥梁中拱桥数量可达70%，本项目针对量大面广的山区拱桥建设和维护的主要问题，依托多个国家和省部级科技项目，通过多家高校、设计施工和养护管理单位技术人员长期联合攻关，取得了较多创新成果。

主要成果

首创根据拱桥不同区段受力需要采用与相适应组合截面的“钢筋－混凝土组合拱桥”，开展了系统的理论和试验研究，建立了设计理论体系，提出了关键构造细节，构建了完整的施工技术体系，成功应用于重庆万盛藻渡大桥等四座实体拱桥；首次开展了特大跨石拱桥设计理论与施工技术研究，系统构建了特大跨石拱桥的设计理论、施工技术与监测与控制方法，为世界最大跨石拱桥（丹河大桥）的建成提供了重要的技术支撑，成果纳入了交通运输部《圬工拱桥设计规范》；研究建立了大跨径箱型拱桥主拱结构极限承载能力的非线性分析方法，提出有推力拱桥的荷载横向分布比拟板法；建立了石拱桥多铰机构的全过程破坏模式及相应实桥结构病变特征指标，首次提出快速判断桥梁安全状况的永久性变形、主拱裂缝、承重结构缺损和风化限值指标；构建了基于改进变层次分析法的强度储备比汇总分析和极限承载力分析结合的石拱安全性评估体系，提出了石拱桥加固设计三准则；研发了基于平跤拱理论分析全桥内力的拱上恒载调整及改造加固整治成套技术，提出基于石拱桥全寿命周期成本识别的加固改造最佳时机确定方法，构建了基于四个强度指标和三个刚度指标的石拱桥和加固改造效果评估体系；研发了山区桥梁安全

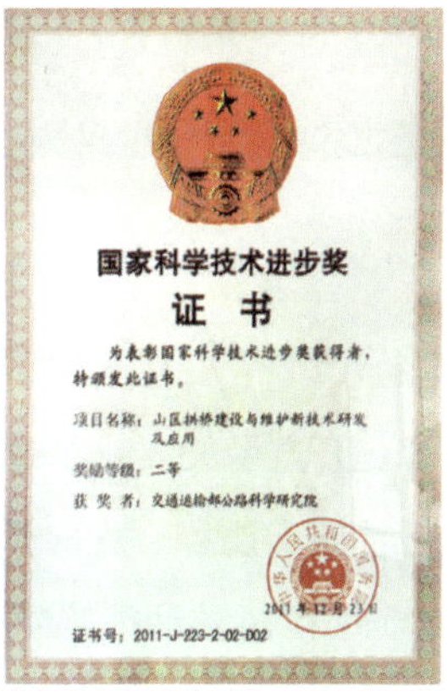

■ 获奖证书

■ 山区拱桥实景

拱桥试验现场

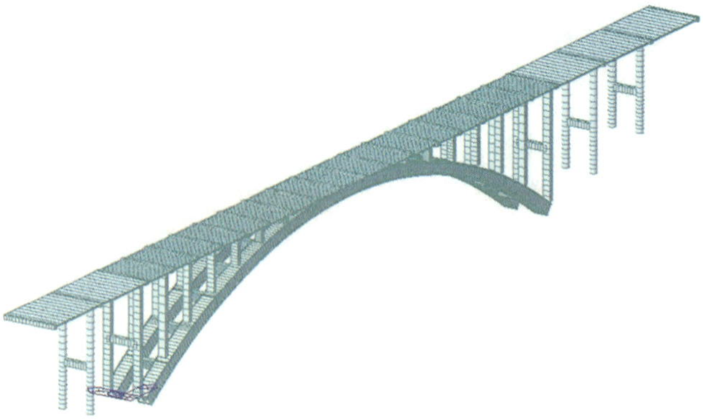

拱桥分析模型

防护的8种加强设计技术，填补了国内关于已建桥梁安全防护系统设计技术的空白；开发了关键截面封闭拱肋加固钢筋混凝土肋拱桥设计施工技术；率先研究了利用构造措施和减震装置实现拱桥被动或半主动减震控制的方法、原理和新技术，首次提出基于实时监测的拱桥剩余寿命预测方法和技术。

成果应用

先后获得"一种竖转钢-混凝土组合拱(ZL200710048919.8)"等13项发明专利；开发的"千斤顶斜拉和挂连续浇筑拱肋混凝土施工工法"获得国家工法；获得软件著作权4项；出版《实时监测桥梁寿命预测-理论及应用》《大中型桥梁加固新技术》、《特大跨径石拱桥研究与实践》3部专著；发表论文129篇(其中SCI收录15篇、EI收录48篇)；部分成果已纳入行业规范。多项研究成果达到国际领先水平，获得省部级科技成果奖励7项，其中一等奖2项。成果已成功应用于516座山区拱桥的建设与维护，产生了10亿多元的直接经济效益和巨大的社会效益，应用前景广阔。

完成人简介

主要完成人
张劲泉

张劲泉，研究员，1984年毕业于同济大学桥梁工程专业，历任交通部公路科学研究所桥梁室副主任、道路桥梁部副主任、道路桥梁部主任、公路院副院长。现任交通部公路科学研究院院长兼党委副书记，中国公路学会桥梁与结构工程学会副理事长，国际桥梁与结构学会(IADSE)会员，交通青年科技英才，交通运输部专家委员会委员。全国优秀科技工作者，享受政府特殊津贴。主要研究方向：桥梁检测评定与维修加固、桥梁结构监测与安全评估、桥梁耐久性。

曾参与“公路桥梁使用功能评定方法研究”“虎门大桥成套技术研究”“桥梁检测与试验设备”“公路桥梁使用功能评定方法”“虎门悬索桥钢箱梁架设与拼接程序研究”“虎门悬索桥竣工验收试验与评价”等项目。

曾主持“虎门悬索桥上部结构施工监控技术研究”“虎门悬索桥钢箱梁架设与拼接程序研究”“虎门悬索桥竣工验收试验与评价”“公路桥梁承载力检测评定规程”“公路旧桥检测评定与加固技术研究及其推广应用”的研究工作。主持公路桥梁质量检测、试验评定与加固维修的技术开发与技术服务工作。完成近百座公路桥梁的质量检测、试验评定与加固维修。参与“虎门大桥工程”系列丛书的编写。

重要科研成果有：桥梁使用功能评定方法、虎门悬索桥施工监测与控制、大跨悬索桥竣工验收试验方法、桥梁健康监测与安全评价技术、桥梁承载能力检测评定方法、公路桥梁维修加固成套技术、桥梁耐久性关键技术等。主持了国家科技支撑计划“多塔连跨悬索结构及工程示范”、交通部重大专项“桥梁耐久性关键技术研究”、以及交通部西部交通建设科技项目“公路旧桥检测评定与加固技术研究及推广应用”等十余项重大项目的研究工作。为行业的技术进步做出了突出贡献。研究成果获国家科技进步二等奖 2 项，省部级科技进步特等奖 1 项、一等奖 2 项、二等奖 1 项。出版学术专著 7 部，发表学术论文 40 余篇。

公路网快速检测与损坏修复关键技术

国家科技进步奖　二等奖

研究背景

在我国公路建设取得巨大成就的同时，带来了养护规模急剧扩大，使得公路养护规模增大与现行养护能力不足的矛盾日渐凸显。由于缺乏高效的检测手段、科学的诊断方法和先进的修复技术，使我国公路养护出现了路面病害不能及时发现、病害诊断原因欠准确、养护周期偏短等问题。养护频率高出发达国家3倍，频繁低效的养护工作不仅造成资源浪费、养护成本偏高，而且还诱发交通拥堵，影响路网服务水平。因此，提高公路养护功效、延长路面大修周期是公路养护行业亟待解决的核心问题。

针对上述问题，以提高公路网检测效率、建立科学诊断手段、构建先进养护技术为出发点，依托多个重大科技项目，经过近10年科技攻关和技术创新，研发了多功能路况快速检测技术及装备、路面病害诊断技术及软件平台和路面损坏修复关键技术，形成了“快速检测—智能诊断—科学修复”成套技术体系，支撑了规模化快速检测与高效养护，研究成果被鉴定为国际领先水平。

研究创新点

本项目的技术创新点可总结为“一套装备、二个系统、一套技术”。“一套装备”指“多功能路况快速检测系统（CiCS）”高端装备；“两个系统”包括“路面损坏识别系统（CiAS）”和“路面病害原因诊断系统”；“一套技术”是“具有抗车辙特性的路面修复关键技术”。

SCANNER CERTIFICATE
Certificate No: 01516CN/CICS Issue 1

This is to certify that

CICS
(Registration number: 京NE1800)

Operated by National Engineering Research Center of Road Maintenance Technologies (RoadMainT Co. Ltd), Jia 28 Xinxi Lu, Haidian, Beijing, 100085, China has undertaken SCANNER testing at TRL, Crowthorne House, Nine Mile Ride, Wokingham, RG40 3GA under the supervision of TRL Ltd.

This survey vehicle has been approved, subject to conditions in the annex, to collect SCANNER survey data within the UK. It has met the accreditation requirements outlined in the UK roads board specification "SCANNER surveys for local roads" and this qualifies the system to be used for the production of National Indicators.

Signed for and on behalf of TRL Limited

Alex Wright

Date of Issue:
20th July 2012
Date of expiry:
15th September 2013

TRL

■ CiCS系统是国内唯一一家获得国际权威机构TRL认证的道路多功能路况检测装备

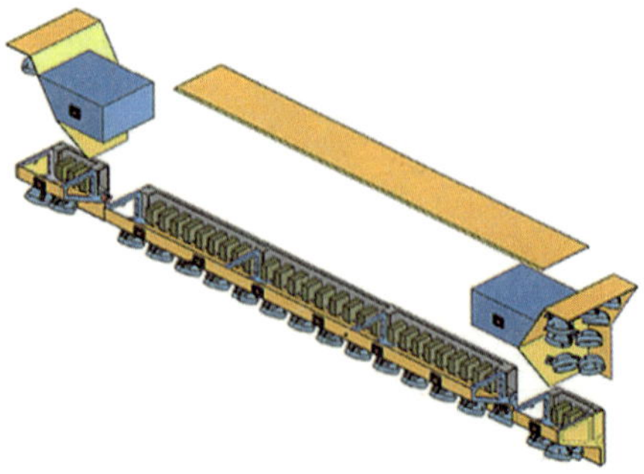

■ 提出了路面线扫成像装置支撑和路面病害检测灯光补偿关键技术，开发了超宽灯光照明装置和精密设备稳定支撑装置，解决了路面图像快速、均匀检测的难题

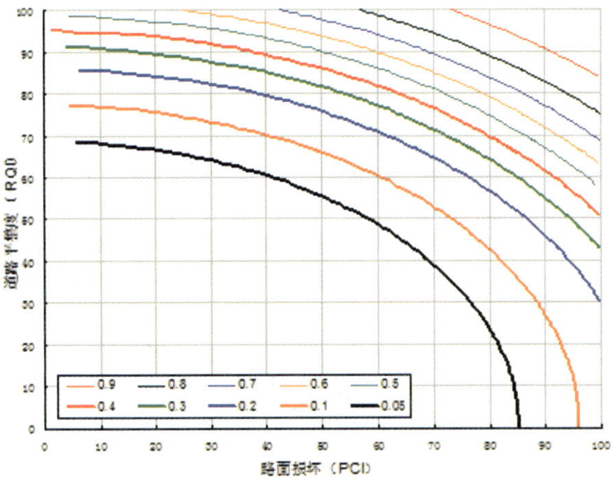

■ 构建了不同结构类型、气候环境及养护条件下的路面结构强度预测模型，创造性地提出了基于路面损坏和平整度的路面结构强度预测方法

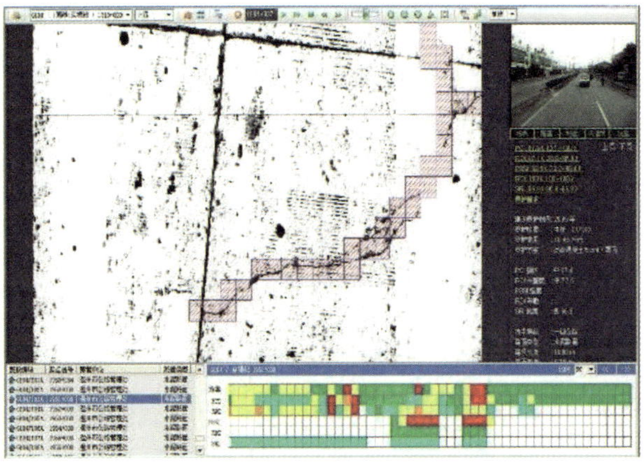

■ 路面损坏自动识别系统 (CiAS)，裂缝识别准确率可达 90% 以上

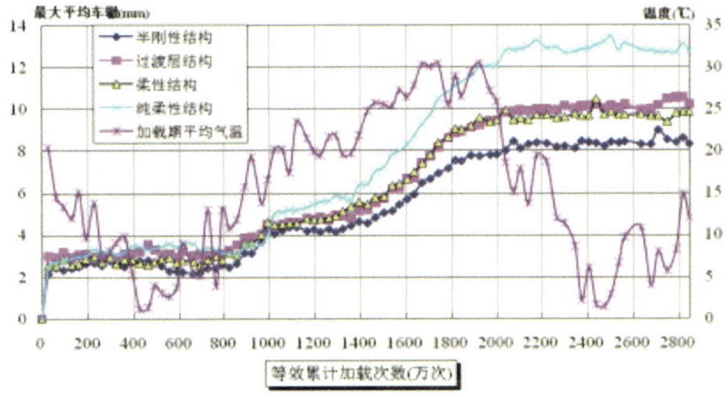

■ 通过不同沥青路面结构实体路段加速加载试验研究，探求了常温状态下沥青路面结构在寿命周期内的使用性能衰变规律，建立了路表车辙深度的衰变模型

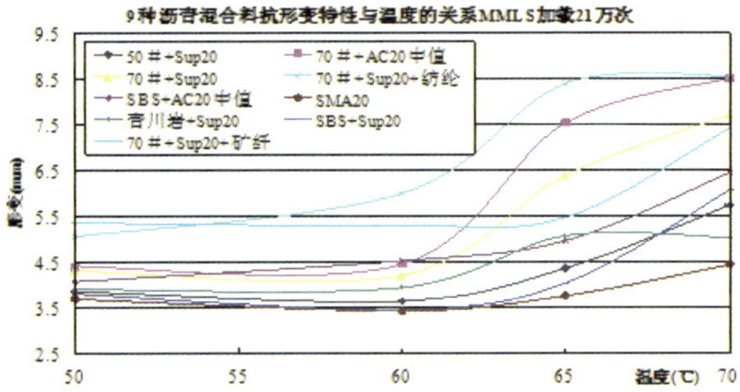

■ 通过室内沥青混合料高温抗车辙性能试验研究，揭示了沥青混合料抗形变特性与温度的关系，解决了抗车辙沥青混合料设计的技术难题

■ 具有国际前沿技术水平的“多功能路况快速检测系统（CiCS）”高端装备，解决了不干扰正常交通的路面病害、平整度、车辙等十余项路况指标的同步快速检测难题

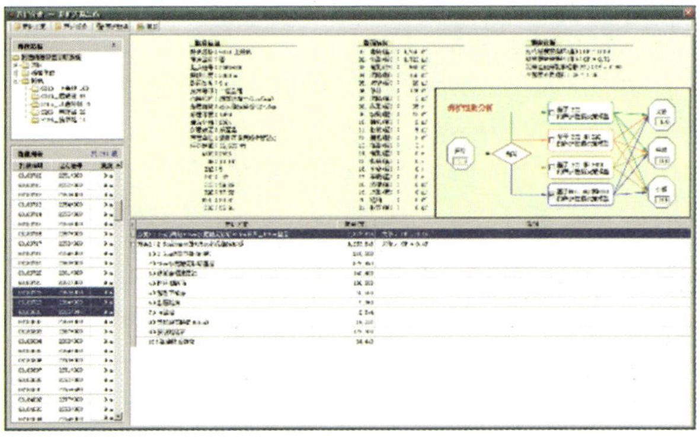

■ 具有人工智能特征的、基于多功能路况快速检测系统（CiCS）路况检测指标的路面病害原因诊断系统（CMES）软件平台，解决了路面病害科学诊断的技术难题

1. 研发了具有国际前沿技术水平的“多功能路况快速检测系统（CiCS）”高端装备，取得 13 项自主知识产权，包括 6 项发明专利、2 项实用新型专利、1 项外观设计专利、1 项新产品证书、3 项软件著作权证书；攻克了不干扰正常交通的路面病害、平整度和车辙等 10 多项路况指标同步快速检测技术难题；路面病害检测效率较传统方法提高 18 倍以上，6 项关键技术指标明显优于国内外同类技术水平。

2. 研发了识别准确率高达 95% 的路面病害自动识别系统（CiAS）软件平台和具有人工智能特征的路面病害原因诊断系统（CMES）软件平台，解决了路面病害自动识别和科学诊断的重大技术难题，使我国路面病害智能诊断技术跃居国际前沿。通过对 500 万组路面病害图像的特征参数提取和 100 万组路况数据的挖掘分析，建立了基于路面病害和平整度的路面结构强度预测模型和基于激光构造深度的路面抗滑性能预测模型；构建了路面损坏知识库。

3. 针对我国主要依据室内材料试验推演沥青路面长期性能这一传统做法带来的可靠性差、无法有效验证的技术难题，选取不同沥青路面结构实体路段，采用足尺路面大型加速加载试验的方法，开展了设计基准期 15 年约 2858 万次等效当量轴载和 7.9 万次路面高温车辙现场加速加载试验，探求了沥青路面结构在寿命周期内的使用性能衰变规律，提出了基于使用性能的沥青混合料组成设计和沥青路面结构组合形式，形成了具有抗车辙特性的路面结构修复关键技术；解决了我国沥青路面结构车辙病害产生过频和使用寿命偏短的难题，有效推迟路面车辙修复时间 2 ~ 3 年，延长路面大修周期 25% 以上，提高了沥青路面的耐久性。

■ 装备产品走向国际市场

■ 路面病害诊断及损坏修复关键技术，已在浙江、江苏、福建、湖北、贵州、四川、青海、河北和山西等近二十个省（自治区、直辖市）大规模推广应用

成果应用

1. 自 2008 年来，已批量生产 54 套 CiCS 装备和配套软件，装备了全国 26 个省级高速公路或普通公路专业检测机构，累计检测里程 175 万千米，其中 2015 年检测分析 12 万千米，占全国多功能检测装备总检测里程的 90% 以上，几乎完全替代国外进口技术及装备。

2. 路面病害自动识别与原因诊断技术已应用于除西藏、青海、内蒙古等边远路网不发达地区以外全国大部分省份。解决了路面病害原因科学诊断问题，为路网年度技术状况评定和养护计划编制提供了科学依据。

3. 路面车辙及路面结构损坏修复关键技术，已在浙江、江苏、福建、湖北、贵州、四川、青海、河北和山西 9 个省（自治区、直辖市）大规模推广应用，推迟路面车辙损坏出现的时间 2 ~ 3 年，有效延长大修周期 25% 以上，为我国干线公路网养护与病害修复提供了重要技术保障。

4. 根据本项目研究成果，编写修订了三部行业技术标准或规范，包括《公路技术状况评定标准》（JTG H20—2007）《公路路基路面现场测试规程》（JTG E60—2008）和《公路工程质量检验评定标准》（JTG F80/1—2004），为公路网科学、高效养护提供了技术支撑。

5. 在全国范围内举办路面快速检测技术、路况分析及评价技术及养护修复技术培训班 30 多期，培训技术骨干 150 多人，培训技术人员 3000 多人次。

完成人简介

潘玉利，公路养护技术国家工程研究中心主任、研究员、博士、博士生导师。主持开发了多功能路况快速检测系列装备和公路养护综合分析大型软件平台；主要技术成果获得 2 项国家科技进步二等奖；为新世纪百千万人才国家级人选、第七届中国青年科技奖获得者、交通运输部专家委员会委员及 2013 感动交通十大年度人物之一。先后曾任交通运输部公路科学研究所实习研究员、助理研究员、副研究员、研究员、公路养护管理研究中心副主任、主任，中公高科养护科技股份有限公司董事长兼副总经理；现任交通运输部第四届专家委员会委员、中公高科养护科技股份有限公司副董事长、总经理。

程珊珊，公路养护技术国家工程研究中心研究员、博士、硕士生导师，养护装备事业部主任工程师。长期从事公路检测技术及装备、公路资产管理系统研究开发及推广应用工作，在路面自动化检测技术、路面养护专家系统、公路投资效益分析等领域有深入研究，作为骨干成员完成了十多项重大科研项目，研究成果获国家科技进步二等奖 2 项，省部级科技进步一等奖 2 项、二等奖 3 项。作为主要编写人员参加了《公路技术状况评定标准》《多功能路况快速检测系统》《路面自动化检测规程》《路面管理系统》等多项国家标准及行业标准编制工作。

资源节约型、环境友好型交通发展模式研究

中国公路学会科学技术奖　特等奖

研究背景

建设资源节约型、环境友好型交通是新时期我国交通发展的重大战略。本研究是交通运输部深入贯彻科学发展观，全面落实节约资源、保护环境基本国策，适应转变经济发展方式、建设资源节约型和环境友好型社会的总体要求，为加快发展现代交通运输业、转变交通运输发展方式、走资源节约环境友好型发展之路而采取的重要举措，体现了前瞻性、主动性和科学性。

课题研究从立项到验收，始终得到了交通运输部党组和交通运输行业的高度关注。为加强组织领导、确保研究质量，部成立了原副部长翁孟勇为组长、原副部长黄先耀为副组长的研究工作领导小组，部科教司原司长孙国庆亲自负责并直接领导，交通运输部科学研究院、交通运输部规划研究院、交通运输部公路科学研究院、交通运输部水运科学研究院等单位联合承担具体的研究工作。在研究过程中，部领导多次主持召开研究工作领导小组会议，部署推进和指导课题研究工作。课题组注重调查研究，广泛深入到地方交通运输主管部门、典型企业、行业协会等进行实地调研，并组织开展了对日本、韩国的专项考察。开展周密的科学论证工作，召开多次专家咨询会，两次向部内相关司局和各省（自治区、直辖市）交通厅（局、委）征求书面意见。此外，在课题研究中长期聘请多名行业内外知名专家作为课题顾问，为课题研究提供全程技术指导与咨询顾问，专家倾注了大量的智慧与心血。经过两年多的系统深入研究，课题组提出了符合中国国情和交通运输发展实际的资源节约型、环境友好型交通发展模式、评价体系和主要政策，圆满完成了预定的目标和任务。

主要成果

本课题研究成果具体包含如下：

1. 总报告及其简本：《资源节约型、环境友好型交通发展模式研究》

2. 专题研究报告

(1)《资源节约型、环境友好型交通战略与规划评价研究》；

(2)《资源节约型、环境友好型交通行业政策评价研究》；

(3)《资源节约型、环境友好型公路交通发展评价指标体系研究》；

(4)《资源节约型、环境友好型水路交通发展评价指标体系研究》；

(5)《资源节约型、环境友好型公路标准规范体系评价研究》；

(6)《资源节约型、环境友好型水运标准规范体

系评价研究》。

3. 出台文件：2009 年 2 月 26 日交通运输部印发了《资源节约型　环境友好型公路水路交通发展政策》（交科教发〔2009〕80 号）

研究创新点

1. 本项课题命题新、具有前沿性，且涉及面广，理论与实践结合紧密；加之相关领域统计、科研等工作基础薄弱，研究难度大，具有开创性。课题研究注重创新，研究方法科学规范且富于创新，思路开阔且理念新颖，资料翔实且论证充分，填补了许多科研空白，是一项奠基性、基础性、前瞻性、开创性的研究，具有重要的学术价值和决策参考作用。

2. 首次对发展模式的一般理论进行了探讨。研究认为，发展模式是人们对一个国家或地区在一定历史条件下增长（发展）方式的理性分析与概括，是行为主体在一定时期内为追求发展而体现出的理念、采取的行动方式、取得的效果的统一体。发展模式蕴含着三个要素：理念、方式和效果，集中体现在战略规划、政策法规、标准规范等方面。发展模式的核心是发展方式。

3. 首次对我国交通发展模式进行了回顾与分析。首次对国外交通发展模式进行了分析与借鉴。

4. 首次科学界定了资源节约型、环境友好型交通发展模式的内涵与特征。资源节约型、环境友好型交通发展模式的基本内涵就是按照科学发展观的要求，充分考虑资源环境承载力，通过优化产业结构、提高发展质量、集约节约利用资源、发展绿色交通、推动安全发展、强化科技创新和提升公共服务能力等，实现交通运输与经济社会协调、与自然环境和谐发展。

5. 按照科学性、系统性、针对性、可比性和可操作性等原则，从规模结构、质量效率、资源节约、环境友好、交通安全、科技进步和行政能力七个方面，首次研究构建了资源节约型、环境友好型交通发展评价指标体系。

6. 首次提出了资源节约型、环境友好型交通发展的指导思想和方针。首次提出了资源节约型、环境友好型交通发展政策目标，通过科学论证，研究提出了 2010、2020 年资源节约型、环境友好型交通发展的目标和主要指标。

7. 首次系统化地提出了资源节约型、环境友好型交通发展主要政策，并以文件正式印发（交科教发〔2009〕80 号）。

成果应用

本课题研究成果实、应用广，相关研究成果已经得到了广泛应用。核心成果已经被交通运输部采纳，印发了《资源节约型环境友好型公路水路交通发展政策》等重要文件，并为《关于加快发展现代交通业的若干意见》、交通运输部学习实践科学发展观活动等提供了重要支撑，在 2008 年和 2009 年全国交通运输工作会议主题报告等文件中充分体现。这些文件已经成为交通运输部指导行业加快转变发展方式、走资源节约环境友好发展之路的纲领性文件。

完成人简介

虞明远，长期从事公路交通发展战略、规划、政策、运输管理领域的研究工作，现为交通运输部公路科学研究院公路交通发展研究中心主任、研究员。曾主持和参加了40余项国家和省部级科研项目的研究，如：“资源节约、环境友好型交通发展模式评价指标研究”“加快公路交通服务业发展措施研究”“应急物资运输组织保障技术及示范工程研究”“西部地区公路运输服务体系研究”“城市群公路交通发展研究”“西部省域道路危险货物运输安全监管体系与关键技术研究及示范应用”“公路甩挂运输关键技术与示范”“公路运输温室气体排放影响评价及应对技术研究”“公路交通突发事件应急预案”“公路网系统功能评价与优化对策研究”等，并在各种学术期刊、报纸和学术会议上发表论文20余篇。近年来，曾多次参与了交通运输部在公路交通运输、节能减排等领域的发展战略、行业政策和部门规章等文件的起草工作。曾获中国公路学会科技进步特等奖1项，一等奖4项、二等奖2项、三等奖4项。

余艳春，主要从事交通运输节能减排、低碳交通相关技术与政策研究和公路交通运输发展战略与规划等研究工作，参与了多个重大研究项目，如：《资源节约型、环境友好型交通发展模式研究》《建立低碳交通运输体系研究》《公路运输温室气体排放影响评价及关键技术研究》《交通运输行业能源消耗与碳排放考核体系研究》《杭州市建设低碳交通运输体系试点实施方案》等，具有丰富的交通节能减排理论与实践经验，发表学术论文10余篇。曾获中国公路学会科技进步特等奖1项、二等奖2项、三等奖1项。

国家高速公路网指路体系的研究与应用

中国公路学会科学技术奖　一等奖

研究背景

本项目由交通运输部委托，针对我国国家高速公路网指路体系进行的大规模科研攻关和建设应用。项目以攻克超大规模国家高速公路网指路体系构建与升级关键技术为主要目标，从国家高速公路网指路体系结构框架、指路信息数字化编码方法、以路径指引标志设置为核心的指路标志设置成套技术、指路系统的升级改造与平稳过渡技术、动静态指路信息服务技术、车载导航技术等方面开展了深入研究，系统地建立了以指路标志系统、信息服务系统、导航系统为一体的现代化国家高速公路网立体指路体系，实现了国家高速公路网指路模式由单一、分散型向基于信息共享的综合型的转变，是我国国家高速公路网指路体系的重大变革，对公路交通运输领域的科技进步起到了显著的推动作用。

■ 国家高速公路指路标志

项目所取得的成果总体达到国际先进水平，超大规模国家高速公路网指路标志系统升级改造关键技术、新旧指路标志系统平稳过渡保障技术等成果达到国际领先水平。

主要成果

本项目是我国首次系统、全面地研究了国家高速公路网指路体系中的一些关键和难点问题，无论在研究规模还是研究深度和系统性方面，在国内都是空前的，取得了许多创新性技术成果。主要创新性技术内容为：

1. 提出了基于信息共享的国家高速公路网综合指路模式，建立了由指路标志系统、信息服务系统和导航系统组成的国家高速公路网立体指路体系。

2. 提出了以用户服务与行业管理为导向的国家高速公路网指路信息数字化的方法。项目创立了国家高速公路网命名和编号规则，提出了国家高速公路网命名和编号标识；提出了路网出口编号的编排方法；建立了国家高速公路网里程传递和桩号编排方法。

3. 研发了以路径指引标志设置技术为核心的国家高速公路网指路标志成套实用技术。提出了基于驾驶员行为特征的指路信息层次划分与信息选取的原则及方法；提出了基于仿真技术的特殊路段指路标志

■ 采用国家高速公路网统一编号的“中国公路信息服务网”网站

设置方法；形成了基于美学原理的指路标志美化和优化技术。

4. 建立了适合我国国情的国家高速公路网指路标志系统升级改造关键技术及平稳过渡保障技术。提出了基于经济分析的国家高速公路网指路标志更换技术，开发了三维仿真推广软件，形成了多层级、多方式的宣传保障技术。

成果应用

项目成果适用于国家高速公路网指路体系的构建，特别适用于国家高速公路网发展过程中进行的国家高速公路网指路体系的升级改造。

项目成果为与我国高速公路所处发展阶段相同或相似的其他发展中国家高速公路指路体系的建立及升级改造提供了宝贵经验，在国际范围内具有较广泛的应用基础。

项目成果通过国家及行业标准规范、依托工程和技术培训，在全国进行了大规模推广应用，有力地支撑了国家高速公路网命名与编号调整等专项工作的开展。在交通运输部和各省（自治区、直辖市）交通主管部门的支持下，利用项目具有的自主知识成果举办技术培训多次，培训各省（自治区、直辖市）管理及技术人员数百人，对我国国家高速公路网指路水平的提升和高速公路功能的充分发挥起到了重要作用。

项目成果指导了全国国家高速公路网指路标志系统的升级改造，涉及国家高速公路里程4万多千米，涉及交通标志20多万处，取得了显著的经济、社会和环境效益。

■ 体现路网特征的国家高速公路出口预告标志

完成人简介

刘会学，交通运输部公路科学研究院研究员，北京交科公路勘察设计研究院副院长兼总工。1989年7月毕业于东南大学土木系，2005年5月获同济大学道路与铁道工程专业硕士学位。主要从事道路交通安全、交通工程、综合运输领域的科研标准、规划设计和评价咨询工作。近年来先后主持了《高速公路安全设计和安全运营技术研究》《国家高速公路网指路体系的研究与应用》《高速公路波形梁护栏防撞能力提升改造技术研究》《国家公路网指路系统构建和升级关键技术研究》等国家和省部级课题的研究工作；主编了《公路交通安全设施设计规范》（JTG D81）《公路交通安全设施设计细则》（JTG/T D81）《公路交通安全设施施工技术规范》（JTG F71）和《公路交通标志和标线设置规范》（JTG D82）等国家行业标准；主持了《福建省高速公路安全隐患路段排查与整治方案研究》《首都经济圈交通一体化发展研究》《高速公路长大纵坡路段安全分析与设计专题研究》等安全性评价及技术咨询项目等。荣获省部级科学技术奖5次，优秀设计奖5次、标准计量技术成果奖1次、全国优秀工程咨询成果奖1次、省部级优秀工程咨询成果奖3次。发表论文、专著约25篇（部）。

西部省域道路危险货物运输安全监管体系与关键技术研究及示范应用

中国公路学会科学技术奖 一等奖

研究背景

本项目首先以理论为指导，分析了道路危险货物运输的内涵与特征，围绕“货物、企业、人员、车辆”等监管对象和“托运、运输、装卸、应急”等监管环节，构建了“全要素、全过程”的道路危险货物运输安全监管体系；尔后，针对我国道路危险货物运输发展现状、取得的成效和存在的问题进行了深入分析，并对产生问题的深层次法规原因进行了系统梳理；并在对发达国家危险货物运输监管现状进行分析的基础上，提出了我国道路危险货物运输安全监管值得借鉴的经验；对道路危险货物运输监管机制进行了深入分析，并提出完善我国道路危险货物运输要素监管机制和过程监管机制的具体建议；结合架构的监管机制，研究开发了七项道路危险货物运输安全监管的成套关键技术；最后从监管主体、监管要素、监管过程、科技手段、法规建设等方面提出促进我国道路危险货物运输发展相关建议和指导意见。

■ 危险货物运输安全检查

主要成果

本项目突破了以下几项关键技术：

1. 围绕“货物、企业、人员、车辆”等监管对象和“托运、运输、装卸、应急”等监管环节，成功构建了“全要素、全过程”的道路危险货物运输安全监管体系。

2. 首次全面梳理了目前中国危险货物运输法律规范，结合安全监管体系的架构，对危险货物运输监管提出了法律规范修改建议。

3. 首次分析并提出将风险抵押金制度、专职安全人员制度、驾驶员风险评估制度、从业人员培训制度、承运人备案制度运用到监管中。

4. 首次构建了危货运输基础数据库和数据共享平台，实现与道路运政管理系统的数据的共享和执法数据的交换；并创新性集成研发了七项道路危险货物运输安全监管系统。

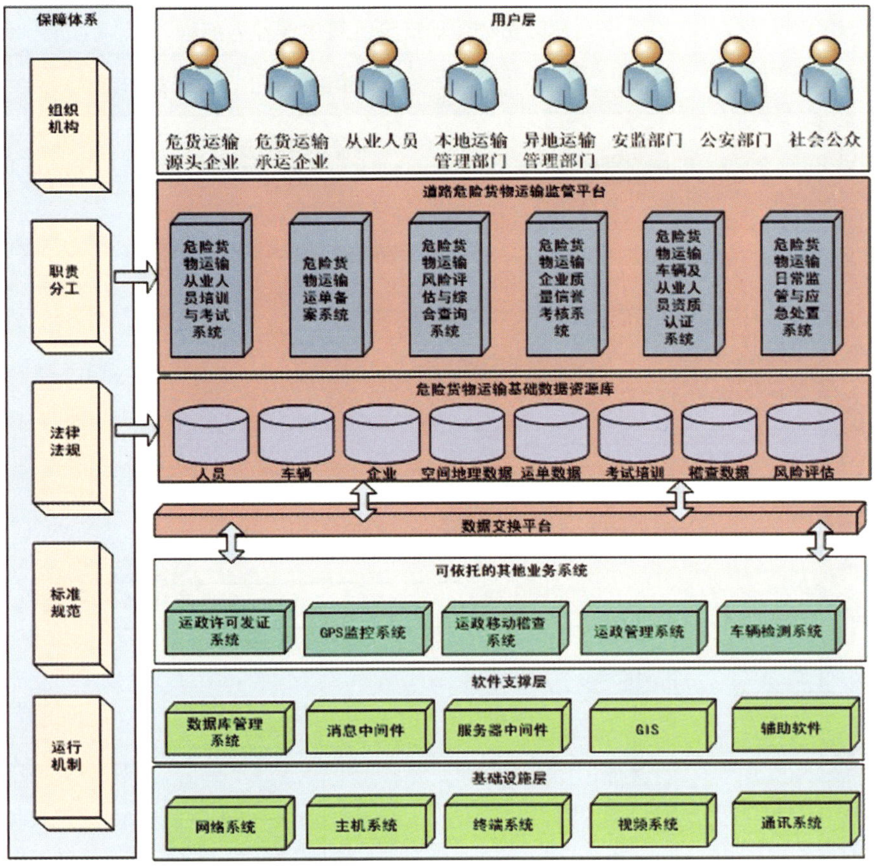

■ 道路危险货物运输监管平台系统架构图

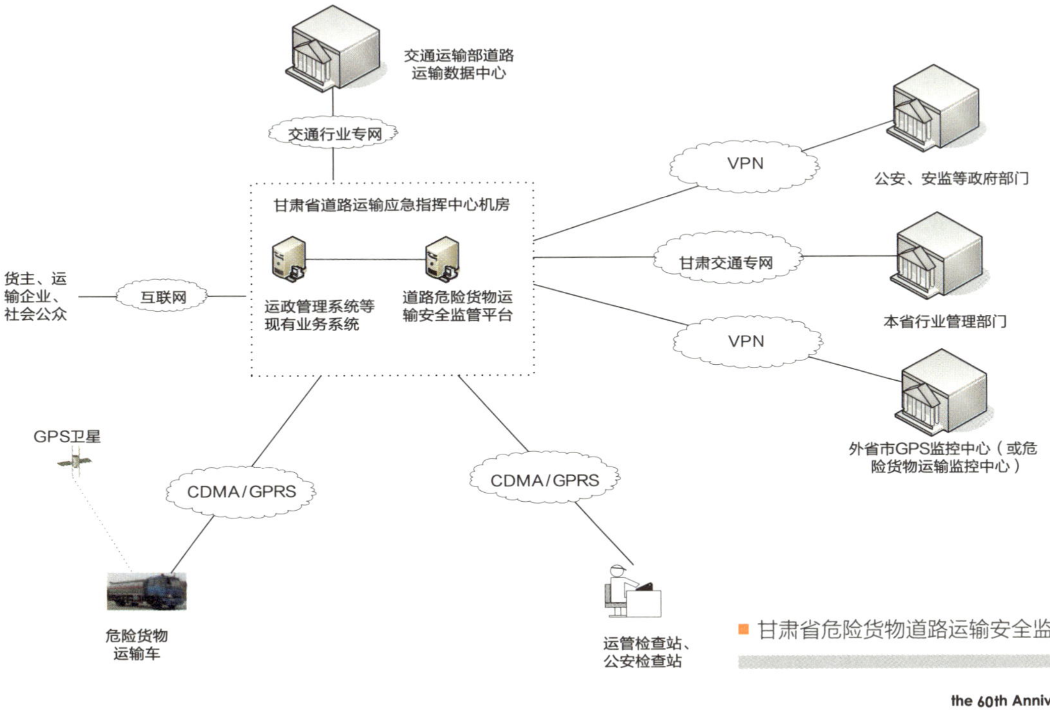

■ 甘肃省危险货物道路运输安全监管系统部署方案

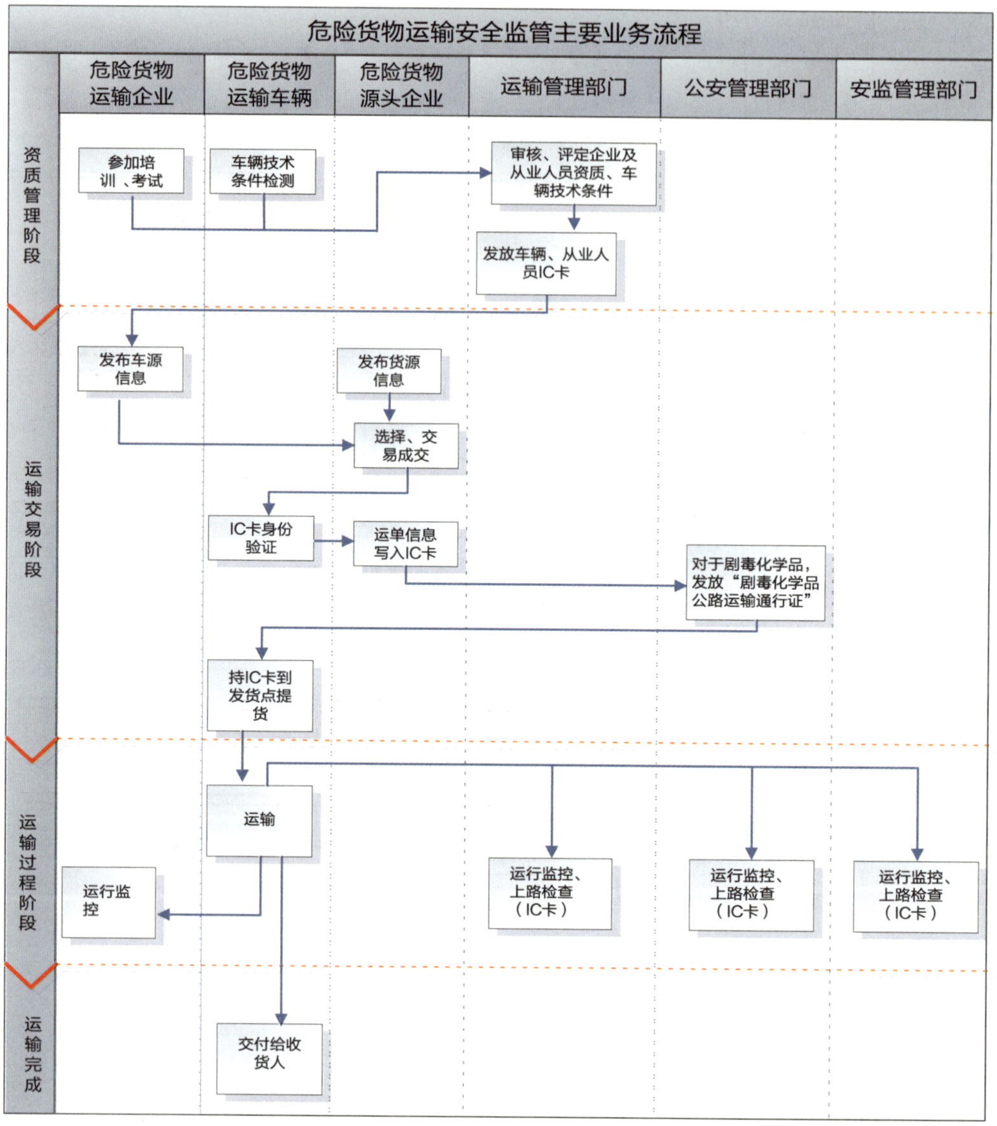

■ 道路危险货物运输安全监管主要业务流程图

项目提出的政策建议和指导意见可以为道路危险货物运输监管的相关法律规范的修订提供参考；项目搭建的危货运输基础数据库和数据共享平台以及相关关键技术的研发，有助于实现道路危险货物运输安全监管的信息化发展。

成果应用

本项目提出的政策建议和指导意见具有很强的实践性和指导性，大部分已经在《道路危险货物运输管理规定》修订过程中予以了采纳；项目研发的成套推广技术也达到了很好的成熟度，在甘肃省取得了良好示范应用效果，为将来成果推广奠定了坚实的基础。

完成人简介

虞明远，1984年毕业于现同济大学铁道运输管理专业，现任交通运输部公路科学研究院公路交通发展研究中心主任、研究员，中国公路学会城市交通分会副会长、运输与物流分会常务理事、中国节能协会交通运输节能专业委员会副主任委员，中国道路运输协会专家委员会委员。曾获得“全国交通运输行业精神文明建设先进工作者荣誉称号”“中国公路学会百名优秀工程师称号”。现主要从事交通发展战略、规划、政策、交通经济、节能减排、公路工程咨询领域的研究工作。曾主持和参加了40余项国家和省部级科研项目的研究，如：“资源节约、环境友好型交通发展模式评价指标研究”“加快公路交通服务业发展措施研究”“应急物资运输组织保障技术及示范工程研究”“西部地区公路运输服务体系研究”“建设低碳交通运输体系研究”“西部省域道路危险货物运输安全监管体系与关键技术研究及示范应用”“甩挂运输站场布局优化及设备配置关键技术研究”“城市群公路交通发展研究”“取消政府还贷二级公路收费政策评估及现有普通公路取消收费可行性研究”“国家主体功能区规划对公路交通发展影响和对策研究”“公路运输温室气体排放影响评价及应对技术研究”等。长期从事为部服务相关工作，多次参与交通运输部相关政策与文件的起草工作，并在各种学术期刊、报纸和学术会议上发表论文30余篇，先后主持编写出版了《中国出租汽车发展问题理论研究》《汽车租赁概论》《公路交通应急管理》等书籍。曾获中国公路学会科学技术特等奖一项、一等奖三项、二等奖一项、三等奖四项。先后入选交通运输部专家库、国家科技奖励专家库、科技部863计划专家库、中国科协高层次人才库、科技部国际科技合作项目专家库、国家节能中心专家库等。

国家公路网运行状态获取与管理技术及应用

中国公路学会科学技术奖 一等奖

研究背景

高速公路和干线公路是国家战略基础设施，是民生和经济的重要支撑。我国公路管理分散，高速公路运行监管分割，各地公路管理信息系统标准不统一并互通互联困难，难以适应跨地域出行安全、公路监管和事件处置需求。

为此，国家提出公路网运行监管与应急处置重大战略需求，目标是在现行体制下，保护现有资源并发挥地方积极性，通过科技攻关，建设覆盖国家高速公路及重要干线的国家和省（自治区、直辖市）两级的大型路网管理及处置系统，监管里程近40万千米，在国际上还没有先例。

2010—2011年度全国干线公路网运行分析报告

本项目历经6年，开创性提出公路网运行状态获取与管理技术体系，在国际上首次提出基于信息提取计算的路网动态交通分析技术，创造性提出分布式交通信息系统互操作技术，突破了公路网多元管理信息交互难题；在国内首次提出了基于空基的大范围交通状态获取技术及适用于道路设施的无线传感器组网技术。建设了我国首个国家公路网服务、监管及应急处置系统示范工程，在国家公路日常管理、重大自然灾害和突发事件应急处置中发挥了重大作用，处于国际先进水平。

主要成果

1. 在国际上首次提出了面向海量异构交通数据处理的实际需求的交通信息提取计算技术理论，构建了交通信息提取计算技术的理论框架和技术体系，提出了6种交通信息颗粒正式框架。

2. 针对路网分布广、感知的信息种类繁杂等情况，创造性地提出了体系完善、可操作性强、局部自治的分布式交通系统信息互操作技术。其中，交通信息互操作访问负载均衡控制方法、交通信息互操作动态信任管理技术、基于多Agent信息系统互操作协作机制处于国际先进水平。

3. 首创性提出适用于道路设施环境大规模布设的无线传感器组网技术。

4. 研发成功了低成本的空基立体交通态势的获取技术与装备，在基于运动补偿的图像增稳方法、实时多址接入方法、协作路由方法等方面取得多项具有自主知识产权的发明专利，为大规模路网运行基础数据的获取的提供了有效手段。

5. 提出了适合高速公路夏季极端高温的预测模型，开发了基于热谱地图的路面状态移动监测设备，开创了国内对高低温、湿滑等危险路面状况进行移动监测的先河。

6. 在我国首次建设实施了国家高速公路网服务、监管及应急处置系统，完成了国家公路路网管理会商室的建设，指导了省域高速公路交通运行安全管理和应急处置系统的建设，首次实现了部分高速公路数据以及 19 个省（自治区、直辖市）部分公路监控数据的接入，并通过广播、短信、互联网、电视、路侧、电话 6 种方式为公众提供公路出行信息服务。

成果应用

据交通运输部“十二五”规划及信息化规划，本项目所形成的省域公路网管理与应急处置系统示范工程所建立的技术解决方案、功能规范和系统架构，可推广应用至其他省（自治区、直辖市）。

本项目研发的技术成果指导了交通运输部路网中心以及广东、北京、安徽、天津、湖北、江西等省（直辖市）的路网运行监管及应急处置系统的建设。

本项目的效益主要体现在社会效益，直接推动和指导了全国各级路网中心及相关系统的建设，推动公路网管理技术和水平实现跨越式发展，显著促进行业科技进步；提出的建设技术与方案，大大减少了建设成本，提高了政府管理水平和应急处置能力；研发的具有我国自主知识产权的低成本交通状态感知设备将替代进口设备；出行和气象信息服务将大幅提升高速公路服务水平；节约出行者的在途时间，降低燃油排放量。

完成人简介

王笑京，现任交通运输部公路科学研究院总工程师，交通运输部专家委员会委员，国家智能交通系统（ITS）工程技术研究中心主任。兼任全国智能交通系统专家咨询委员会主任委员、中国智能交通协会副理事长、中国智能交通产业联盟理事长、中国电动汽车百人会理事会成员。博士生导师，国家有突出贡献的中青年专家，享受政府特殊津贴，国家“百千万人才工程”第一层次人选。有《智能交通系统体系框架原理与应用》等 6 部专著、译著，发表学术论文 50 余篇。科研成果分别获国家科技进步二等奖 1 项，交通部科技进步一等奖 2 项，中国公路学会科学技术奖特等奖 1 项、一等奖 1 项、二等奖 4 项。

王笑京是中国智能交通领域的著名学者，长期在科技一线工作，为智能交通系统的理论和应用奠定了基础。领导建设了中国第一个国家智能运输系统中心实验室，主持完成“中国智能运输系统体系框架”“中国智能交通系统标准体系”“中国智能交通系统发展战略”等，推动了中国交通控制与管理、电子不停车收费、交通信息服务等方面的技术进步和产业化进程。

除了专注于智能交通科技事业，王笑京对智能交通产业发展也极为关注，2013年9月他推动政府、学术界、产业界成立中国智能交通产业联盟，至今已拥有140余家涉及汽车、通信、信息服务、安全、系统集成及硬件开发等多个技术领域的国内外会员单位。在王笑京的带领下，联盟目前开展了联盟标准制定工作、组建联盟测试实验平台群、组织成员单位申报国家各类重点项目、组织各类中外技术培训及交流活动、联盟知识产权规划等相关工作。

王笑京还为国际和国内ITS交流、研究和应用做出了突出贡献，在国际和国内ITS界享有很高的声誉。是世界智能交通大会理事会理事和亚太ITS协会主席，他还领导我国在国际标准化组织ITS技术委员会（ISO/TC204）中的工作，并多次出席世界银行、亚洲开发银行等国际组织的讲学和培训活动。

2012年10月，因其卓越贡献，王笑京被授予世界智能交通杰出成就奖，并进入智能交通世界大会名人堂，成为发展中国家获此殊荣的第一人。2015年6月，当选科学中国人2014年度人物。

橡胶沥青及混凝土筑路成套技术研究与示范应用

中国公路学会科学技术奖　一等奖

研究背景

■ 沪蓉西橡胶沥青示范工程

本项目瞄准橡胶沥青应用于筑路中突出的高低温性能、疲劳韧性、降噪和再生环保性能优势，在前期研究基础上，结合交通运输部“废旧橡胶粉用于筑路技术的推广应用”项目、“材料节约和循环利用专项行动计划”以及“新型沥青路面开发与相关指南研究”等课题，以形成我国橡胶沥青技术标准体系，实现橡胶沥青产业的国产化，突破国外技术垄断为目标，开展了适合于我国复杂气候和交通环境条件下橡胶沥青用于筑路的成套技术研究及示范应用。本项目是国内第一次对橡胶粉产业化路用性能的综合研究，通过本项目的研究和工程实践以及我国十余年橡胶沥青应用经验的总结，最终形成了适合我国材料、气候环境、交通特点和路面结构特点的中国橡胶沥青筑路技术，在废旧轮胎橡胶粉的选择、橡胶沥青技术指标评价体系、矿料与填料技术要求、矿料级配的设计方法、橡胶沥青路面结构组合设计、橡胶沥青混合料材料组成的设计方法、橡胶沥青防水黏结层材料与工艺参数设计方法、沥青混合料技术指标、橡胶沥青混合料生产工艺、橡胶沥青混合料施工工艺、橡胶沥青防水黏结层及橡胶沥青混凝土质量检验等方面创新性提出系列方法、指标，构成自成一体的中国橡胶沥青筑路技术体系。

主要成果

1. 首次建立我国以目数为核心废胎胶粉技术指标和标准体系；适应我国重载交通及气候片区特点的以黏度为核心的橡胶沥青技术指标和标准体系及最紧密嵌挤状态下粗集料断级配橡胶沥青混凝土组成设计方法。

2. 提出钢渣橡胶沥青混凝土、小粒径断级配低噪声橡胶沥青混凝土、倒装式橡胶沥青混凝土、抗裂型橡胶沥青水泥混凝土加铺路面铺装设计与施工专有技术，拓展了橡胶沥青技术的应用范围，经实际工程验证，效果良好。

■ 长安街大修工程

■ 奥林匹克水上公园工程

■ 马房大桥桥面铺装

3. 针对国外橡胶沥青加工生产装备技术垄断，且生产效率低、不适应我国大规模工程生产需求的弱点，自主研发了国产大功率、高效废胎胶粉橡胶沥青生产设备，并已在实际工程得到广泛验证。

4. 编制交通运输部行业技术指南 1 部、标准 6 部、国家级工法 1 部、省部级工法 6 部；相关成果已获得发明专利 5 项，受理 3 项，获得实用新型专利 6 项；出版原创性著作 1 部。

本项目集成创新程度达到 100%，其中自主创新在全部技术中所占比例超过 90%，成果总体上达到国际领先水平。

成果应用

废轮胎筑路技术的应用兼顾了技术的广泛适用性和需求特殊性。从严寒的东北地区到湿热多雨的华南地区，从各等级半刚性基层常规路面的铺装到复合式路面、降噪路面、钢桥面铺装等特种工程的应用，结合不同工程的结构和服务功能需求，充分发挥橡胶沥青混凝土技术优势，开发了多样、高效、耐久、环保的橡胶沥青混凝土技术方案。

本项目在推广应用过程中，共修筑废胎胶粉橡胶沥青路面 350km 以上，创造产值 3.4 亿元，新增利润 6922.6 万元，利税 3461.3 万元，与同等技术指标和使用效果的路面材料相比，节支 3461.3 万元。

自主研发的 JTRA 橡胶沥青加工设备，与国外同类产品相比，每台节约资金人民币 300 万元。2009 年研发成功后，已有 8 台套投入生产，直接经济效益 2400 万元。

通过本项目的研究及推广应用，带动了我国橡胶沥青产业的发展，如今已形成相关企业 100 余家，从业人员过万人，形成年产值 5 亿元以上。据统计分析，2010 年全国橡胶沥青使用量已达 75 万吨，形成了年产值 20 亿以上的产业规模。本项目研究成果不仅技术总体达到国际领先水平，并且具有突出的环保性社会效益。

完成人简介

王旭东，交通运输部公路科学研究院路面专业方向首席研究员，责任工程师，博士生导师，交通运输部青年专家委员会委员，国际道路联合会会员，2003年入选交通部首批“新世纪十百千人才工程”第一层次人选，2006年获得第一届中国公路学会“青年科技奖”，2007年荣获由中组部、人事部和中国科协联合授予的第十届“中国青年科技奖”。

王旭东研究员一直从事沥青路面材料与结构研究以及相关技术的应用和推广工作。先后主持国家级、省部级科研课题20余项，主持编制国家、行业规范、标准10余项。研究成果先后获国家级科技进步二等奖1次，省部级科技进步奖12次，其中一等奖4次，二等奖4次，三等奖4次。取得国家发明专利19项。出版专业著作4部，其中《橡胶沥青及沥青混凝土成套技术》获国家新闻出版总署颁布的“原创著作奖”。

王旭东研究员对沥青混合料设计理论开展了深入研究，提出了基于最紧密嵌挤结构的沥青混合料设计理论，并将该理论应用于多种功能性沥青路面材料的设计，先后开发了桥面铺装沥青混凝土、低噪声沥青混凝土等，填补国内空白，并出版相关专著两部。在注重理论研究的同时，通过大量的工程实践，在路面工程应用技术方面取得了丰硕的成果。主持修订了《公路路面基层施工技术细则》(JTG/T F20—2015)和《公路工程无机结合料稳定材料试验规程》（JTGE51-2009），提升我国半刚性基层路面施工技术水平。

自2000年起，率先在国内大规模、系统地开展橡胶沥青技术研究，经过十余年攻关，带领团队实现了橡胶沥青产业化，并大力推动了该技术在我国高速公路建设中的应用。先后领导团队完成奥运工程、国庆长安街改造工程，交通运输部科技示范工程，国家科技支撑建设工程以及西部省份跨越式发展建设项目等，取得了突出的技术和经济效益，并编制了我国第一套系列橡胶沥青行业技术标准。

华南地区公路路面修筑成套技术的研究与推广应用

中国公路学会科学技术奖　一等奖

研究背景

改革开放以来，广东省一直是我国公路大省、公路强省，多项公路建设指标位居全国前列，省公路网于2005年即已初步形成；同时，在路面设计、施工及养护等技术领域均取得重大突破，是国内公路工程技术先进水平的典型代表；省内留有国内外各种典型筑路技术的试验路段，数目多、里程长、数据资料翔实，如SMA沥青路面、柔性基层路面、连续配筋水泥路面及Superpave路面等。

与此同时，国际公路科技的发展也日新月异，不断涌现出有价值、成系统的科技成果，以美国SHRP计划和欧洲SERRP Ⅱ成果为代表。欧美发达国家在总结前期筑路技术的基础上，相继实施了SHRP2计划、SERRP Ⅴ计划，长寿命路面修筑技术、路面翻新技术、质量实时无损检测与控制技术、材料再生利用技术等均被列为关键技术并已专门立项展开研究。

在此背景下，特别是2005年全国干线公路国检后，广东省交通运输厅根据国检中暴露出的问题：新建公路存在不少早期损坏、养护公路的使用质量衰减过快等，组织开展华南地区公路路面修筑成套技术研究，旨在系统总结提炼前期路面修筑经验，攻克华南地区高温多雨、地基软弱、交通超重超载严重等不利条件下修筑高质量路面的系列技术难题，以进一步提升路面使用品质和科技领先水平。

1. 系统、深入分析了华南地区实际的路面设计、建设、养护情况。

2. 提出适合华南地区的公路路面典型结构分级、分类标准及典型结构图谱。

3. 革新、改进了路面集料生产、材料组成设计、混合料生产、施工质量控制与评价、特殊条件下面层铺装等关键技术，形成广东省沥青路面和水泥路面施工成套技术。

4. 创新、集成了适合华南地区的沥青路面、水泥路面的养护维修成套技术。

5. 总结、提炼并形成保障公路交通安全、提高营运效率的广东省公路安保成套技术体系。

技术经济指标：

1. 与同期筑路成本相比，本项目技术成果的应用可降低公路路面工程修筑成本、节约资源，每公里节约成本3%以上。

2. 延长路面养护维修周期30%以上；路面承重层大修周期延长至50%以上。

本项目在总结提炼华南地区公路路面建设经验的基础上，攻克了困扰华南地区提高公路路面质量的诸多技术难题，研究成果在广东省以地方标准的形式颁布实施，推广应用达3年多时间，实体工程占广东省高等级公路50%以上。在提高路面质量的同时，进一步提升了广东省公路路面修建领域的国际先进水平，起到了修筑"可靠、节约、耐久、安全"型路面的示范作用。

研究创新点

创新点一：系统集成我国首套地方性路面工程技术指南，涵盖路面工程建养全过程，并以地方标准形式大面积推广应用，提升并代表了华南地区路面工程先进技术水平。

创新点二：在路面结构设计领域引入可靠度设计指标，明确量化了路面结构安全性标准，提出基于可靠度水平的华南地区公路路面典型结构设计方法，将我国力学—经验法路面结构设计理论提高到新的高度。

创新点三：在沥青路面施工技术领域攻克了集料标准化加工关键技术，系统集成了双滚筒连续生产质量控制技术、防离析摊铺技术、压实质量控制技术等专项技术体系。

创新点四：在水泥路面施工技术领域攻克了特殊路段滑模铺筑技术、非均匀沉降路基水泥路面修筑技术、水泥路面接缝施工技术、滑动封层应用技术等多项关键技术，并系统集成为华南地区水泥路面施工成套技术。

创新点五：在路面养护维修技术领域，革新了当前路面养护决策理论体系，提出结构性、功能性与荷载三者结合的路面典型破坏类型分类体系；并集成路面状况检测与评价技术、多项养护维修新材料新技术、路面再生利用技术等，构建了华南地区路面养护管理系统，在公路网络区域层面起到了典型示范作用，提升了我国路面养护维修技术水平。

成果应用

本项目技术成果涵盖了路面工程路面设计、建设、养护、管理、安全保障等全套关键环节，对城市道路、机场道路、农村公路等的建设、管理、养护等也具有借鉴和参考价值。项目技术成果的实施主要是通过技术指南、手册的形式大面积推广应用，部分成果以地方标准的形式颁布实施。

该项目技术成果应用 3 年多来，范围涉及广东省不同地区、不同等级、不同类型公路的路面及桥隧铺装的设计、施工和养护管理等，有新建公路也有改扩建和大修工程，如沈海高速遂溪—徐闻段、广河高速广州段、深汕西高速大修一期等重大工程建设项目，累计公路里程 2000 多千米。工程实践检验及初步跟踪监测表明，实体工程路面结构抗重载能力、抗水损坏能力得到明显提高，且施工便捷，比较适合广东省的交通环境。同时，在试行过程中，通过信息反馈和工程使用，对指南、手册中的一些遗漏或者不足的地方予以弥补，使这些指南具有更强的指导性、针对性、实用性和可操作性，将有力支持广东省公路工程建设向又好又快方向发展。

1. 本套指南是我国第一套系统的地方性路面工程技术指南，标志着广东省路面技术达到一个新的阶段。既是对广东省二十多年来公路技术发展的总结和肯定，又是对广东省今后路面技术发展提出了目标和规划。

2. 有助于大面积应用，加速科研成果向生产力的转化。

3. 利于发挥科研成果在生产中的指导作用，保证科研成果在工程实际中应用的成功率。

4. 作为地方性标准实施，可大范围、迅速提高广东省路面质量。

5. 及时吸纳先进成熟的科研成果，符合“循环经济、低碳经济”建设养护理念，可充分体现广东省交通行业贯彻落实科学发展观，走可持续发展道路，迎合当前政府提出的“建设资源节约型、环境友好型社会”导向。

各项实体工程项目汇总及效果评价见表 1。

表 1 “华南地区公路路面修筑成套技术的研究与推广应用”项目部分实体工程实施效果汇总

应用技术名称	序号	实体工程	完工日期	应用效果评价
广东省路面典型结构图谱	1	深汕高速西段大修一期（85km）	2009	承载力高、能适应重载交通；便于施工；适合广东省交通、气候条件
	2	沈阳～海口高速遂溪至徐闻段（114km）	2010	
	3	广河高速广州段（70km）	2011	
沥青路面集料标准化加工技术	4	广梧高速公路 7 个工程项目，累计 200km		混合料生产率得到提高。路面离析、透水现象显著减少
	5	阳茂、西部沿海珠海段，30 余万方集料		生产的集料级配变异性显著降低
	6	西部沿海高速珠海至新会古井段 17 标	2005	路面质量得到明显提高
	7	同三国道主干线粤境阳茂高速路面 12 标	2004	路面集料质量得到有效控制
	8	京珠高速广州至番禺第 21 合同段（26km）		
间歇式拌和楼混合料级配控制措施	9	佛山一环 1 标段		路面离析现象显著减少
	10	深汕东大修 3 标段		
	11	西部沿海高速珠海至新会古井段 17 标	2005	拌和楼生产效率得到提高，级配变异性减小
双滚筒连续式拌和楼生产质量控制技术	12	佛山一环京珠高速广州至番禺第 21 合同段（26km）	2005	
沥青混合料摊铺机防离析改进措施沥青混合料压实质量控制技术	13	佛山一环		
	14	西二环十八标		
	15	西部沿海高速珠海至新会古井段 17 标		
	16	京珠高速广州至番禺第 21 合同段（26km）		
	17	同三国道主干线粤境阳茂高速路面十二标	2004 年	路面车辙、坑槽等早期损坏现象显著减少
	18	河龙高速		
厂拌热再生沥青路面施工技术	19	广佛高速		

续上表

应用技术名称	序号	实体工程	完工日期	应用效果评价
水泥混凝土路面成套施工技术（滑模摊铺技术、接缝设计与施工技术、滑动封层施工技术、非均匀沉降路基水泥路面结构设计与施工技术）	20	佛山－开平水泥混凝土高速公路，广州市北环高速公路，深圳－汕头水泥混凝土高速公路路面施工，累计达 200 多公里	1996	可有效减少水泥路面的早期病害，节省大量修补和养护费用，并使路面使用寿命延长 4~5 年，明显降低路面的寿命周期成本
	21	茂湛、江鹤、汕汾、粤境京珠南段、莞深、汕梅、梅河、粤赣、天汕高速公路计 500 多公里		
	22	106 国道英德－佛冈段、205 国道河源段、梅州段，206 国道梅州段，333 省道梅州段等水泥混凝土路面的滑模施工计 700 多公里		
	23	广深高速公路东莞北特大桥维护改造工程（15.86km）的水泥桥面铺装工程	2008	
	24	清连高速化改造工程（217km）水泥路面		效果良好
	25	广深东莞北大桥维护工程二标（19.6km）	2008	桥面内在质量和外观得到很大提高
沥青路面日常养护维修技术	26	广清高速花清段、揭普惠高速、汕汾、深汕西、佛开、惠河、开阳、新台等	2008	有效地减少了路面病害发生的数量，延长了路面早期损坏发生的时间
高等级沥青路面预防性养护关键技术	27	广清高速花清段、揭普惠高速、汕汾、深汕西、佛开、惠河、开阳、新台等	2008	
沥青大中修、罩面及改建关键技术	28	开阳高速中修罩面，广佛高速沥青路面大修，广佛高速沥青路面改建，深汕西大修、新台中修、惠河中修	2008	
	29	沈大高速改扩建，沪杭甬高速公路浙江段		
再生沥青混合料在养护维修中的应用技术	30	广佛高速大修	2008	
水泥路面养护关键技术及快速养护技术	31	深汕东高速公路东段		
	32	佛开高速公路（K0+136~K16+600）	2009	
水泥路面预防性养护技术	33	粤赣高速公路水泥路段		
水泥路面大修、加铺及改建技术	34	深汕高速公路东段，135km 水泥路面		
水泥路面混凝土再生利用技术	35	梅河高速（118km）	2008	技术成功应用。其耐磨和耐久性需后续检测和观测予以验证
广东省高速公路路网指路标志一体化设置	36	京港澳高速京港澳高速公路（广东省境至太和段）		截至 2009 年 4 月，已完成设计并通过评审

工程实践证明，本项目研究成果科学合理地应用可以使路面质量显著改善，可减少早期损害现象，降低维修费用，提高公路运输效率，保障人车出行安全，延长路面寿命，其经济效益可观，社会效益显著。

经济效益：节省公路工程全寿命投资造价、提高施工效率、延长养护维修周期并减少养护维修次数、减少道路交通事故、保障交通运输高效畅通、减少路面汽车行驶油耗等。

社会效益：促进公路行业科技发展、促进社会和谐进步、提高人们的生活水平、促进经济持续发展等。

完成人简介

王旭东，交通运输部公路科学研究院路面专业方向首席研究员，责任工程师，博士生导师，交通运输部青年专家委员会委员，国际道路联合会会员，2003年入选交通部首批“新世纪十百千人才工程”第一层次人选，2006年获得第一届中国公路学会“青年科技奖”，2007年荣获由中组部、人事部和中国科协联合授予的第十届“中国青年科技奖”。

王旭东研究员一直从事沥青路面材料与结构研究以及相关技术的应用和推广工作。先后主持国家级、省部级科研课题20余项，主持编制国家、行业规范、标准10余项。研究成果先后获国家级科技进步二等奖1次，省部级科技进步奖12次，其中一等奖4次，二等奖4次，三等奖4次。取得国家发明专利19项。出版专业著作4部，其中《橡胶沥青及沥青混凝土成套技术》获国家新闻出版总署颁布的“原创著作奖”。

王旭东研究员对沥青混合料设计理论开展了深入研究，提出了基于最紧密嵌挤结构的沥青混合料设计理论，并将该理论应用于多种功能性沥青路面材料的设计，先后开发了桥面铺装沥青混凝土、低噪声沥青混凝土等，填补国内空白，并出版相关专著两部。在注重理论研究的同时，通过大量的工程实践，在路面工程应用技术方面取得了丰硕的成果。主持修订了《公路路面基层施工技术细则》（JTG/T F20—2015）和《公路工程无机结合料稳定材料试验规程》（JTGE51-2009），提升我国半刚性基层路面施工技术水平。

自2000年起，率先在国内大规模、系统地开展橡胶沥青技术研究，经过十余年攻关，带领团队实现了橡胶沥青产业化，并大力推动了该技术在我国高速公路建设中的应用。先后领导团队完成奥运工程、国庆长安街改造工程，交通运输部科技示范工程，国家科技支撑建设工程以及西部省份跨越式发展建设项目等，取得了突出的技术和经济效益，并编制了我国第一套系列橡胶沥青行业技术标准。

西部地区公路桥隧工程风险评估研究

中国公路学会科学技术奖　一等奖

研究背景

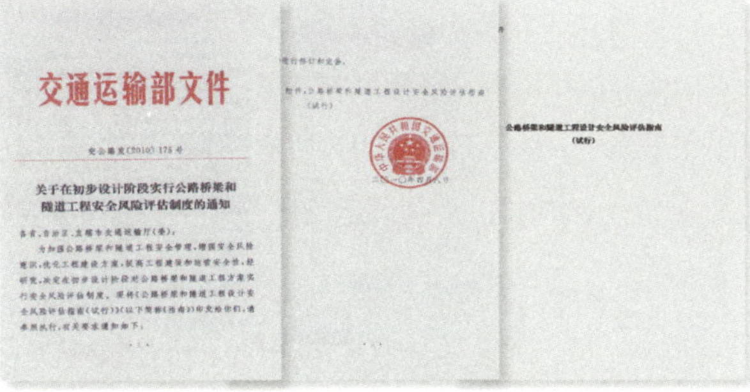
交通运输部文件

交公路发〔2010〕175号

关于在初步设计阶段实行公路桥梁和隧道工程安全风险评估制度的通知

各省、自治区、直辖市交通运输厅（委）：

为加强公路桥梁和隧道工程安全管理，增强安全风险意识，优化工程建设方案，提高工程建设和运营安全性，经研究，决定在初步设计阶段对公路桥梁和隧道工程方案实行安全风险评估制度。现将《公路桥梁和隧道工程设计安全风险评估指南（试行）》（以下简称《指南》）印发给你们，请参照执行，有关要求通知如下：

附件：公路桥梁和隧道工程设计安全风险评估指南（试行）

公路桥梁和隧道工程设计安全风险评估指南（试行）

■ 交通运输部关于在初步设计阶段实施风险评估制度的通知

随着我国经济持续快速发展，一大批桥隧工程相继建成，桥隧工程所面临的安全问题也随之引起了社会的关注。针对屡屡发生的桥隧工程损毁和各类安全隐患，引入风险评估制度，构建完整的安全保障体系，已经迫在眉睫。本项目在国内外大量调研的基础上，提出了公路桥隧工程风险评估的方法、体系、指标和管理系统等，具体有以下 10 个方面：①制定了我国公路桥隧风险评估管理办法；②提出了我国公路桥隧工程安全风险评估理论、指标、评估体系；③建立了公路桥梁风险评估量化模型；④建立了公路桥隧工程事故数据库；⑤建立了公路桥隧各设计阶段的安全风险评估方法；⑥建立了公路桥隧建设安全预警体系；

交通运输部办公厅明传电报

签批：陈华任

密级：急　　厅科技明电〔2010〕0303号

关于举办交通科技大讲堂视频讲座的通知

各省、自治区、直辖市、新疆生产建设兵团交通运输厅（局、委），各计划单列市交通局（委），部属有关单位，部内有关单位：

为贯彻落实全国交通运输工作会议精神，推动交通运输行业科技进步与创新，展示交通运输行业科技新成果，加强学术交流，促进交通科技成果转化，充分发挥科技创新对加快转变发展方式、推进现代交通运输业发展的支撑和引领作用，部决定举办交通科技大讲堂视频讲座活动，2010年每季度举办一期讲座。现将第一讲有关事项通知如下：

一、讲座内容

1. 开讲仪式；

2. 公路桥隧工程风险评估

主讲人：张喜刚　中交公路规划设计研究院　教授级高工

3. 公路安全审计

■《公路桥隧工程风险评估》科技大讲堂主题宣讲

⑦以 15 座大型桥隧工程为依托完成了评估流程、管理、实务操作方面的应用创新探索；⑧编写了公路桥隧工程建设安全风险评估指南；⑨形成了长大桥隧安全运营管理对策，并配合制定了公路长大桥隧安全运营管理办法；⑩开发了部级长大桥隧安全管理系统。

本项目特大桥的依托工程为苏通长江公路大桥和江阴长江公路大桥。

苏通长江公路大桥位于江苏省东部南通市（南通农场）和苏州市（常熟市）之间，连接苏嘉杭、沿江高速公路。桥梁西距江阴大桥约 80km，东距长江入海口约 110km，是交通运输部规划的黑龙江嘉荫至福建南平国家重点干线公路跨越长江的重要通道，也是江苏省公路主骨架的重要组成部分。该工程于 2008 年 5 月已经正式建成通车。

江阴长江公路大桥建于长江三角洲地段的中部，是黑龙江省同江至海南省三亚国道主干线以及北京至上海国道主干线的跨江工程。大桥主跨为 1385m 的钢箱梁悬索桥，一跨过江；南北引桥为钢筋混凝土桥梁，南引桥 168m，北引桥 1518m，大桥全桥总长 3071m。该桥于 1999 年建成通车。

7版 桥隧

捕“风”捉“险” 以策万全

——写在我国公路桥隧工程安全风险评估制度施行之际

■ 中国交通报的相关报道

中华人民共和国国家版权局

计算机软件著作权登记证书

■ 长大桥隧安全管理系统软件著作权

本项目特长隧道的依托工程为秦岭终南山特长公路隧道，该隧道是世界在建公路隧道规模第一，已建公路隧道长度第二。秦岭终南山特长隧道全长 18.02km，建设标准为一次建成双向四车道高速公路，隧道建设规模为双洞四车道，净宽 10.92m，限高 5m。该工程于 2007 年 1 月 20 日已经正式建成通车。

■ 公路桥隧工程安全风险评估宣贯会

研究创新点

公路桥隧工程风险评估技术的研究和实施是桥梁技术发展史上重大的制度创新和技术进步。本项目通过文献搜集、现场调研、统计分析、理论研究、试点工程、示例应用、宣传推广等手段，对风险评估体系、评估方法、评估范畴、评估指标、评估模型、制度体系、实务操作、基础数据库、预警系统等公路桥隧工程风险评估各项关键技术问题进行了系统研究，建立了公路桥隧工程风险评估方法和体系，并推动建立了我国公路桥隧工程风险评估制度。项目研究成果和课题研究成果具有重大创新性。主要创新点如下：

1. 创建了公路桥隧工程风险评估方法体系，首次完成了部颁《公路桥梁和隧道工程设计安全风险评估指南》（试行），编制了《公路桥隧道工程风

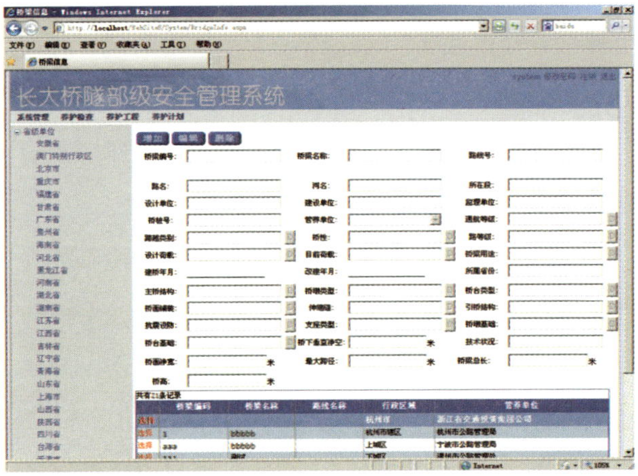

■ 长大桥隧部件安全管理系统

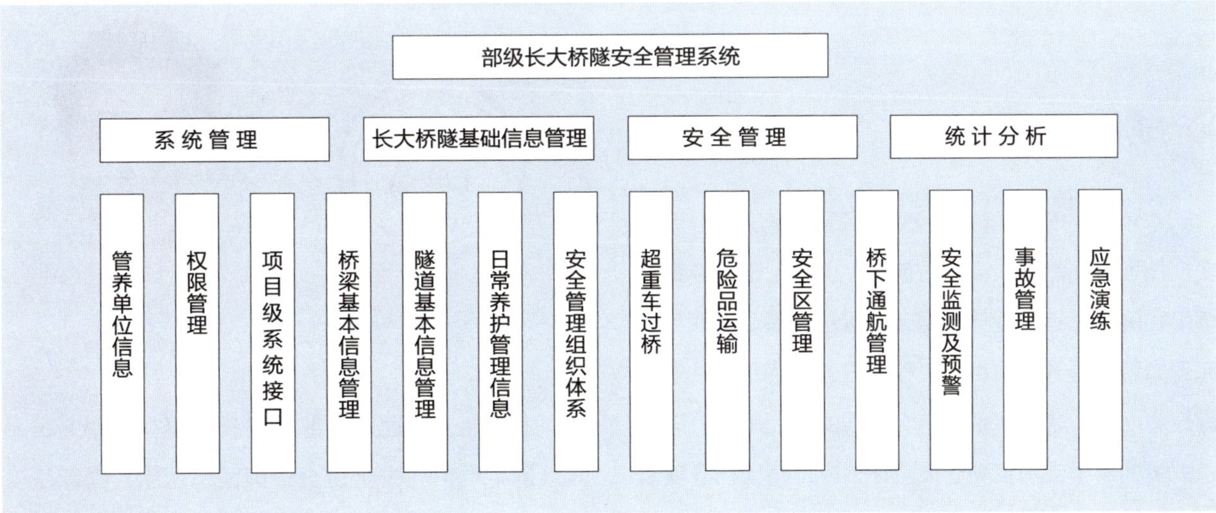

■ 长大桥隧部件安全管理系统架构

■ 长大桥梁工程安全运营现场调研

■ 长大隧道工程安全运营现场调研

险评估管理办法》和《公路长大桥隧安全运营管理办法》。

2. 提出了桥隧工程经济损失率指标和环境影响评估指标，为定量风险分析提供了技术支撑。

3. 研发了具有自主知识产权的公路桥梁事故管理、公路隧道风险评估专家调查、公路隧道安全评估与事故库和长大桥隧安全管理 4 个系统软件，并成功应用于示范工程。

4. 提出了长大桥隧安全运营管理对策，开发了部级长大桥隧安全管理系统，可为管理部门提供决策参考。

成果应用

本项目的研究成果为公路桥隧工程建设、运营安全技术研究的重大突破与创新，可应用于指导各种桥梁和隧道工程的设计、施工、运营管理。本项目研究着力解决提升公路桥隧工程建设、运营安全性的关键技术问题，采用了理论结合实践的研究手段，取得了大量的实桥应用资料、风险评估应用指南和多项重要研究成果，为项目后期的推广应用奠定了坚实的基础。

本项目的研究过程中，已采取或安排了全国范围内风险评估指南技术培训、系列推广活动、建立试点工程和典型示范工程等研究成果推广应用措施。项目为依托工程及国内相关大型桥隧工程提供了制度和技术支撑，取得了较好的社会效益和经济效益。

完成人简介

王晓晶，交通运输部公路科学研究院研究员、国家桥梁维护与安全协会中国团组理事，国际桥协会员。长期从事特大跨径桥梁工程的健康监测、养护管理等方面的研究、开发工作。主持了交通运输部重大科技专项“特大型桥梁灾变安全监测预警与应急管理平台研究”、国家自然科学基金项目“公路桥隧工程全寿命周期信息化管理研究”、交通运输部西部交通建设科技项目“西部地区公路桥隧工程风险评估研究”“桥梁结构安全监测与养护管理技术研究”、浙江省交通运输厅科技项目“基于寿命周期的桥梁结构健康监测、诊断与智能决策养护管理技术研究”、广东省交通运输厅科技项目“高速公路运营管理标杆体系建设与信息集成系统研究”等重大科研项目，同时主持了杭州湾大桥、广州珠江黄埔大桥、杭州之江大桥，浙江省桥梁运营安全动态监管等多座特大桥以及区域路网桥梁的结构监测系统的设计、实施、评价工作。获国家新技术推广优秀奖1项，中国公路学会科技进步一等奖2项、二等奖2项，南京市科学技术进步二等奖1项，湖北省公路学会科技进步三等奖1项。取得软件著作权10余项，发表正式刊物论文多篇；主编特大型桥梁维护手册及养护指南6本。

王松根，公路养护技术国家工程研究中心研究员、博士生导师，有突出贡献的中青年专家，东南大学道路工程专业毕业。专长公路养护与管理，长期从事公路工程施工、公路养护、科研和技术管理工作。三十多年来，致力于结合生产需求开展科研工作，主持和参加了20余项公路科研项目，具有丰富的公路养护工程实践经验。获国家和省部级科技进步16项，其中国家科技进步二等奖2项，省部级科技进步一等奖5项。在国内专业期刊上发表科技论文70余篇，出版专著6部，编制山东省地方标准2部，获国家发明及其他专利11项。

神宜公路生态环保关键技术研究及示范

中国公路学会科学技术奖　一等奖

研究背景

湖北神农架木鱼坪至兴山昭君桥旅游公路改扩建工程是由南向北进入神农架核心风景区唯一的公路通道，项目基本沿 G209 及其复线进行改扩建。路线走廊总体呈西北至东南走向，起于神农架区木鱼镇规划区外以东 G209 国道 K1610+870 处，终于兴山县高阳镇昭君村昭君桥南，路线全长 52.957km，为二级公路，设计时速 40 ~ 60km/h。工程于 2006 年 3 月开工建设，2008 年 6 月通车试运营。

本项目立项时国内外有关山区旅游公路升级改造设计与施工技术的研究较少，山区旅游公路升级改造建设理念、建设管理模式和方法，以及近自然公路的概念与内涵等均属空白，生态敏感区公路建设环保技术的研究也处于起步阶段。此外，多年来我国公路科研形成的大量研究成果尚未有以科技示范工程的形式在某一条公路尤其是山区旅游公路升级改造项目上进行集中推广应用的先例。本项目是进一步总结提升神宜公路科技环保示范工程的技术示范与技术创新成果，增强科技成果推广应用的有效性，以期形成山区旅游公路升级改造建设理念、管理模式与方法，以及设计、施工成套技术。

■ 神农架林区是国家级森林和野生动物自然保护区，是整个华中地区的"肺"，是南水北调中线工程的重要水源区，是三峡库区的天然绿色屏障。丰富多样的自然景观和封闭脆弱的生态环境，是这条路最大的建设背景。图为神农岭风景区

研究创新点

项目依托湖北省神宜公路建设工程，开展了建设理念、环境友好与资源节约技术、安全防护技术等方面的集成研究与示范，取得了如下创新成果：

1. 提出了"自然就是最美的、适用就是最好的、优质就是最省的、创新就是最具生命力的"建设新理念，确立了"将打造两型交通作为发展的第一选择、将保护好生态环境作为设计的第一追求、将恢复好生态环境作为施工的第一原则、将科技创新促进生态环保作为建设的第一动力、将实现自然环境原生态作为验收的第一关口"的建设方针。

2. 建立了基于动态设计、路用资源统筹集约调配、网络化过程控制、施工过程安全保障和"五位一体"协调联动的建设管理模式和方法。

3. 提出了山区公路路域生态保护与道路交通安

■ 神宜路，是起始点地名的标志，还暗含神怡之意。神宜路不仅沿途有美人王昭君、诗人屈原、圣人神农、传说中的野人，公路沿线本身就是风景带，建设者将项目沿线自然天成的景观元素“橘香”“茶韵”“峡幽”“石趣”“木秀”“水灵”等，有机“珠链”成为溯源香溪、探秘神农、寻梦百里画廊的公园式通道，采用“避、清、封、露、绣”等多种方法，充分展示旅游生态公路鲜明的特色。建设者在公路边设置了八处观景台，旅客乘车其中，随时可以下车观景

■ 神宜路沿着峡谷前行，美丽的香溪河陪伴着公路向深山延伸

■ 按照以往修路的经验，这块大石一定要把它移开，可是建设者把它留了下来，还给它加上一条钢链，好似天上掉下一块巨石。看，青山、奇峰、巨石，还未到神农架，一幅神秘的图画已展现在你眼前

■ 受地形条件制约，公路等级受到限制，但利用局部开阔地，项目在沿线设置了 57 处停车带，大大提升了公路功能

全统筹协调的建设新技术。

4. 提出了近自然公路的概念与内涵，构建了山区景观公路建设的体系和方法，形成了山区旅游公路升级改造设计施工成套技术。

成果应用

本项目在资源节约、环境友好方面集成应用了一批新技术，成功打造了神宜公路科技环保示范工程，示范效应显著。成果在旅游公路、山区公路改扩建及农村公路建设中得到了推广应用，具有良好的环境、社会和经济效益，应用前景广阔。

项目推广应用情况如下：

1. 由交通运输部组织召开了全国性的《神宜公路科技环保示范工程经验交流会》，在交通行业产生了广泛影响，吸引了包括交通运输部各级领导在内，不同层级、各方面领导及同行参访本项目，起到了很好的示范作用。

2. 与中国公路学会环境与可持续发展分会共同举办了“2008 年年会暨学术交流会”，安排与会代表及专家考察了项目现场并进行了技术交流，推动了相关技术的使用。

■ 一边是高山，一边是河谷，为了不开山，项目采用挑梁形式增加路宽

■ 急弯处，项目铺设防滑警示路面，保障行车安全

■ 为了改善线型，项目在新建路段上采用隧道替代了大挖方

3. 编制了《基于环境友好与资源节约的旅游公路建设工程管理指南》，以标准规范的形式对项目研究成果进行推广应用。

4. 结合湖北省交通运输厅公路建设项目计划和科技成果推广计划成果推广应用于武神公路（二级）、

■ 神宜路自然景观恢复有力，人文景观则适当弱化，展现“诗、美、圣、野”文化墙和象征神农架的木质造型，恰到好处地展示了沿线人文内涵丰富的公路文化景观，提升了神农架的旅游品位

■ 尽可能的不破坏是项目最大的追求，在神宜路沿线，满眼苍翠，人们看不到施工的痕迹

■ 项目根据不同地形地质条件及地貌特征，采取了多种绿化方式相结合的施工方案，实行最强力度地恢复生态。主要是：路肩式挡墙设绿化种植槽，碎落台和公路两侧喷播植草、栽植灌木或藤本植物，普通高边坡修建挡墙，逐级设置种植槽，种植藤本植物，或工程防护与生态防护相结合，较陡岩石边坡悬挂罩面网喷撒泥土后撒播种草籽等

仙洪新农村试验区一级公路、赤壁一级公路和大别山红色旅游公路（二级），并将神宜公路的建设理念应用于十堰至漫川关、十堰至房县和谷城至竹山等多条高速公路建设项目。

5. 利用中国交通报、交通运输部网站、湖北省交通运输厅网站等各种新闻媒体进行了广泛宣传与推广。

完成人简介

林志慧，高级经济师，曾任湖北省交通运输厅厅长，主要从事交通运输管理工作。本项目负责人、科技示范工程领导小组组长，主持项目总体策划、设计、研究与实施工作；负责项目中人员、进度的协调和整体安排，全面推进项目研究工作，提出了神宜公路建设新理念。

张劲泉，研究员，1984 年毕业于同济大学桥梁工程专业，历任交通部公路科学研究所桥梁室副主任、道路桥梁部副主任、道路桥梁部主任、公路院副院长。现任交通部公路科学研究院院长兼党委副书记，中国公路学会桥梁与结构工程学会副理事长，国际桥梁与结构学会（IADSE）会员，交通青年科技英才，交通运输部专家委员会委员。全国优秀科技工作者，享受政府特殊津贴。主要研究方向：桥梁检测评定与维修加固、桥梁结构监测与安全评估、桥梁耐久性。

曾参与“公路桥梁使用功能评定方法研究”“虎门大桥成套技术研究”“桥梁检测与试验设备”“公路桥梁使用功能评定方法”“虎门悬索桥钢箱梁架设与拼接程序研究”“虎门悬索桥竣工验收试验与评价”等项目。

曾主持“虎门悬索桥上部结构施工监控技术研究”“虎门悬索桥钢箱梁架设与拼接程序研究”“虎门悬索桥竣工验收试验与评价”“公路桥梁承载力检测评定规程”“公路旧桥检测评定与加固技术研究及其推广应用”的研究工作。主持公路桥梁质量检测、试验评定与加固维修的技术开发与技术服务工作。完成近百座公路桥梁的质量检测、试验评定与加固维修。参与“虎门大桥工程”系列丛书的编写。

重要科研成果有：桥梁使用功能评定方法、虎门悬索桥施工监测与控制、大跨悬索桥竣工验收试验方法、桥梁健康监测与安全评价技术、桥梁承载能力检测评定方法、公路桥梁维修加固成套技术、桥梁耐久性关键技术等。主持了国家科技支撑计划“多塔连跨悬索结构及工程示范”、交通部重大专项“桥梁耐久性关键技术研究”以及交通部西部交通建设科技项目“公路旧桥检测评定与加固技术研究及推广应用”等十余项重大项目的研究工作。为行业的技术进步做出了突出贡献。研究成果获国家科技进步二等奖 2 项，省部级科技进步特等奖 1 项、一等奖 2 项、二等奖 1 项。出版学术专著 7 部，发表学术论文 40 余篇。

南方湿热地区高速公路沥青路面新型结构研究

福建省科技进步奖　二等奖

研究背景

为落实中央和福建省委关于建设节约型社会的要求，福建省交通运输厅制定了《“十一五”建设海峡西岸经济区节约型交通白皮书》，为实现节约型交通发展战略目标，将高速公路路面结构应用技术研究列为重要实施项目。福建省属东南湿热区，气候炎热，年平均降水量 1400 ~ 2600mm，部分高速公路纵坡起伏大、交通量大，重车比例高，导致福建省高速公路发生了不同程度的早期损坏，主要损坏型式为：水损害、唧浆、松散、坑槽、车辙和开裂等。因此开展“南方湿热地区高速公路沥青路面新型结构研究”非常必要。研究重点是提出沥青路面早期损坏形成原因，针对不同病害开展新型结构在福建省高速公路设计、施工等关键技术研究，以解决上述问题。

主要成果

项目组在认真总结国内外技术成果基础上，针对福建省的气候条件、交通条件、材料特点及路面主要损坏形式，以减少沥青路面早期损坏、提高路面长期性能和耐久性为目标，开展新型结构应用技术研究。

主要研究内容：

①南方湿热地区高速公路新型结构研究及应用；

②福建浦南、龙长高速公路新型结构沥青路面专项设计；

③试验路和实体工程的路面工程混合料设计与施工质量控制；

④新型结构基层上功能层设计与施工技术；

⑤柔性基层关键技术的研究；

⑥沥青混合料设计与施工；

⑦通车后路面性能观测。

取得的主要成果如下：

1. 完成南方湿热地区高速公路沥青路面新型结构研究总报告。

2. 完成浦南高速公路沥青路面专项设计。

3. 完成龙长高速公路沥青路面专项设计。

4. 提出在半刚性层上设置级配碎石和沥青稳定碎石层的新型沥青路面结构，改变了福建省沥青路面结构型式单一的问题。将极大提高福建省高速公路沥青路面的耐久性，延长路面使用寿命。

5. 提出了多雨潮湿地区级配碎石和沥青稳定碎石结构层的设计与施工成套技术。

6. 提出的新型结构沥青路面柔性基层关键技术，具有很好的可操作性和科学性，对指导新型结构的推广应用具有非常重要的意义。

成果应用

项目组经过5年不断努力，完成的研究成果具有重要理论和应用价值，经专家鉴定研究成果总体达到国际领先水平，推广应用前景十分广阔。目前本成果已在福建省主要高速公路上推广应用2405.6km，其中已建成通车796km，2010年底达到1500km。建成高速公路运营以来，路用性能良好，无结构性损坏现象，改善了行车舒适性和安全性，提高了沥青路面结构的耐久性，延长沥青路面使用寿命，可实现使用30年无结构性大修，节约大量维修养护费用，减少维修养护对交通的干扰和废料造成的环境污染和资源浪费。全寿命分析表明，新型结构应用每年可节省维修养护费用达3.96亿元，30年可节约资金118.9亿元。本成果已经成为舒适、安全、绿色交通的重要技术支撑，是福建交通创建节约型交通发展战略目标的重要技术保障，项目成果推广应用取得了巨大经济、社会和环境效益。

完成人简介

交通公路工程研究中心研究员，长期从事公路工程结构和材料的科研、技术咨询及试验工作。作为本项目第二完成单位主要完成人，①全面负责项目的组织、实施：包括项目的技术路线制定、研究大纲编写、室内外试验、关键技术研究、项目审查鉴定。②负责国内外高速公路沥青路面结构应用状况的调查研究，损坏机理分析。③进行试验路、实体工程的现场铺筑工艺指导、数据检测和整理分析。④承担项目的关键技术研究，如室内外试验、理论分析、技术标准评价、设计理论的总结集成等；⑤铺筑试验路和实体工程。研究了合理路面结构、厚度、混合料配合比、材料要求、设计方法、施工工艺等。通过研究，提出了为延长使用寿命选择合理路面的结构型式。⑥在项目推广应用方面，积极配合第一承担单位福建省高速公路建设总指挥部完成成果转化和推广工作，参加以邵三、龙长、浦南和机场I期高速公路新型结构沥青路面建设为依托工程的南方湿热地区高速公路沥青路面新型结构应用与实践工作。⑦编写研究子报告、专项设计报告等。

参加项目部分试验、铺筑试验路及实体工程、撰写铺筑报告；参加南方湿热地区高速公路新型结构研究以及浦南、龙长高速公路新型结构专项设计等关键技术研究；重点进行新型结构多参数多尺度的剪应变计算和性能分析，特别是高温剪应变计算、半刚性材料的二阶段分析等对于认识沥青路面的耐久性、结构的抗车辙、抗水损坏分析作出重要贡献。同时积极参加项目成果推广应用，参加了龙长、浦南两条高速公路新型结构沥青路面推广工作。

春华秋实

交通运输部公路科学研究院“十二五”优秀科技成果

2012年

优秀科技成果

高性能沥青路面新材料及制备技术

国家技术发明奖　二等奖

研究背景

本项目依托国家“863计划”及交通运输部等科技课题，面向行业发展重大需求，创造性利用道路工程和材料学的有关原理，提出了沥青材料杂化设计、复合改性增黏增韧、高效干法原位分散等方法，发明了重载交通道路高承载力路面材料、高安全排水沥青路面材料、废橡塑基热塑性弹性体沥青材料、节能减排的温拌沥青材料等新型路用材料及制备技术，开发了路面新结构、设计方法与施工工艺，有力支撑了我国道路工程发展对“耐久、安全、环保”等技术的需求。

项目成果获授权发明专利9项，公开发明专利7项，其他知识产权4项，制定行业标准5项。多项技术打破国外材料技术在我国的垄断或主导地位，在全国25个省（自治区、直辖市）、100多个高等级公路项目中得到应用。项目成果多次走出国门，参与国际竞争，中标埃塞俄比亚第一条高速公路，2014年李克强总理和埃塞俄比亚总理亲自为这条高速公路通车剪彩。获得了良好信誉。依托国家火炬计划等支持，项目建设了成果转化示范基地，创造直接经济效益12亿元，间接经济效益上百亿元。

项目成果培养了科技人才，参与人员获得“科技创新领军人才”“科技创新标兵”“拔尖人才”等荣誉称号，同时显著提升了我国道路科技领域的自主创新能力，安全、环保等社会效益显著，促进了行业科技进步。

研究创新点

本项目通过学术研究与技术开发取得了一系列的创新性成果。

采用电喷雾傅里叶变换高分辨率质谱等手段，首次研究提出了沥青极性化合物化学组成结构及其与使用性能的关系规律，揭示了天然沥青的改性机制；利用天然沥青与合成高分子的自由基反应、接枝改性技术等方法，发明了具有天然沥青与合成聚烯烃复合优势的改性材料；提出了高效干法原位分散制备技术，发明了多种直投式改性沥青材料的制备方法，包括高模量添加剂、高黏度添加剂、温拌添加剂、TPE改性剂等；首创了直投式颗粒型环氧改性剂材料，申请国际PCT专利1项。研究提出了改性剂的分散特性与混合料性能之间的影响关系，为研发高性能沥青材料和改性工艺提供原

■ 发明的系列高性能沥青路面新材料

■ 交通运输部科技示范工程——庐山西海旅游高速公路（对比右侧为普通路面，左侧为高安全性排水路面）

■ 温拌材料用在高海拔新藏公路施工

■ 承秦高速公路隧道的沥青无烟化施工

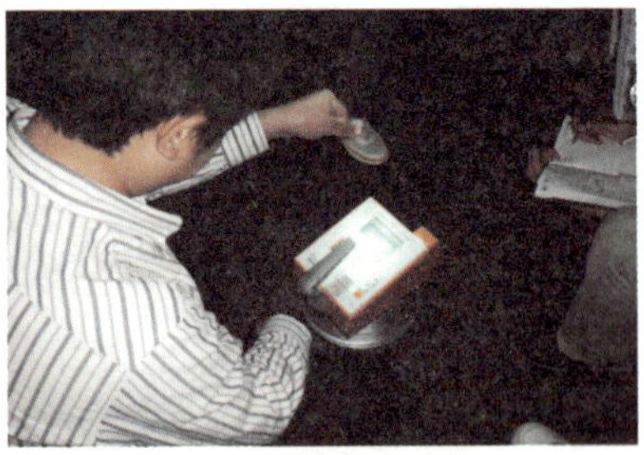

■ 使用无核密度仪快速测试

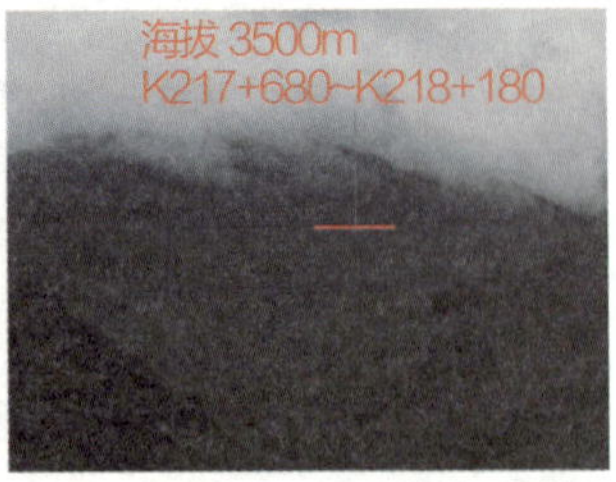

■ 天山公路高海拔施工环境

■ 北京延庆延琉路 RH-WMA 温拌沥青混合料摊铺现场

■ RA 抗车辙改性剂在山区高速公路沥青路面的应用碾压现场

理支撑。研究提出了基于动态模量的沥青混合料设计指标和标准，提出了利用高模量沥青材料与SUPERPAVE、GTM方法相结合，适用我国重载交通和超重交通条件的材料设计方法；利用空间几何拓扑理论，建立并求解了基于集料随机分布且紧密装填的骨架结构模型，在美国工程力学年会发表了相关研究成果和分会报告；参与交通运输部“新一代公路基础设施维护关键技术、重大装备与示范”重大科技课题，开发了地毯式预制沥青路面的关键材料、工艺和方法，在我国首次铺筑了地毯式预制沥青路面的试验路，进行了长期性能观测和工程性能验证。

成果应用

在《Construction and Building Materials》等国际著名期刊和国内发表论文9篇，申报专利12项，国际专利1项。形成抗车辙剂等沥青新材料产品6个，其中国家重点新产品1个，在近30个省份几十个重点工程项目上获得应用，实现产值近2亿元。项目成果应用于国外道路工程建设，通过与发达国家同类产品竞争，成功应用于埃塞俄比亚第一条高速公路项目——AA高速公路。基于沥青化学组成结构等基础研究开发的沥青指纹识别方法、改性沥青SBS含量测定技术等成果，用于国内几十个工程项目的沥青质量管理和检测，获得业主和政府部门高度认可。2015年在江苏南通的沙通大桥铺筑了国内外第一个固体干法环氧改性沥青钢桥面工程。提出的高模量沥青与SUPERPAVE、GTM方法相结合沥青混合料设计方案，成为许多重载和超重交通路面工程的首选技术解决方案，经北京市首都公路发展集团评估，每100km可节约维修养护经费约5亿元。主编交通运输行业的沥青混合料改性添加剂系列标准4部，“高性能沥青路面新材料及制备技术”获国家技术发明二等奖。

完成人简介

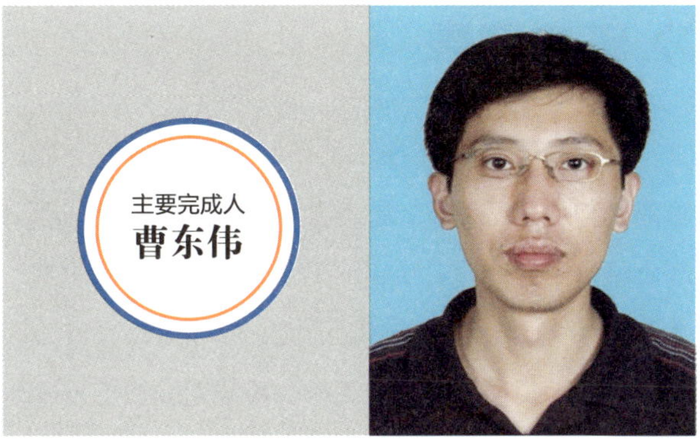

曹东伟，交通运输部公路科学研究院交通公路工程研究中心副主任、研究员，主要研究方向为沥青新材料、改性技术与路面新结构等。主持国家自然科学基金项目、国家重点新产品项目、交通运输部等课题10余项，负责重大工程技术咨询、科技示范工程和科技成果转化应用项目等20余项；开发了适用重交通道路高模量沥青、大空隙排水路面沥青、废橡塑复合TPE沥青、温拌与低温施工沥青、干法环氧沥青、热解生物质沥青、煤基新型沥青、地毯式预制路面沥青、沥青指纹识别技术等；开发了排水沥青路面、地毯式预制沥青路面、钢桥面铺装等新结构与施工技术，相关科研成果申报和获得专利授权50余项，获得国家技术发明奖二等奖1项、省部级科技奖励16项；发表论文70多篇，出版《排水沥青路面》专著1部，制定行业标准10余项；获得国家万人计划、中青年科技创新领军人才、中国青年科技奖、全国先进工作者等荣誉称号。

桥梁无线检测技术的研制与开发

中国公路学会科学技术奖　一等奖

研究背景

“桥梁无线检测技术的研制与开发”系交通运输部2004年度西部交通建设科技项目，由交通运输部公路科学研究所、哈尔滨工业大学深圳研究生院、大连海事大学、浙江省杭州市交通局及青海省公路局等共同承担项目的研究工作。桥梁无线检测技术研制与开发包括以我国西部公路桥梁跨江、跨河大桥为工程背景开展研究，完成了桥梁无线加速度、应变、位移和温度传感器的研制与开发，无线加速度、应变、位移和温度传感器的测试，同时完善了无线桥梁GPS(全球定位系统)的检测技术，对无线桥梁GPS的使用的认识进一步提高。该项目研究了基于自发、自收的桥梁无线检测网络体系结构及数据传输技术；基于公共无线网络的桥梁无线检测网络体系结构及数据传输技术；并开发出了适用于无线传感器单元使用的无线传感器网络通信协议，并成功应用在桥梁检测上。同时报告研究了桥梁无线检测数据库及其管理系统，开发出了桥梁现场检测等相关软件。该技术具有普遍适用性，可用于桥梁检测、监测，也可移植到其他领域应用。

主要成果

针对目前公路桥梁有线检测中存在的问题做了如下研究：研制和开发出了2种采用微机电系统（MEMS）技术的无线加速度传感器，无线动、静应变传感器，无线连通管位移传感器和无线温度传

■ 基于公共网络无线高精度倾角传感器

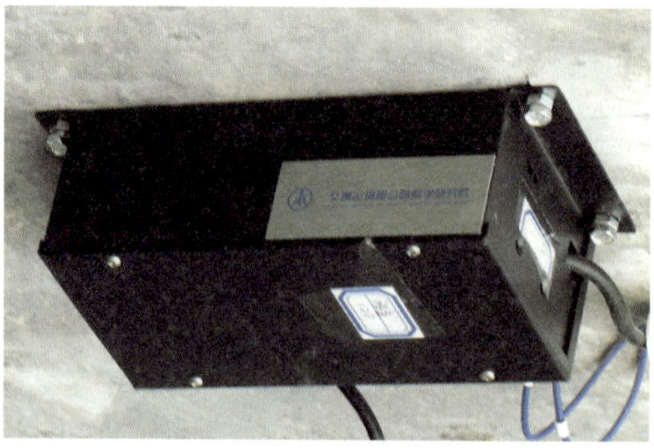

■ 基于公共网络无线应变传感器

■ 数据收发中心

感器；开发出具有高可靠性的实时数据无线发送和接收的传感器网络软件（包括自发、自收，以及利用公共网络的 GPRS 技术）；提出了一种基于自发自收的无线传感网络体系结构，并开发了可靠性数据采集传输协议软件；集成了包含前端硬件（桥梁无线加速度、无线动静应变、无线连通管和无线温度传感器）和后台检测软件及数据库的桥梁结构无线检测系统；实现了桥梁无线传感器的远程重启及程序更新；为了保证桥梁动态测试时各无线传感器之间的准确时间同步，采用各传感器分别高速采样，文件之间时间对齐后，再重抽样滤波的无线同步方法，以确保各传感器之间的准确时间同步，这种同步方法的优点是传感器不会因为无线网络级数增多而引入额外的时间误差。

本项目适用于各类桥梁的监测和检测。测试悬索桥、斜拉桥的悬索或者拉索振动；适合各种类型桥梁进行振动加速度测试，可以对桥梁进行模态分析、索力测试、船撞测试等；适合各种类型桥梁进行动应变测试，并还可以通过动应变反应进行荷载识别；适合各种类型桥梁进行大气温度和结构温度的监测；适合测试悬索桥、斜拉桥的桥塔结构塔或者桥梁墩顶水平方向的偏移位移或者角度。

成果应用

本项目采用在研究中推广和在推广中研究的方式，先后在参研单位所在的 6 个省份 14 座桥梁进行了实桥应用技术推广，完成了 4 座大型桥梁的无线监测系统实施工作，9 座桥梁的荷载试验测试。项目的主要研究成果已被纳入杭州湾跨海大桥、广州珠江黄埔大桥、杭州钱塘江三桥等桥梁的结构健康安全监测系统，成果还在众多桥梁的荷载试验、桥梁结构状况检测和监测中使用，减少了大量人员、设备和经费投资。项目研究成果为公路交通行业提供了桥梁无线检测和监测的成套实用技术与产品，主要成果已应用在诸多大型桥梁的荷载试验、结构状况检测与监测中，提高了桥梁养护管理水平，维护了桥梁安全运营，保障了路网畅通与安全，为人民群众的安全便捷出行起到了重要作用；实现了桥梁养护管理的科学决策，降低了养护成本，减少了发生人员安全事故的概率；培养了大批技术人员，提高了从业人员的科技素质，推动了行业科技进步，社会效益显著。

完成人简介

宿健，研究员。1995年6月毕业于北京科技大学，并于同年 8 月在交通运输部公路科学研究所参加工作至今。现任国家道路及桥梁质量监督检验中心副主任，交通运输部公路科学研究院桥梁技术研究中心副主任。

自 1995 年参加工作以来，一直在交通运输部公路科学研究院从事桥梁检测、承载能力评定及加固技术研究及相关技术服务工作，主持参加了广东虎门大桥、广州珠江黄埔大桥、上海长江隧桥、舟山大陆连岛工程、杭州钱塘江三桥、泰州大桥、杭州湾跨海大桥、胶州湾跨海大桥、嘉绍大桥、苏通大桥等百座以上的大中型结构工程的检测、承载能力鉴定及加固维修与结构安全监测、评价等工作，对混凝土无损检测与耐久性、桥梁无线检测技术、钢结构探伤等做了较深入的研究工作。做为第二作者完成并出版专著《混凝土旧桥材质状况及耐久性检测评定指南及工程实例》，参加交通部公路工程标准《公路桥梁承载能力检测评定规程》JTG/T J21—2011 的编写；主持完成了《机械振动与冲击桥和高架桥动态试验和检测指南》GB/T 29715—2013 的转化制订工作，主持西部交通建设科技项目："公路旧桥检测评定与加固技术研究及推广应用"专题 3 的研究工作，该项目获 2006 年中国公路学会科学技术奖一等奖，排名第 9；做为主要完成人参加了"公路在用桥梁检测评定与维修加固成套技术"研究工作，该项目获 2009 年国家科学技术进步奖二等奖，排名第十；主持的西部交通建设科技项目"桥梁无线检测技术的研制与开发"验收鉴定达到国际领先水平，2012 年该项目获中国公路学会科学技术一等奖，排名第一；2011 年主持并完成交通部西部科研课题"在役预应力混凝土桥梁持久应力监测与安全预警技术的研发"项目。此外还做为技术专家参加了汶川、玉树地震灾后震区桥梁的应急检测、评价与保通工作；在国内外核心期刊及国际会议发表有价值论文十余篇。

西部山区农村公路交通安全防控对策研究及安保示范

中国公路学会科学技术奖 一等奖

研究背景

本项目系统地分析了山区农村公路交通运行特征、事故发生规律、山区农村公路事故线形特征，基于预防农村公路群死群伤的重特大事故的目标，综合考虑安全经济、便于施工养护等因素，开展了适用于农村公路特征的安全防控技术的研究，提出了农村公路交通安全重点防控路段，建立了农村公路实施安全改善工程的判别标准和农村公路安全防护设施安全评价标准；开发了适用于农村公路高挡墙窄路肩的薄壁钢筋混凝土护栏，提出了农村公路重点路段的防控对策，并基于驾驶轨迹的观测，推荐了12种适用于农村公路交通环境的安全设施；吸收分析现有技术，集成项目研究成果，编制了《西部山区农村公路安全防控实施指导手册》，解决了资金有限条件下山区农村公路安全建设的难题，为有效推进山区农村公路安全保障实施提供技术支持。

主要成果

1. 在大范围现场采集农村公路线形和交通运行数据的基础上，系统地分析了农村公路交通事故、道路线形、运行速度间的内在关系，结合大范围农村公路重特大事故卷宗的案例分析，提出了容易诱发重特大事故的农村公路五类道路特征路段，作为农村公路安全防控重点路段。

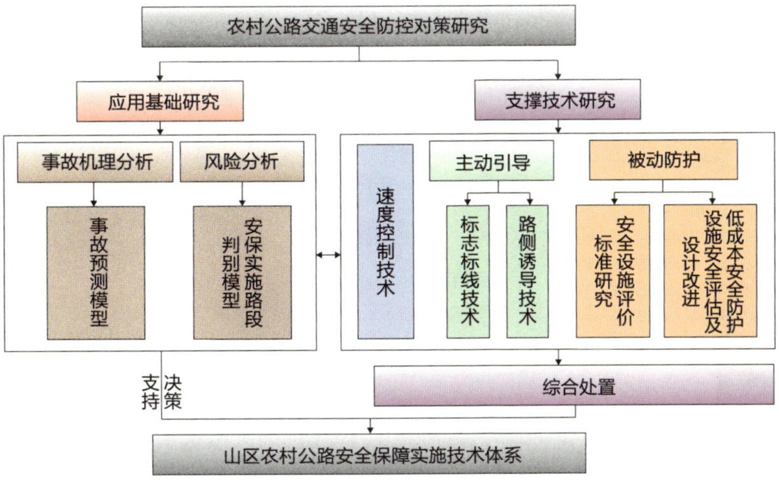

■ 山区农村公路安全保障实施技术体系

2. 依据现状农村公路实际线形技术条件和经济能力，提出农村公路安全保障工程“分步实施、重点处置”的实施思路，制定了农村公路安全保障工程实施优先选择表，建立“诱导为先、防护并重”的多种选择综合处置对策库。

3. 结合农村公路通公交的需要，以减少重特大事故为目标，基于农村公路的代表车型、车辆运行速度、碰撞速度、碰撞角度、事故类型等，在国内首次提出以中型客车（6t，19 座）为主要防护车型的农村公路安全防护设施碰撞条件。

■ 废旧线路板回收循环制成材料制作标志结构

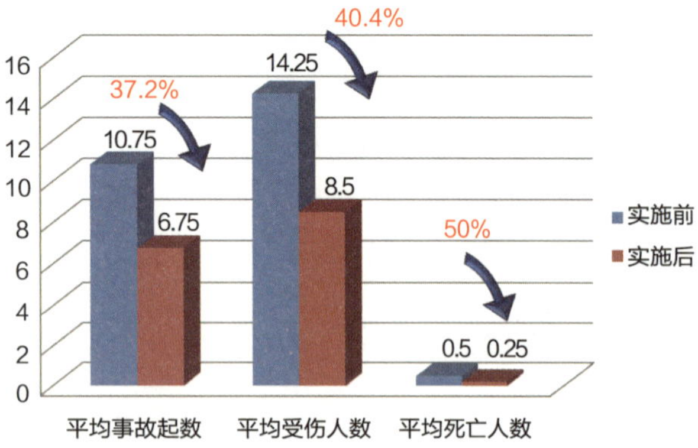

■ 贵州示范工程实施效果

4. 对现有农村公路广泛应用的因地制宜、就地取材的防护设施的防撞能力进行评价并提出改进建议；在此基础上，研发了坚石路肩薄壁混凝土护栏，解决了我国山区农村公路高挡墙窄路肩护栏设置的难题。并通过计算及模拟仿真提出了砌石墩、砌石墙等因地制宜就地取材的常用路侧安全设施的防撞能力，为农村公路更经济有效地安全处置提供了理论依据。

5. 基于设施路段速度和轨迹观测前后对比，在国内首次给出 12 种安全设施对山区农村机动车驾驶员行为的影响，同时提出农村公路安全设施推荐应用建议，填补了我国农村公路安全设施选用技术的空白。

6. 编制完成《西部山区农村公路交通安全防控实施指导手册》，以“经济、有效、因地制宜”为原则，综合考虑可持续性和可操作，提出了隐患路段的处置对策。

成果应用

本项目成果在贵州省凤冈县 X352、X356 线、河南省济源市农村公路，广东省阳春市、南雄市，重庆市綦江县、渝北区等地近 600km 的农村公路安全改善工程中广泛应用，交通安全水平明显提升。贵州示范路段平均事故起数下降 37.2%、平均死亡人数下降 50%。实施 1 个月后低成本护栏挽救了失控车辆中 8 人的生命，有效预防了一起重特大事故。

项目组提出的“诱导为主，防护并重”的实施原则，以及综合考虑维护、运输、施工、调动当地村民积极性等因素选用片石混凝土护栏、钢丝笼护栏、沉陷路段块石路面的处理等因地制宜、就地取材的实施技术受到国内外业界的广泛认可。

完成人简介

吴京梅，公路交通安全工程研究中心责任工程师，研究员，国家注册安全工程师、国家注册安全评价师。主要从事道路交通安全技术研究与咨询、标准规范制修订等工作。主持或参加国家及省部级项目30余项，其中《公路安全保障工程实施技术指南》、“山区公路安全保障工程创新与实践”“G109安全保障工程实施技术”、西部交通建设科技项目“西部地区公路交通安全评价”等多个项目获得中国公路学会科学技术奖、北京市政府奖、欧洲路联奖、国家安监局科学成果奖等。获得实用新型专利授权1项，合著专著10本，作为第一作者编著了《公路连续长大下坡安全处置技术》《农村公路安全保障实施技术》。

混凝土梁式桥梁损伤评估与安全评价技术研究

中国公路学会科学技术奖　一等奖

研究背景

西部交通建设科技项目“混凝土梁式桥梁损伤评估与安全可靠性评价技术研究”（合同号：2005 318 22 316）于2005年7月正式立项，项目属于交通运输科学技术领域。项目由交通运输部公路科学研究所承担，参加项目研究的单位有长安大学、重庆市公路局、宁夏回族自治区交通厅、青海省公路建设管理局。项目于2011年10月通过验收，经鉴定本项目研究成果总体上达到国际领先水平。

本项目研究本着科学、实用、创新的目标，研究制定了混凝土梁式桥的损伤分类、损伤评估指标体系与评价标准，耐久性评价指标体系及评价方法，带损伤在用混凝土梁式桥梁计算方法和典型损伤图例库与损伤评价标准，使我国的混凝土梁式桥梁的安全可靠性与耐久性检测评价有标准可依、有方法可循。提高了我国危旧桥梁检测技术水平，解决了长期困扰桥梁养护工作者的技术难题，为我国西部交通事业的发展和全国的危旧桥梁改造工作做出贡献。

项目研究攻克10项关键技术，在6项技术上实现了创新与突破，取得了6项创新性成果，1项软件著作权。研究成果在数十座实桥进行了示范应用，取得了良好效果。

主要成果

本项目以我国公路混凝土梁式桥为对象，在广泛调研的基础上，总结归纳出了混凝土梁式桥的典型损伤，解析了损伤机制及成因，建立了基于材料、构件和结构体系层次的损伤分类方法和基于“图形标杆”的损伤等级评估标准。按照“串—并联”结构体系，采用模糊评估理论，构建了混凝土梁式桥损伤评估方法和模型，研制了图形标杆损伤评价系统。通过对损伤的敏感性分析和典型损伤的试验研究，提出了带有

■ 梁式桥损伤评估试验

体系损伤的混凝土梁式桥荷载横向分布系数调整修正计算方法，引入混凝土损伤本构模型、考虑裂缝“摩擦—滑移”效应的带裂缝混凝土梁式桥空间有限元分析方法以及基于刚度折减的平面杆元计算方法。通过加速试验验证，建立了混凝土梁式桥混凝土碳化、氯离子侵蚀扩散模型和钢筋锈蚀预测模型，构建了混凝土梁式桥耐久性评价指标体系及评价方法。基于可靠度基本理论与方法，提出了混凝土梁式桥安全可靠性鉴定方法，研制了混凝土梁式桥安全可靠性鉴定指南、危险桥梁鉴定指南和可适于继续承载的变形与裂缝宽度限值标准。

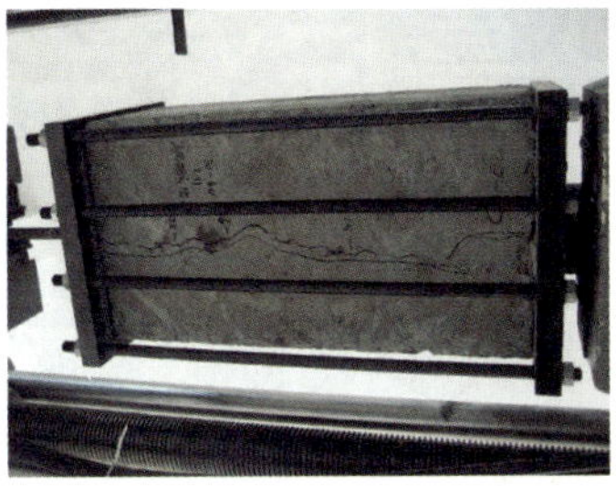

■ 锈蚀钢筋混凝土黏结性能试验

成果应用

本项目从桥梁养护的实际需求出发，围绕量大面广的梁式桥梁养护过程中存在的问题，开展了基于图形标杆的定性兼定量化损伤评价方法、基于桥梁损伤现状的损伤桥梁计算方法、耐久性评价方法和梁式桥安全可靠性评价与危桥鉴定指南等方面的研究。项目成果应用领域为混凝土梁式桥损伤评估与安全可靠性评价，研究成果可直接用于混凝土梁式桥检测、损伤技术状况评定、耐久性技术状况评定及可靠性技术状况评定。

本项目以宁夏、青海、重庆、湖北等地的实体工程为依托，对梁式损伤评价方法、图形标杆的制定和验证、带损伤桥梁的计算方法、耐久性评价指标与方法等方面进行实桥应用与验证。项目研究形成的方法、指南、软件等在北京、天津、宁夏、青海、重庆、广东等地数十座桥梁进行了推广应用，社会经济效益明显。部分桥梁应用情况表明，成果在 9 座中小桥应用中共节约经济成本 11 万元，平均每座中小桥梁可节约检测、评价成本 1.22 万元。项目形成的软件经过一年使用测试，节约经济成本约 20 万元。

完成人简介

李万恒，研究员，现任交通运输部公路科学研究院桥梁技术研究中心主任。主要从事公路在用桥梁检测评定与维修加固技术研究和技术咨询服务工作。作为主要负责人，完成了西部交通建设科技项目：“公路旧桥检测评定与加固技术研究及推广应用”的研究工作；主持完成了西部交通建设科技项目：“混凝土梁式桥梁损伤评估与安全可靠性评价技术研究”；协助主持了国家科技支撑计划“多塔连跨悬索结构及工程示范”、西部交通建设科技项目重大专项：“桥梁耐久性关键技术研究”，北京市科技攻关课题“桥梁结构安全监测与养护管理技术研究”等的研究工作。发表论文和专著 40 余篇（部），获国家科技进步二等奖 1 项，省部级一等奖 4 项、二等奖 6 项。北京市科学技术二等奖 1 项。2011 年获中国公路青年科技奖；2012 年被评为交通科技英才，对我国公路在用桥梁的检测评定与维修加固技术体系的建立做出了重要贡献。

公路工程行业最高计量标准关键技术研究与国家专业计量站的建立

中国公路学会科学技术奖　一等奖

研究背景

公路工程专用检测设备无法从国家现有计量体系进行直接量值溯源，因而难以保证其量值的准确与统一。“公路工程行业最高计量标准关键技术研究与国家专业计量站的建立”项目历时5年，研究破解了公路工程专用检测设备量值溯源与传递的诸多关键技术，建立起公路工程行业最高计量标准和公路工程领域国家级计量站，为全面实现公路工程专用设备的量值准确与统一奠定了坚实基础。

本项目提出了“一软、一硬、一平台”的综合解决方案。“软件”方面，建立起符合国家计量检定规则的车载式路面激光平整度仪等五类公路工程专用检测设备量值溯源/传递体系，填补了国家计量检定体系中交通运输领域的空白；“硬件”方面，研制了车载式路面激光平整度仪等7项交通行业最高计量标准，并通过了国家质量监督检验检疫总局的计量考核与授权，其计量标准指标总体达到国际先进水平；“平台”方面，完成了建立“国家道路与桥梁工程检测设备计量站”项目，并通过了国家质量监督检验检疫总局的机构考核及法定授权，获得了检定/校准能力11项。自此，公路工程领域依法取得了专业计量技术机构的资质。

主要成果

本项目从公路工程专用检测设备量值溯源体系、法定计量技术机构（国家道路与桥梁工程设备计量站）三个方面进行了针对性研究工作，三方面研究既互为“支撑”又各有“侧重”，与之对应的研究方法、技术方案及突破的关键技术亦各不相同。公路工程专用检测设备量值溯源体系是对解决公路工程专用设备量值溯源问题的软件支撑，侧重点在于形成科学、合理、可行的量值溯源体系，突破了公路工程专用检测设备溯源量值的确定、量值溯源与传递等关键技术；公路工程专用检测设备计量标准研制为解决公路工程专用设备量值溯源问题提供硬件支持，其侧重点在于确保研制的计量标准实现满足量值溯源体系要求的性能，突破了基于实路环境的路面平整度变换技术、高精度激光平整度仪计量特性保持技术、逆反射测量标准计量特性保持技术等关键技术；国家道路与桥梁工程检测设备计量站的建立需要公路工程专用检测设备量值溯源体系及专用

计量授权证书

■ 计量标准考核证书

计量标准研究的支撑，同时亦是前述两项研究内容实施效果的体现，突破了公路工程专用检测设备计量管理关键要素集确定及控制的关键技术。

值溯源及传递工作，应用效果明显；为其他公路工程、桥梁工程、隧道工程、汽运工程等领域行业最高计量标准的研究提供了可参照的有效研究范式。

成果应用

本项目跨域计量学和公路工程两个学科，充分体现了二者专业技术特征的有效融合及互补，成果均具有极强的针对性和科学性，可以直接应用在公路工程建设质量控制、运营道路设施状况的质量监测等工作中。

自 2010 年以来，已在公路行业的质量监督部门、检测机构、产品生产企业等得到了有效的推广及应用。本项目制定修订交通行业计量检定规程 5 项，操作规程 1 项，其中 4 项已发布实施；研制并建立车载式路面激光平整度仪检定装置等 7 项行业最高计量标准，获得法定授权，现已成为国家道路与桥梁工程检测设备计量站持有的行业最高计量标准，并已开展量值溯源与传递工作，应用效果良好；国家道路与桥梁工程检测设备计量站获得授权检定 / 校准项目 11 项，涉及逆反射标志测量仪等公路工程专用检测设备 11 种，已出具相关报告千余份，有效开展了量

完成人简介

常行宪，教授级高级工程师，毕业于西安公路学院公路与城市道路专业，大学本科，从事公路工程专业约 27 年，曾任职于交通运输部公路科学研究院副院长。1994 年编辑《路面工程》获国家优秀教材一等奖；1996 年编辑《交通工程总论》获国家优秀教材一等奖；2007 年参与《多年冻土地区公路生态环境保护与评价技术研究》获公路学会科学技术一等奖。

营业性运输车辆燃料消耗量限值研究

中国公路学会科学技术奖 一等奖

研究背景

本项目为2008年西部交通建设科技项目。项目在大量实地调查和试验验证的基础上摸清了我国营运车辆的运行特征、燃料消耗量现状，并在借鉴国内燃料消耗量限值管理先进经验的基础上，首次建立了基于等速行驶的我国营运车辆运行工况模式，提出了各类营运车辆行驶速度权重系数及综合燃料消耗量计算方法；通过大量实车试验验证，提出了最大总质量3500kg以上的营运客、货车辆两个阶段的燃料消耗量限值及其试验方法，制定了强制性交通运输行业标准《营运客车燃料消耗量限值及测量方法》（JT711）和《营运货车燃料消耗量限值及测量方法》（JT719），为营运车辆燃料消耗量车型准入提供了技术依据；提出了营运车辆燃料消耗量准入全过程管理机制，为交通运输部2009年第11号部令《道路运输车辆燃料消耗量检测和监督管理办法》提供了技术支撑；开发了"道路运输车辆燃油消耗量检测及监督管理信息服务网"，为道路运输行业顺利实施交通运输部2009第11号令提供了有效的公众服务和行业管理平台。

项目研究成果具有创新性，达到了国际先进水平。对于推动道路运输车辆燃料消耗量准入制度的建立和完善起了决定性作用，对促进实现交通运输"十二五"节能减排目标、缓解石油资源短缺、降低营运车辆的碳排放量等具有重大的现实意义。

主要成果

本项目分析研究不同质量商用车燃料消耗量现状，借鉴国外先进的汽车燃料消耗限值管理经验，制定营运车辆燃料消耗量评价方法，确立道路运输行业客、货营运车辆燃料消耗量评价方法及不同时期限值。具体内容包括：

1. 营运客车燃料消耗量限值及测量方法研究

摸清我国新生产客车能耗水平，参照国外车辆燃料消耗量限值，研究我国营运客车分阶段实现的燃料消耗量指标及测量方法。

2. 营运货车燃料消耗量限值及测量方法研究

摸清我国新生产货运车辆能耗水平，参照国外车辆燃料消耗量限值，研究我国营运货车分阶段实现的燃料消耗量指标及测量方法。

3. 营运车辆燃料消耗量准入实施方案研究

研究制定营运车辆油耗限值的实施办法、时间序列及配套措施等实施方案。包括：

(1) 实施办法：研究新投入及在用营运车辆是否达到油耗限值的确认、管理制度等。

(2) 实施时间序列：研究新投入客、货运输车辆实施各阶段油耗限值目标的时间；研究实施淘汰高油耗在用客、货运输车辆的时间。

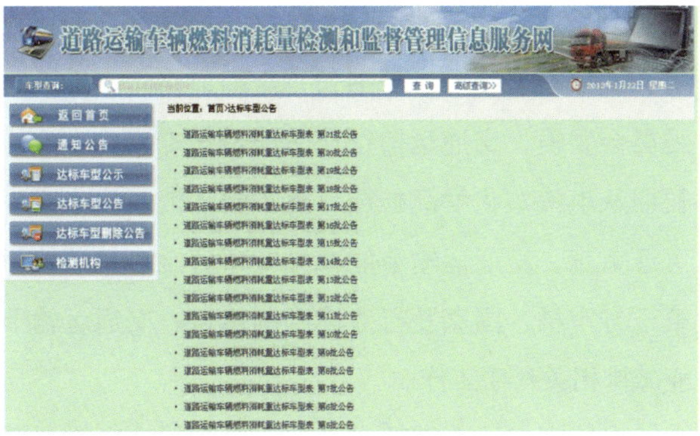

■ 道路运输车辆燃料消耗量达标车型公示

■ 道路运输车辆燃料消耗量检测和监管信息服务网

■ 道路运输车辆燃料消耗量检测和监管服务平台——检验报告报送系统

■ 道路运输车辆燃料消耗量检测和监管服务平台——企业申报系统

(3) 配套政策措施：实施的必要保障政策措施。

4. 营运车辆燃料消耗量准入网上申请软件系统开发

开发网上申请软件系统，实现营运车辆燃料消耗量准入的无纸化申请，提高工作效率、减少工作开支。

成果应用

本项目研究成果为建立和完善我国道路运输车辆燃料消耗量准入制度提供了技术支撑，填补了交通运输部门对营运车辆在油耗管理方面的空白，是对运输车辆市场准入制度的进一步调整和完善，适用于全部燃用柴油或汽油的营业性道路运输车辆。

截至 2012 年 5 月，交通运输部根据两项强制性标准累计发布了 19 批共 17822 个达标车型、40616 个车型配置。其中客车车型 2420 个、货车车型 14614 个、牵引车车型 788 个；2009 年 11 号部令《道路运输车辆燃料消耗量检测和监督管理办法》已建立了道路运输车辆燃料消耗量准入制度，并在逐步完善；“道路运输车辆燃油消耗量检测及监督管理信息服务网”每天的访问量超过 3 万人次，累计访问量 475 万人次。网上申报、技术审查效率高，赢得各级用户赞誉。

本项目成果已取得了显著的社会效益、经济效益及环境效益。据测算，2011年全国新进入营运市场的达标车辆达251.8万辆，通过达标车型的运行使用共节约燃油142.5万吨，减少二氧化碳排放460.2万吨，达到了从源头上防止高能耗、高排放车辆进入营运市场的目的。

完成人简介

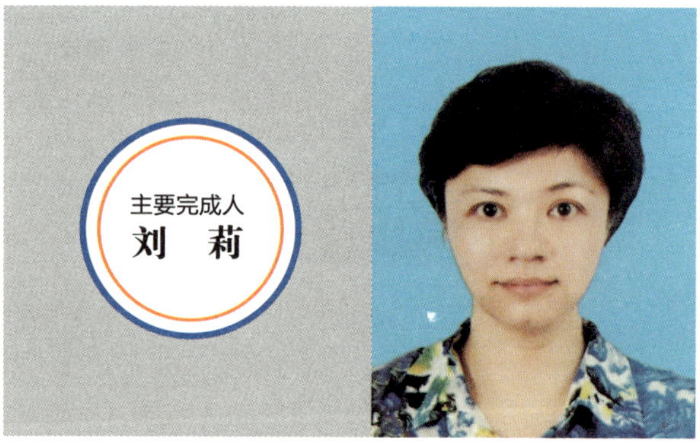

刘莉，研究员，现任交通运输部公路科学研究院汽车运输技术研究中心责任工程师，兼任中国节能协会交通节能专业委员会秘书长、中国交通企业协会能源管理委员会秘书长、全国道路运输标准化委员会委员、交通运输行业节能减排专家库专家。长期从事汽车化学品检测、汽车制动液全国生产许可证审查、交通运输节能减排专项资金项目节能量第三方审核、国家及行业标准制修订、交通运输节能减排相关科研工作。

主持完成了西部项目《营业性运输车辆燃料消耗量限值研究》等省部级科研项目30余项。获中国公路学会科学技术一等奖、二等奖，中海航海科技三等奖，中国标准创新进步奖，中国节能协会科技进步二等奖。出版著作《营运车辆燃料消耗量限值研究》。指导硕士毕业生2名，博士毕业生2名。

在本获奖项目中，负责构建项目总体框架，设立子项目研究任务。在项目申报、实施及验收鉴定过程中，负责把控研究工作进程和质量以及经费执行进度，组织编写项目可研报告、任务书、研究大纲、研究报告及验收报告等一系列技术文件。发布强制性标准2项，成果转化为部令1项，建立工作平台1项，出版论著1部。

西部公路建设中土地资源保护技术研究

中国公路学会科学技术奖　一等奖

研究背景

本课题主要针对我国公路建设占用地数量多、水土流失严重以及后期恢复效果差等突出问题，以合理节集约用地、提高土地利用效率为根本出发点，在公路规划选线、设计和施工阶段的土地节、集约利用方面进行了已有技术的集成及新技术的创新研究。课题分公路占用地价值评价、基于敏感土地资源的3S辅助选线、公路主体设计中的节约占地设计、公路施工集约用地、公路路域表土资源保护、临时用地的土地复垦6个专题开展了研究工作，在现场调查、理论分析、室内外试验及依托工程实践的基础上，探讨了公路占地价值评价指标体系及评价模型、3S辅助节地选线、表土资源的保护等相关理论和方法问题，系统归纳了公路建设节、集约用地技术与土地复垦技术，进行了新技术的研发，形成了适于我国公路建设中土地资源保护的成套技术和理论方法体系。

主要成果

本课题对公路建设中土地资源保护相关技术进行了较为系统的研究，概括如下：

基于土地适宜性评价、土地经济评价和土地生态评价，构建了适于山区公路占用地价值评价的指标体系，建立了占用地价值评价模型，提出了工程方案比选决策程式，并针对“路隧”“路桥”“路基支挡替代”给出了方案替代边界条件。

在对比不同遥感处理方法的基础上，将多分类器组合分类法应用于公路敏感土地单元的提取，提出利用3S技术对敏感土地资源保护辅助选线的基本方法和过程。

对几个主要生态类型区公路建设中应保护的有肥力表土资源进行了界定，采用降雨淋溶试验的方法，研究了表土堆存状态下不用营养元素的流失机制及规律，对比了不同防护方式的养分保持效果，提出了建议的表土保存及利用方式。

■“环保绿线”在桥梁施工中的应用（桥梁下部结构施工过程中，尽量避免扰动非桥墩占用区的土地，保护原有植被）

■ 吉怀高速公路 YK77+418-YK77+560 段包裹式加筋格宾挡墙示范段，上方路基作为施工场地和驻地利用，同时也是集约用地的示范路段。

系统归纳了公路建设各阶段的节、集约占（用）地及土地复垦技术。提出了包裹式加筋格宾挡土墙技术，阐明了其理论及施工技术要点。提出了“公路环保绿线”技术，对其设计方法、施工要点进行了全面的论述。提出了施工场地、施工便道选址（线）集约用地要求及用地控制指标。阐述了基于降雨利用的石质弃渣场复耕技术要点。

成果应用

本课题研究成果可以推广到今后建设的其他公路建设项目中，以指导公路设计与施工的实践。同时，其对于农林开发、铁路、城镇建设、露天煤矿、水利水电等开发建设项目，都可以在土地资源保护方面起到一定的借鉴和指导作用。

本课题依托的吉怀高速公路和青兰高速陕西段两个项目，通过采用本课题中的研究成果，节约了工程永久征地面积 670 余亩，临时性用地 400 余亩（1 亩 =666.6 平方米）。这些成果还在长湘高速等 10 余条高速公路建设项目中进行了应用。另外，采用包裹式格宾加筋挡土墙技术，可以完成填高达 20m 的支挡路基，替代了高架桥方案，其单位投资低于浆砌石结构物支挡路基造价。这些成果的运用，一方面节约了工程建设资金，另一方面更重要的是减少了对土地及基本农田的占用，减轻了水土流失，保护了生态环境，取得了较好的社会和生态效益。

完成人简介

奚成刚，公路交通环境工程研究中心责任工程师、研究员，2002年毕业于北方交通大学，获道路与铁道工程专业博士学位。先后获得第五届中国水土保持学会“青年科技奖”“先进工作者”等荣誉。兼任中国水土保持学会预防监督专业委员会、监测专业委员会委员。

先后主持或参与完成了交通建设科技项目“公路建设中土地资源保护技术研究”“西部公路工程的生态环境损益分析及路域生态工程效果评估研究”、国家自然科学基金项目“交通工程建设水土流失规律及防治技术研究(50048022)”“铁路工程水土流失规律研究(50178002)”、交通部软科学研究项目“公路建设项目生态环境影响后评价研究”等数项科研课题以及“公路建设项目水土保持方案技术规范”“建设项目环境影响评价技术导则公路建设项目”等多项标准规范的制修订工作。同时主持完成了南京长江第四大桥、泰州公路过江通道、苏锡常南部高速公路(太湖通道)、泉州湾跨海通道、苏通长江公路大桥等数十条重大公路建设项目的环境咨询工作。在公路建设节集约用地、公路边坡生态防护等研究领域取得了一系列的创新性成果，科研成果获中国公路学会科学技术奖一等奖、三等奖各1项，发表核心期刊论文30余篇，取得实用新型专利2项。

黄土地区重交通水泥混凝土路面结构设计理论与方法、关键技术及工程应用

中国公路学会科学技术奖　一等奖

研究背景

我国黄土地区面积占国土总面积的6%，是最重要的能源基地之一，煤炭外运量占外运总量的90%以上。水泥混凝土路面作为重载运煤专线典型路面结构，它的耐久、畅通对保障国家煤电运输体系安全意义重大。

随着我国公路运输事业的迅猛发展，运输车辆呈现荷载重、轴载大、轮压高等新特点；同时，黄土地区特有的湿陷性病害引起路基不均匀沉降，对道路结构安全和使用功能都形成极大的隐患，直接影响着黄土地区煤炭外运和国家能源体系的安全。因此，发展黄土地区重交通水泥混凝土路面，加速原有路面的升级改造，成为交通行业刻不容缓的任务。

然而，我国原水泥路面设计方法滞后，设计标准低，不能满足黄土地区重交通水泥路面的要求。在国际上，虽然水泥路面已有近百年的发展历史，但因筑路材料、气候环境、荷载标准的显著差异，其设计标准和方法也不能直接引用。基于此，交通运输部和

CRCP

山西省共同组织相关人员展开科技攻关，以突破该领域的技术瓶颈。

课题组针对重载交通条件下的设计方法的滞后性、路面结构和材料的薄弱问题，从新建路面和旧路加铺改造两个方面入手，通过工程调研、理论分析、实验研究、应用推广等手段，研究适应黄土地区重交通的水泥混凝土路面设计方法、新型结构和材料，以解决上述问题。

■ DBI

■ MTS

■ MTS 测应变

■ 功能层

■ 多孔路面

■ 露骨

研究创新点

项目创新成果主要体现在 4 个方面；重交通水泥路面结构设计、旧路面加铺设计、新型重交通水泥路面结构和材料。

创新点一：创立了黄土地区重交通水泥路面极限状态设计法

设计法首次引入了路基－路面协调设计的理念，针对黄土路基，通过重复加载三轴试验，建立了路基动态回弹模量与设计弯沉的关系模型。计算黄土路基压应力的竖向分布规律，制定了黄土路基双指标压实控制标准，从路基角度解决黄土湿陷性和不均匀沉降引起的路基－路面变形协调问题。

路面部分，创建了 Winkler 地基上平面不等尺寸双层结构模型，计算了传统单层薄板模型无法分析的层间接触等因素对结构的影响，揭示了基层超宽条件下路面结构力学影响规律，并提出了重交通水泥混凝土路面基层荷载应力计算方法。

在充分考虑了黄土这一因素后，项目也强调了重交通运输的问题。针对重交通下水泥混凝土板一次极限断裂情况，提出水泥路面极限断裂控制准则、基层疲劳破坏准则，二者与面层疲劳准则一起构成了“重交通水泥混凝土路面极限状态设计法”。极限状态设计法增加了针对基层的设计指标和针对面层的验算指标，提高了路面设计对重交通的适应性，使我国重交通路面设计水平跨入了国际先进行列。

成果作为核心内容被纳入了 3 部行业技术规范和 1 部地方技术标准，并获得 1 项国家发明专利。

创新点二：创建了基于多指标的重交通水泥路面加铺层材料－结构一体化设计法

提出了设计应力吸收层的沥青加铺结构。应力吸收层扩大了结构受力面，其韧性改变了应力传递方向，避免了接缝处的应力集中，解决了水泥混凝土路面普通加铺结构反射裂缝严重、层间结合不足的问题。

研发了低温柔韧性好、耐疲劳的改性沥青应力吸收层混合料。该混合料蠕变性能优良、疲劳性能较普通沥青混合料提高4倍以上，攻克了普通混合料黏度低、柔韧性差的技术难题。

创建了基于多指标的沥青加铺层材料－结构一体化设计方法。以弯曲小梁疲劳寿命为应力吸收层设计指标、混凝土板弯沉和弯沉差为结构设计指标、加铺层与混凝土板间剪切强度为结构验算指标。

一体化设计法以交通量为剩余寿命衡量标准，便于发挥旧水泥面板的残余强度，实现了结构、材料设计与验算的统一，结束了传统加铺设计以经验法为主，无系统设计指标的历史。

核心成果被纳入了1部地方技术标准，并获得1项国家发明专利。同时也得到了国外专家的认可，美国普渡大学姜艺教授认为该项目在反射裂缝和温度裂缝控制方面的研究取得了技术突破，代表了一个巨大的进步。

创新点三：提出了设置沥青功能层的新型路面结构

新型结构1：设置沥青功能层的新型结构。功能层改善了面层和基层的接触状况，解决了二者水平摩阻较大、竖向刚度迥异的问题；并建立了相应的功能层材料设计方法。

新型结构2：适应于极重交通的双层钢筋网混凝土路面结构。降低了重交通荷载的冲击效应，起到了弹性缓冲、变形协调和应力均布的作用。

两种新型结构增强了路面对重交通运输的适应性，并填补了极重交通水泥路面结构的空白。

核心成果被纳入了2部行业规范和1部地方标准。国际水泥混凝土路面协会主席Mark博士认为，该项目提出的沥青功能层对重交通运输做出了巨大贡献。

■ 多孔施工

创新点四：研发了适应现代交通的新型路面材料

水镁石纤维增强材料可显著降低混凝土的压折比，提高混凝土的韧性。

采用分子链段接枝技术，研发了有机硅改性聚氨酯水泥路面接缝材料，并提出了相应的材料试验方法和评价体系。

研发了水泥路面快速修复材料。早强剂体积稳定性好、抗冻性强、工艺简单；胶结料早强快硬、耐腐蚀、环境相容性优良。

水镁石纤维混凝土满足了现代交通对高韧性混凝土的需求，新型接缝材料抗疲劳能力显著提高，快速修复材料可实现 4 ~ 6h 快速通车，明显减少了维修对交通的干扰。项目研发的新型材料获国家发明专利 3 项。

以上 4 个方面的创新成果，对于新建水泥路面及其维修养护，以及旧水泥路面加铺改造都具有重要的理论意义和实用价值。

水泥路面极限状态设计法首次引入了路基、路面协调设计的理念，针对车辆重轴化趋势，将路基工作区深度从 0.8m 拓展至 1.5m，并针对 <0.075mm 颗粒含量大于 20% 的土，增加了空隙率压实控制指标。

路面设计时针对重、极重交通增加了基层疲劳准则；针对极重交通的一次极限断裂破坏，增加了面层极限断裂破坏准则；路基、路面变形协调设计更适合黄土地区重交通现状。

设计应力吸收层的旧水泥混凝土路面沥青加铺层设计，提高了加铺层抗反射裂缝能力，使用寿命延长 3 ~ 5 倍，年节约养护费用 20% 以上。

新型路面结构提高了路面对重交通的适应能力，延长使用寿命 5 ~ 8 年，节约成本 31% 以上。

水镁石纤维增强材料成本节约 30% 以上，韧性

■ 机械喷洒养生剂

■ 拉毛

提高 50%，路面接缝材料黏结强度提高 50% 以上，使用寿命延长 1 倍以上，快速修复材料与旧混凝土黏结强度提高 40% 以上，可实现 4 ~ 6h 快速开放交通。

经行业有关专家鉴定：项目总体水平达到国际先进，并获得山西省科技进步奖一等奖 2 项，中国公路学会科学技术一等奖 1 项。

同时，相关成果也得到了国外相关专家学者的关注和认可。

此外，项目研究成果中“路面荷载应力和温度

应力计算分析”部分被知名路面专家姚祖康教授、王秉刚教授、孙立军教授等人广泛引用。

在知识产权方面，项目成果获国家发明专利5项、实用新型专利14项。

成果应用

本项目建设了以山西省京大、孙吴、夏汾等高等级公路为代表的示范工程。尽管这些道路车辆多、荷载重，但通车运营多年来，行车舒适性好、服务水平高。成功克服了在黄土地区建设重交通路面的问题。

此外，本项目成果还在内蒙古、河北、陕西、湖北、广东、广西等8省份（自治区、直辖市）近1万公里项目中推广应用。经济效益达36. 2亿元。

对于确保运煤大通道畅通、响应节能减排号召、提高自然灾害应急保障能力均具有积极意义，同时项目应用前景广阔，潜在效益巨大。

项目研究中，主编参编行业技术规范4部、地方标准3部，显著推进了公路行业技术的进步。

项目成果具有原创性，出版专/编著7部，发表论文240余篇；SCI/EI检索84篇，其中36篇代表性论文它引376次，明显提高了公路行业的科技研发能力。

完成人简介

田波，研究员，博士，博士生导师，交通运输部公路科学研究院交通公路工程研究中心副主任。自参加工作以来长期在科研一线从事水泥混凝土路面材料及水泥混凝土材料、水泥混凝土路面结构组合设计、功能性水泥混凝土路面等研究，是水泥混凝土铺面工程领域杰出的青年科技人才。作为一名公路行业科研工作者，先后主持、参与并完成交通部西部科技项目近十项，主持并完成国家自然科学基金项目一项，主持科技部项目一项，人劳部归国留学人员基金项目一项，主持、参与并完成各省交通厅科技项目近十项，先后获得中国公路学会一等奖两项、中国公路学会二等奖两项，省部级科技进步一等奖一项、省部级科技进步二等奖一项，同时在国内外核心期刊发表论文近50篇，参与编制行业规范6本，规程2本，申请和获得国家实用新型专利10项，发明专利2项。

重庆高温多雨山区高速公路沥青路面关键技术研究

中国公路学会科学技术奖　一等奖

研究背景

重庆市具有高温、多雨、山区的地理气候条件，对高速公路沥青路面结构和材料都提出了格外严酷的特殊要求。为丁提高重庆高速公路沥青路面的质量和耐久性，本项目结合重庆实际，对重庆地域高速公路沥青路面的病害特征、抗车辙性能、抗水损坏性能、抗裂性能、沥青路面合理结构，重庆地区抗滑磨耗层等关键技术环节开展系统研究。

主要成果

本项目通过大量室内试验、理论分析、足尺环道试验和野外试验路试验等系统深入的研究，提出了不同交通量条件下适应重庆“高温、多雨、山区”地理气候条件的高速公路沥青路面沥青层厚度和结构组合确定原则，推荐了沥青路面的合理结构；提出并验证了基于抗剪强度的车辙预估模型的合理性，该模型有机结合材料抗剪强度和结构剪应力状况，改变了目前路面结构设计和材料设计之间缺乏联系的现状，并据此提出了适合于重庆地区的沥青混合料抗剪强度控制标准；提出了可定性评价改性沥青与石料黏附性的“高温水煮法”试验方法，研发出了可模拟正负压力的气压式沥青路面动水压力室内模拟试验装置，为我国沥青混合料水稳定性的评价提供了新科学方法；提出了反映路面车辙病害特征的长大纵坡车速预估模型和长大纵坡界定标准，开发了界定长大纵坡路段的软件，提出了减少长大纵坡沥青路面车辙的综合技术措施；提出了基于级配碎石抗车辙性能的级配碎石设计方法，并推荐了适应高温多雨条件的具有较强抗松散和抗车辙性能的级配碎石基层级配范围；掌握了重庆砂岩和石灰岩抗滑磨耗层的抗滑性能衰减规律，充分论证了砂岩和石灰岩用于高速公路抗滑磨耗层的可行性；编制的《重庆高速公路沥青路面施工技指南》很好地指导了重庆高速公路沥青路面的建设。

1. 石灰岩抗滑磨耗层应用的意义

项目组在重庆渝湘路沿线找到了各项指标符合规范抗滑磨耗层技术要求的石灰岩集料，并通过试验证明重庆部分石灰岩的力学性能和路用性能都满足高速公路沥青路面抗滑表层材料的技术要求，采用了当地的石灰岩代替外地远运的玄武岩作为抗滑表层材料，为工程带来了巨大的经济效益，为国家节约直接费用 8279.04 万元。

2. 间接经济效益和社会意义

①低碳环保；

②增加当地群众收入，促进地方经济发展；

③便于今后维修养护。

3. 耐久型沥青路面结构应用的意义

(1) 根据项目推荐的合理结构建议，重庆高速公

■ 长大纵坡路段路面病害调查

路集团有限公司变更了重庆绕城高速公路西段的路面结构设计，在K49+950-K101+000段将传统的半刚性路面结构改为采用沥青碎石联结层的耐久型沥青路面结构，该结构可大幅减少路面病害，寿命周期内净现值仅为传统结构的39.5%～64.1%，寿命周期内每年可节约改建及养护资金超过1635.6万元。

(2) 耐久型沥青路面的应用，可取得以下间接经济效益和社会效益。

①减少因路面养护、维修引起的用户时间延误成本；

②减少车辆操作损耗；

③减少安全事故，降低安全事故成本；

④提高行使舒适度。

4. 长大纵坡界定分析软件应用的意义

(1) 根据本项目的研究成果，采用长大纵坡界定分析软件，对重庆17条在建高速公路的长大纵坡情况进行了分析，确定了长大纵坡的路段，并提供了咨询报告。根据该建议，重庆在交通量大的高速公路中面层全线采用了改性沥青；在一些近期交通量不大的路段，则仅在界定的长大纵坡路段采用改性沥青，其他路段采用普通沥青。这一技术措施在2007年金融危机期间高速公路建设融资困难的现实背景下，起到了既节约工程投资又有效保证沥青路面质量的作用。

(2) 长大纵坡界定分析软件为长大坡路段沥青路面的专项设计提供了基本依据，提高了长大坡路段沥青路面质量，减少了重庆高速公路长大坡段的沥青路面车辙病害，提高了高速公路的整体通行能力和行使舒适性。

5.《重庆高速公路沥青路面施工技术指南》应用的意义

(1) 沥青路面的质量和耐久性如何，决定了高速公路使用者的行驶舒适性和交通快捷程度。本项目编制的《重庆高速公路沥青路面施工技术指南》在重庆1000多公里高速公路建设中得到全面应用，大幅提高了重庆高速公路沥青路面的施工管理水平，减少了因管理不当造成的直接经济损失，极大地提高了沥青路面质量。

(2)《重庆高速公路沥青路面施工技术指南》还将在重庆今后"三环十射三连线"的高速公路建设中继续发挥作用。

成果应用

研究过程中，在重庆绕城高速公路西段的路面结构设计，K49+950—K101+000采用了51.1km耐久型沥青路面结构，该结构可大幅减少路面病害；在重庆界水工程长大纵坡路段铺筑了4.467km试验段。

在项目研究成果基础上，编写了《重庆高速公路沥青路面施工技术指南》《重庆地区高速公路沥青路面施工离析控制技术指南》《重庆高速公路沥青路面排水结构设计指南》《重庆长大纵坡沥青路面施工技术指南》。这些指南在重庆"二环八射"高速公路建设乃至周边省份得到广泛应用，如项目组对重庆地区西黔等17条、1051km高速公路进行长大坡段划分，并提出了高速公路长大纵坡路段施工技术指南。这些高速公路先后于2008—2009年建成通车，运营近1～2年来，长大纵坡路段路面性能良好，平整密实，无车辙、推移、裂缝等各种路面病害。硬质石灰岩和砂岩在重庆高速公路抗滑磨耗层的成功应用，为云南，贵州等玄武岩、辉绿岩缺乏地区的高速公路抗滑磨耗层材料选择提供了科学借鉴。

完成人简介

主要完成人
严二虎

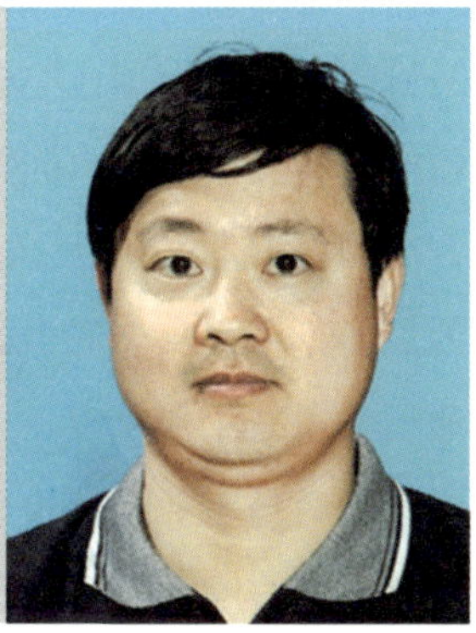

严二虎，交通运输部公路科学研究院研究员，长期从事公路工程结构和材料的科研、技术咨询及试验工作，参加编写《公路工程无结合料粒料材料试验规程》等10多项行业标准规范，获省部级科技奖6项。

主要参加长大纵坡沥青路面技术的研究，参加试验路的铺筑，梁万和渝黔II长大纵坡路段的调查，进行部分报告的编写。

“十二五”交通科技发展规划编制研究

中国公路学会科学技术奖 一等奖

研究背景

“十二五”期是加快推进交通运输科学发展的关键时期，发展现代交通运输业，着力解决交通运输改革发展中的突出问题，加快推进交通运输结构调整和发展方式转变，提升交通运输发展的质量和效益，不断提高“三个服务”的能力和水平，对交通运输科技工作提出了更新更高的需求。要实现交通运输科技事业持续快速健康发展，必须以科学的规划指导发展，以前瞻的眼光谋划发展。

为了更好地支撑交通运输科技发展，增强交通运输科技发展的前瞻性和科学性，充分调动社会和行业资源开展交通科技创新活动，优化交通科技资源配置，推进创新型交通行业建设，有必要结合交通科技发展面临的新形势新问题，在广泛调查、深度研究的基础上，系统剖析交通运输科技发展的总体需求、重点任务以及政策措施等重大问题，并以此为基础，科学制定交通运输“十二五”科技发展规划。

基于上述考虑，立项开展本课题研究，提出适应现代交通运输业发展要求的交通运输科技发展思路、总体目标、重点任务及政策措施，能够为全行业提高科技自主创新能力提供指导，从而更好地发挥科技在推进交通运输科学发展中的支撑和引领作用。

研究创新点

本研究深入分析“十二五”交通运输行业发展面临的新形势新需求，密切结合行业科技发展实际和特点，提出“十二五”交通运输科技发展的目标任务和保障措施，具有较强的针对性、前瞻性、系统性和指导性。研究成果的特点和创新点主要有：

(1) 加强衔接，搞好结合。规划研究编制始终注重“三个衔接”，做到“四个体现”，搞好“五个结合”。注重“三个衔接”，即：与国家“十二五”科学和技术发展规划相衔接，与部交通运输“十二五”发展总体规划相衔接，与公路水路交通中长期科技发展规划纲要相衔接。做到“四个体现”，即：体现十七届五中全会精神，体现部党组提出的科学发展主题、加快转变交通运输发展方式主线和适度超前原则对科技的需求，体现深入实施“科技强交”战略和“五个面向”的要求，体现科技规划的连续性、前瞻性、指导性和实践性。搞好“五个结合”，即：重大科技突破和共性技术研发相结合，科技研究开发和成果转化应用相结合，基础性前瞻性研发和集成应用相结合，创新能力建设和产学研用联合相结合，加大科技投入和完善科技管理相结合。

(2) 抓住重点，统筹推进。规划研究注重突出重点亮点、突出薄弱环节、突出行业特色。通过凝练“高、精、尖”重大专项，体现系统集成；从完善行业战略层面的科技资源和科技布局出发，首次提出了统筹推进创新能力、重大研发、成果推广、标准化建设等四大任务，促进行业科技和信息化水平的全面提升。

(3) 体现导向，强调“落地”。规划研究编制突出强调对行业科技发展的指导性和政策导向，充分调动行业和社会科研力量，推动交通运输科技进步与创新，为发展现代交通运输业展提供支撑和保障。同时，规划确定的总体思路、重点任务和实施体系力求方向明、措施实、能“落地”，增强规划的针对性和可操作性。

(4) 注重转化，效益显著。研究成果已被交通运输部采纳，形成了《公路水路交通运输“十二五”科技发展规划》（交科技发 [2011]234 号）等重要文件，部分成果吸纳入全国交通运输科技大会部领导讲话中，对支撑交通运输科学发展、指导行业科技发展具有重要作用。研究成果具有显著社会效益和重大现实意义。

成果应用

本项研究成果已经被交通运输部采纳，形成了《公路水路交通运输“十二五”科技发展规划》，部分成果被吸纳入全国交通运输科技大会部领导讲话中，对深入实施科技强交战略、推动交通运输科技进步与创新、加快创新型行业建设具有重要的指导作用。研究成果具有显著的社会效益和重大的现实意义。

以研究成果为基础形成的《公路水路交通运输“十二五”科技发展规划》已由交通运输部发布实施。该规划对指导行业科技工作，深入实施科技强交战略、加快创新型行业建设有重要的指导作用。

完成人简介

主要完成人
牛开民

牛开民，研究员，博士生导师。长期从事路面结构与材料研究工作，曾主持完成了“高等级公路碾压混凝土路面施工技术研究”等多项国家科技攻关项目和“低噪音水泥混凝土路面研究”“西部地区耐久性水泥混凝土路面关键技术研究”等多项交通运输部科技项目，主持编制了多项交通行业标准规范。先后参与了“京津塘高速公路路面结构设计研究”“重交通道路沥青在高等级公路工程中的实用技术”“沥青路面设计指标体系”和“西部地区公路建设主要技术政策”等项目的研究。对道路结构与材料的研究有一定建树，组织和主持完成的科研成果具有一定的系统性和水平，相关成果纳入多部行业标准规范。主持或参与完成的项目获得国家科技进步二等奖 1 项、交通部科技进步二等奖 1 项、广西科技进步二等奖 1 项、中国公路学会科学技术一等奖 8 项、二等奖 10 项。

高海龙，现任北京交科公路勘察设计研究院有限公司副院长。1985 年毕业于吉林工业大学获汽车运用专业学士，曾在合肥工业大学、东南大学从事教学与研究工作，先后获得工学硕士（1990）、博士学位（1999）。2000 年到交通部公路科学研究院工作，任工程师、副研究员、研究员、交通工程部副主任、院科技教育处副长等职，是国家注册安全工程师、注册安全评价师、交通部注册交通设施检测工程师。重点从事交通流特性与交通安全研究工作，曾负责和主持多个国家、部省级科技项目，获得多项奖励，其中部分成果获 2010、2011、2012、2013、2015 年度中国公路学会科学技术奖一等奖，其他奖项若干，发表科技学术论文 30 余篇，论著二部。现任北京交科公路勘察设计研究院有限公司党总支书记，副院长。

春华秋实

交通运输部公路科学研究院“十二五”优秀科技成果

2013年

优秀科技成果

山区公路网安全保障技术体系研究与示范工程

中国公路学会科学技术奖　一等奖

研究背景

在我国山区交通运输事业快速发展、公路运输日益繁忙的同时，交通安全形势却不容乐观。山区公路存在交通事故死亡率和受伤率高、重特大恶性交通事故多发、群死群伤恶性事故屡有发生以及易受大雾和冰雪等恶劣天气影响等安全问题。我国山区公路缺乏有效的监控手段，管理信息化水平低，难以保障公路设施处于功能完好的状态，这也极大地影响了山区公路网的交通安全性。同时，现有的公路工程标准体系中对驾驶人因素考虑的欠缺和以“汽车行驶理论”为基础的极限指标组合在山区公路复杂地形中的应用问题，也制约着山区公路安全服务能力的提升。

在此背景下，由科技部、公安部和交通运输部联合发起的“国家道路交通安全科技行动计划”在“十一五”国家科技支撑计划中设立本课题，针对我

■ “国家道路交通安全科技行动计划”三部签字仪式

■ 安徽示范工程路警联合指挥中心——监控大厅

■ 多柱细杆标志结构实际应用照片

■ 波形梁护栏圆式端头碰撞试验

国重特大道路交通事故的多发区——山区公路网进行专项研究，应用科学和技术的手段，分析山区公路网交通事故的产生原因，通过技术创新和集成应用，构建山区公路网安全保障技术体系，形成一系列国家和行业的山区公路安全保障技术指南和标准，达到降低交通事故发生率，特别是大幅度地减少群死群伤重特大交通事故的目标。

研究创新点

项目针对我国山区国省干线公路网安全保障需求，构建了以路网风险评估为主要支撑的山区公路网交通安全保障技术体系，为山区公路安全保障高效、可持续地实施，开创了技术应用新模式。取得的主要技术创新如下：

1. 集成开发了适合我国国情的山区公路网交通安全风险评估信息采集设备，建立了我国山区公路网交通安全风险评估模型，提出公路网安全保障决策模型，为在有限资源条件下，科学有效地开展安保工程、优化利用资源、可持续地提升公路网安全水平提供了决策技术。

2. 以当前我国公路交通的车辆特点、交通运行参数和事故特性为基础，建立了新的公路交通安全设施安全性能评价标准，为安全设施安全性能检验、应用和开发奠定了基础；系统地实车验证了全部 15 种在用防护设施的安全性能，针对新的防护需要，开发了 9 种高性价比的新型安全防护设施结构，建立了安全防护设施设置和路侧安全处置技术体系；为我国公路交通防护设施标准规范中的所有设施结构提供了明确、可靠的安全性能指标；形成了能够覆盖我国公路交通安全防护需求的安全设施体系。

3. 提出山区公路网交通检测器布设关键点辨识技术，开发交通运行与设施状态低成本检测设备及有效覆盖山区公路网的运行状态和关键基础设施监测系统，实现省级公路网交通运行和重要基础设施状态的监控、评估。

4. 首次与气象部门合作，搭建了公路网交通气象预报预警平台，建立了高速路面温度、路面状态以及低能见度（雾）客观预报系统。建立了恶劣气象条件

■ 新疆示范工程图片

■ 山区公路网交通安全风险评估信息采集设备

■ 湖北示范工程雾区诱导

■ 六要素气象站（新增雨量、能见度及气象、道面状况及温度、气压）

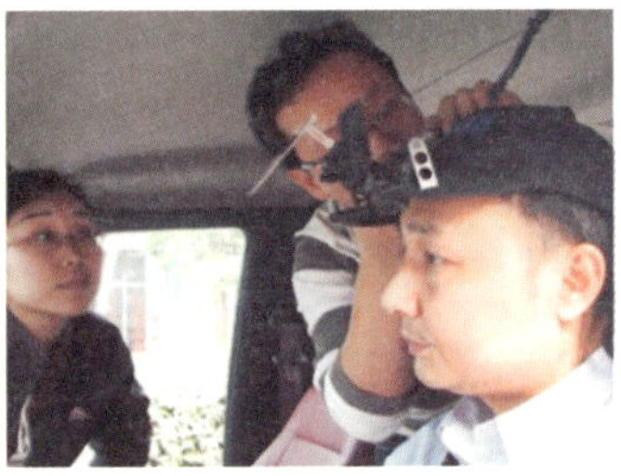

■ 驾驶期望实车试验系统

■ 重特大事故案例采集照片

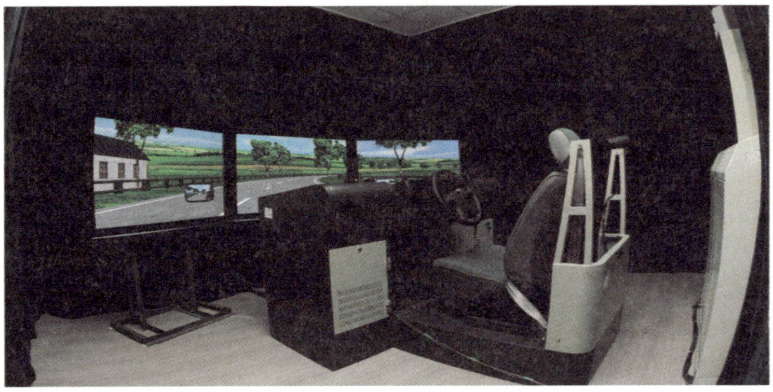

■ 驾驶期望模拟实验

下公路网通行条件评价方法和适用于恶劣气象条件下的典型交通管理对策集，提出了恶劣气象条件下交通诱导设施应用、速度管理、冬季公路冰雪控制等技术及恶劣气象条件下公路安全运行保障决策支持技术。

5. 给出了驾驶期望产生于公路环境，进而通过驾驶员的操作体现在公路环境中的过程，建立了驾驶期望偏离度和安全阈值的判别方法，提出了驾驶人在山区公路上发生交通事故比较集中的隧道、长大纵坡、视距不良和低指标路段交通环境中的行为特征，以及这些行为特征与交通事故发生之间的关系，建立了基于驾驶员期望的交通安全分析技术与方法。

成果应用

本项目技术研发成果，在11个省（自治区、直辖市）8988km的山区公路上实现了大规模集成示范应用。

1. 在典型山区省份云、贵、川、渝四地，对6950km山区公路网开展了山区公路安全保障能力提升技术体系的集成应用。通过应用公路网风险评估技术成果，从路网层面找出安全隐患、提出重点改善措施；通过综合应用标志、速度控制、安全防护等方面的新成果，系统开展路段的安全改善，有效且显著地提升了示范公路网的安全保障水平。

2. 在跨越广东、湖南、湖北、河南四省境内的1151km京港澳高速公路走廊带上，针对山区常见的大雾和冬季冰雪恶劣天气，开展了高速公路通道雾和冰雪环境下安全运行保障技术的集成应用。建立了交通气象信息采集、处理、预警、综合发布、联动控制、协调管理、辅助决策的一体化恶劣气象条件下公路网安全保障系统，实现了3～6小时路面结冰早期预警，在事故多发及大雾频发路段实现了雾天车辆行车安全的自适应控制，显著提升了恶劣气象条件下高速公

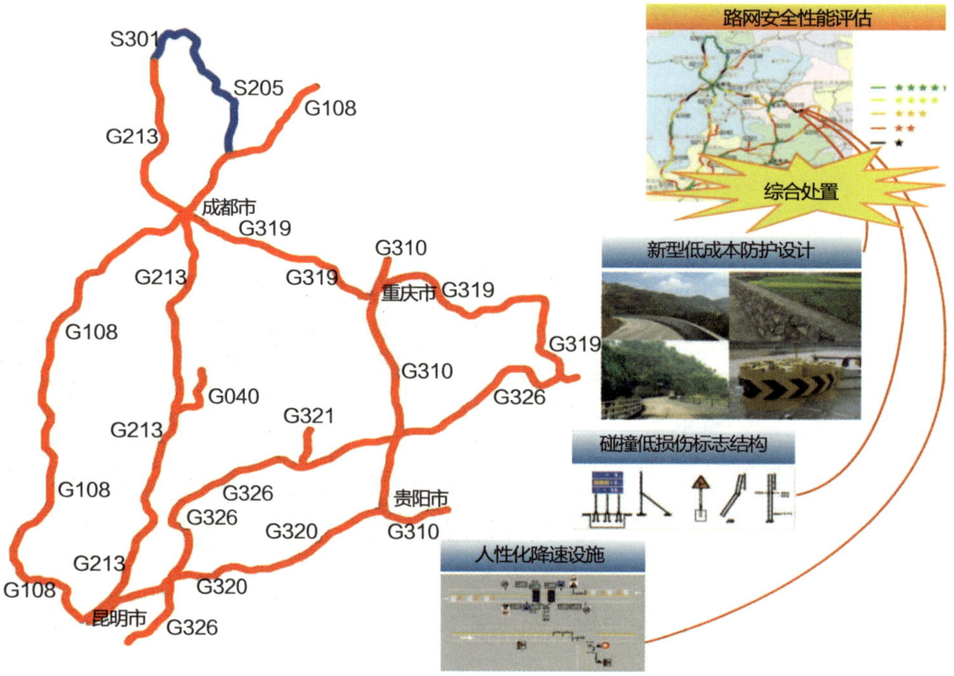

■ 云贵川渝示范工程路网分布

■ 国家“十一五”科技项目课题成果宣传

■ 交通运输部副部长冯正霖对贵州示范工程方法和效果给予肯定

■ 交通运输部副部长冯正霖一行考察贵州示范工程

■ 研发成果汇报暨示范工程座谈会

路的通行效率及安全水平。

3. 在新疆维吾尔自治区 G30 赛果高速改扩建工程和 G217 那拉提—巴音布鲁克段共 230 公里路段开展冰雪条件下公路安全运行保障技术应用。建立了果子沟高速公路气象信息系统，可为驾驶人员提供道路线形轮廓指示、诱导车辆前行，应用实时车辆监测及调度系统，系统优化了公路除冰雪作业，提高了公路养护部门冰雪条件应急处置管理水平。

4. 在北京市和安徽省开展了省级路网管理与应急处置系统应用，建设省级公路路网管理与应急处置系统，实现了主要国省干线公路关键设施的安全监管和重点区域路网运行状态的分析评估，并能够与部级路网中心动态交换数据的能力。

同时，为进一步推广本课题研究成果，归纳总结经大范围示范工程应用验证研究成果，提出了 14 部现行规范的修订建议，编制了 4 项国家标准和 8 项技术指南。

完成人简介

李爱民，研究员，1984 年毕业于西安公路学院公路工程专业，同年分配到交通部公路科学研究所，主要从事公路工程及交通工程领域内的研究与设计工作，现任交通运输部公路科学研究院副院长。

近年来主持完成的科研工作有：

主持和参与了国家“疏港公路交通工程技术研究”和“高速公路交通工程安全设施研究”项目，探索了适合我国高速公路特点的交通安全系统体系，制定出了适合我国特点的高速公路护栏体系结构，开发了六角形护栏吸能结构的解决方案，编制了《高速公路交通工程安全设施设计与施工技术规范》，多项研究成果以标准和实体工程的形式广泛应用于高速公路交通工程建设中，在交通行业内取得了显著的社会经济效益，多次获得交通运输部科技进步奖以及交通运输部“七五”国家攻关有突出贡献的科技人员称号。2006 年，主持的交通部西部交通建设科技项目《西部公路交通工程设施系列标准研究》获中国公路学会科学技术奖二等奖。

1998 年底开始，从事山区高速公路交通安全与监控领域的研究工作，主持开发《京珠高速公路粤境北段工程建设成套技术》，提出了解决路段高速公路交通安全的主要技术方案，并付诸工程实施。因该方面研究工作荣获 2001 年广东省科技进步一等奖和 2006 年中国公路学会技术奖二等奖。

主持《广东省高速公路交通工程总体规划》《广东省高速公路联网收费实施方案》“电子不停车收费技术及标准化发展趋势”等一系列的课题研究，并结合国家经贸委技术创新项目“高等级公路电子收费系统技术开发与产业化”的课题研究，实现了人工半自动收费与电子不停车收费技术的产业化，解决了在大规模封闭式收费系统中建设低成本电子不停车收费系统的方法，同时也为制定“电子不停车收费系统”的国家标准奠定了基础。2008 年 5 月，广东省高速公路联网收费技术与模式创新及应用获广东省科学技术二等奖。主持的“十五”国家攻关项目“跨省市国道主干线电子（收费）支付研究与应用”获 2005 年中国公路学会科学技术奖二等奖。

主持的湖南省高速公路网交通工程机电系统总体规划，获2002年中国工程咨询协会全国优秀工程咨询成果二等奖；参与的虎门大桥建设成套技术研究，获1999年交通运输部科学技术进步特等奖。

主持或参与交通部课题“高速公路联网收费技术标准”“收费公路通行费定价标准”“桥梁护栏标准图”“国家高速公路标志一体化”“高速公路速度控制”等标准化方面的工作。

参加“十一五”国家科技支撑计划课题（2006BAG01A04）“国家高速公路联网不停车收费和服务系统”中任务二“国家高速公路区域联网电子不停车收费系统研究与示范”的研究。

由于在交通工程与ITS技术研究领域的工作成绩显著，先后被交通运输部和中央国家机关授予全国交通系统优秀科技工作者、中央国家机关优秀青年、中央国家机关“五一”劳动奖章、全国先进工作者等多项荣誉称号，并获得国务院颁发的政府特殊津贴。

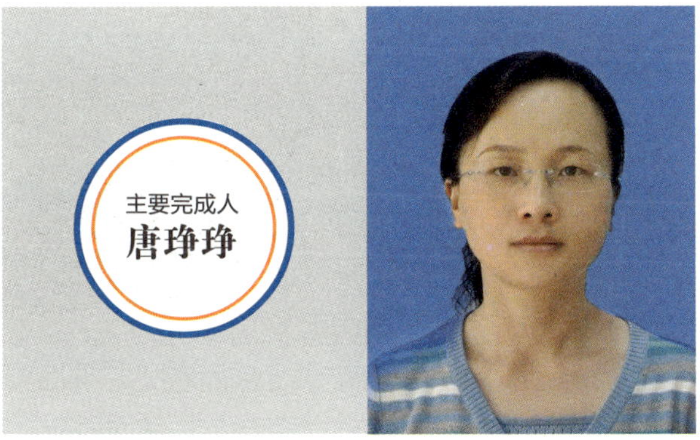

唐琤琤，博士、研究员，注册安全工程师、一级安全评价师，全国交通工程设施（公路）标准化技术委员会委员、中国公路学会青年专家委员会委员。现任公路交通安全工程研究中心副主任。

主要从事道路交通安全和交通工程设施的研究、标准规范的制修订等工作，主持或参加国家及省部级项目40余项，其中《公路安全保障工程实施技术指南》、国家标准《道路交通标志和标线》以及西部交通建设科技项目“西部地区公路交通安全评价”“公路交通安全手册研究”等多个项目获得中国公路学会科学技术奖、国家质监总局标准计量技术成果奖、国家标准化管理委员会标准创新奖等。作为第一、第二作者发表论文50余篇，出版著作《道路交通安全评价技术》《道路交通标志和标线手册》等9部，制修订国家和交通行业标准、规范20余部。

吴京梅，研究员，国家注册安全工程师、国家注册安全评价师。现任公路交通安全工程研究中心责任工程师。主要从事道路交通安全技术研究与咨询、标准规范制修订等工作。主持或参加国家及省部级项目30余项，其中《公路安全保障工程实施技术指南》“山区公路安全保障工程创新与实践”“G109安全保障工程实施技术”“西部地区公路交通安全评价”“山区农村公路安全防控技术”等多个项目获得中国公路学会科学技术奖、北京市政府奖、欧洲路联奖和国家安监局科学成果奖等。获得实用新型专利授权1项，合著专著10本，作为第一作者编著了《公路连续长大下坡安全处置技术》。

现正主持公路工程行业标准《公路服务设施设计规范》的编写工作。

植物基非氯环保型融雪剂材料开发及应用技术研究

中国公路学会科学技术奖　一等奖

研究背景

安全发展是衡量一个行业公共服务能力和水平的重要标志，确保出行安全是交通运输行业从根本上维护人民利益的重大任务。公路路面抗滑性能是保证车辆安全行驶的关键因素之一。在冬季，我国全国范围内几乎都有降雪，冬季路面冰雪问题是全国普遍存在的问题。尤其是在我国北方寒冷地区、高山高原地区，降雪、积雪期长，平均可达 4 ~ 6 个月之久。道路冰雪积存导致车辆运营能耗增加，交通事故率高发，对人民生命财产安全造成巨大损失，同时也对车辆、道路交通基础设施造成巨大破坏，降低道路的运输效率。

为了保证公路安全、快速、舒适、畅通的行车环境，有效防止或减轻路面积雪结冰造成的行车影响及危害，洒布融雪剂是常用的有效手段。融雪剂主要分为氯盐类和非氯盐类。氯盐类融雪剂具有冰点低、资源丰富、价格低廉的优点，在西方环保要求较高的发达国家亦普遍使用氯盐类融雪剂，应用比例占 90% 以上。氯盐类融雪剂的大量使用在保障了交通安全与畅通的同时，

■ 冰雪引起的交通拥堵

■ 氯盐融雪剂对植物的不利影响

■ 氯盐融雪剂对构造物的不利影响

也对水泥混凝土构造物、钢筋、车辆等金属材料、水、植被、土壤等周边环境造成了严重的负面影响，这业已成为世界性问题。非氯盐类融雪剂的环保性能较好，对道路和周边环境影响较小，但其价格昂贵，即使在西方发达国家，也只是在机场跑道等区域使用。

鉴于此，为了保障冬季道路交通畅达，保持社会稳定和促进经济稳定发展，有必要针对上述存在的问题，在借鉴国内外相关研究成果的基础上，研发新型非氯环保型融雪剂材料。

研究创新点

1. 为了适应融雪剂产品的发展趋势，解决目前国内外高等级公路冬季除雪融冰保畅通与环境保护以及避免危害基础设施之间的矛盾，本项目自主研发了一种植物基非氯环保型融雪剂。它主要以玉米等植物秸秆为原料，经过一系列生物化学技术加工而得，主要成分为多元醇和有机酸盐，不含任何氯化物、硫酸盐及亚硝酸盐。该融雪剂材料实现了规模化、工厂化生产。

2. 试验研究了普通融雪剂（氯盐）与本项目所研发的植物基非氯环保型融雪剂的融冰能力、冰点和对金属（碳钢、铝、锌）及钢筋混凝土的腐蚀性。研究表明，在同等温度下，该材料 30 分钟融冰能力是 20% 氯化钠溶液融冰能力的 2 倍，1 小时、2 小时分别是氯化钙融冰能力的 3 ~ 4 倍；对金属（碳钢、铝、锌）的腐蚀性约为普通氯盐的 1/200，而对钢筋混凝土的腐蚀率则小于国标要求的 1/200。

3. 研究了植物基非氯环保型融雪剂在土壤和水生环境中的降解情况。研究表明该材料在土壤中 6 个月后能完全降解，在有氧水生环境中 1 天以后降

■ 植物基非氯环保型融雪剂产品

■ 植物基非氯环保型融雪剂生产及代谢流程

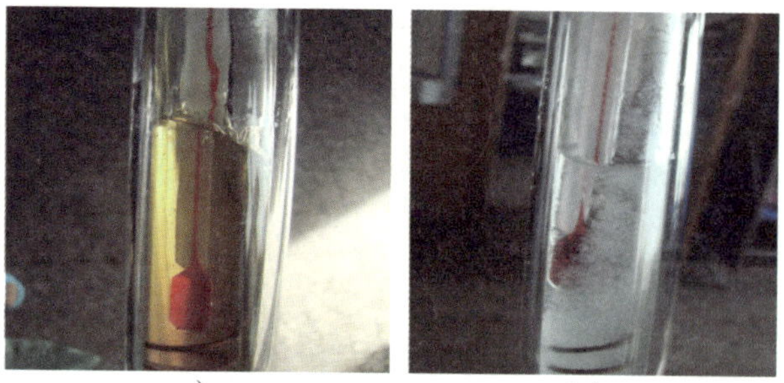

a）　　b）

■ 融雪剂冰点试验 a）植物基非氯环保型融雪剂（-50℃）；b）40% 乙酸钾（-29℃）

■ 植物基非氯环保型融雪剂的土壤降解试验

解 36%，7 天以后降解 97%，这说明该材料在自然环境中可代谢，这是因为其主要成分都来自天然植物，由碳、氢、氧元素构成，区别于传统融雪剂由化工产品混合而成。

4. 研究了植物基非氯环保融雪剂对家兔的急性皮肤刺激性以及对土壤主要微生物的抑菌作用。试验结果表明，植物基非氯环保融雪剂对家兔急性皮肤刺激性为无刺激性；在本试验条件和正常使用剂量下，植物基非氯环保融雪剂对土壤中的白色葡萄球菌（B）和黑曲霉（H）没有抑菌作用，对大肠杆菌（D）和青虫菌（Q）有抑菌作用，但随着时间的增加和稀释倍数的增加，其抑菌作用会不断衰弱，所以考虑到雨水的作用，本材料最终不会对土壤微生物有抑菌作用。

5. 对该材料进行急性、慢性和亚慢性生态毒性试验研究。急性毒性试验包括藻类生长抑制试验、水蚤运动抑制试验、鱼毒性试验、微小毒性试验（弧菌的发光抑制）。慢性和亚慢性毒性包括延长鱼毒性试验、水蚤繁殖试验。

研究结果表明，植物基非氯融雪剂在短期（1 ～ 4 天）和中期（14 ～ 21 天）对水生有机体有非常低的毒性，而且在有氧的水生环境中也能迅速地被生物降解。由于所有的急性和慢性生态毒性的参数都是在经合组织 (OECD) 限制值 100mg/L 下测定的，所以

■ 植物基非氯环保型融雪剂在沈阳绕城高速上的应用

■ 植物基非氯环保型融雪剂在山西平阳高速的应用

■ 植物基非氯环保型融雪剂在沪蓉西高速公路上的应用

该材料在水生环境中是安全的。与其他融雪材料[如氯化钠、醋酸钙镁盐（CMA）、醋酸钠、氯化镁等]已公布的生态毒性数据相比，植物基非氯融雪剂对于鱼和水蚤有更低的急性和慢性毒性。

6. 改进了国标（GB/T 23851—2009）中融雪剂沥青路面摩擦试验方法，推荐了车辙试板所用的集料类型和集料级配范围。

7. 获取两项发明专利。

8. 提出了中华人民共和国交通运输行业标准《有机融雪剂》（征求意见稿）。

成果应用

在辽宁省、山西省、湖北省等多个工程对植物基非氯环保型融雪剂材料进行了应用。研究表明，下雪后路表的压实雪层明显降低了路面的抗滑性能。使用植物基非氯环保型融雪剂显著改善了冰雪路面的抗滑能力，有助于提高行车安全性。另外，相对于传统的除冰盐，植物基非氯环保型融雪剂的适用环境温度域宽，对环境和结构物无损害。

完成人简介

徐剑，2002 年 12 月获东南大学道路与铁道工程专业博士学位，2003 年 4 月至今在交通运输部公路科学研究院工作，现任交通运输部公路科学研究院研究员，交通公路工程研究中心副主任，主要从事沥青路面养护技术研究。是国际沥青路面协会冷再生委员会（ISAP-WG2）会员，国际稀浆罩面（ISSA）协会会员，科技部国际科技合作计划项目评价专家，中国工程院“材料延寿与可持续发展战略研究”重大咨询项目专家。

近 5 年来的主要获奖情况 :2008 年改性稀浆封层技术在北京的应用研究获北京公路学会“北京公路学会科技进步奖”三等奖（第二）；2009 年《公路沥青路面再生技术规范》（JTG F41—2008）获中国公路学会“中国公路学会科学技术奖”一等奖（第二）；2009 年获中国公路学会“中国公路百名优秀工程师”；2010 年北京市道路材料再生利用技术研究获中国资源综合利用协会“中国资源综合利用协会科学技术奖”一等奖（第二）；2010 年温拌沥青混合料应用技术研制获全国总工会、科技部、工信部、人力社保部“第三届全国职工优秀技术创新成果奖”三等奖（第十一）；2012 年新型沥青路面还原剂封层材料开发及应用技术研究获中国公路学会“中国公路学会科学技术奖”二等奖（第九）。

组合式联网电子不停车收费技术和标准体系研究

国家金卡工程廿年优秀应用成果奖

研究背景

电子不停车收费系统（Electronic Toll Collection，ETC）是解决公路收费站拥堵和节能减排的重要手段。为支撑ETC建设，20世纪90年代末，欧洲和日本分别开始制定统一的ETC标准并建立检测体系，技术内容涉及公路管理和收费、通信、编码、信息安全等，是一项技术复杂、与公路运营单位和生产企业联系密切的高技术集成项目。21世初，中国ETC需求开始形成，虽然国外已有产品，但是中国实际环境与发达国家完全不同，经3年以上的试验证明均不适用于中国。第一，中国地区经济发展不平衡，各路段对ETC的需求不同；第二，多数高速公路为封闭式收费系统，国外的单片式ETC不适用；第三，中国已使用IC卡作为通行券，IC卡应用环境已建立；第四，5.8GHz DSRC是欧洲、美国、日本正在开发的平台技术，应用前景广阔；第五，发达国家对中国实行技术封锁，极力向中国转移落后技术和产品。

针对以上问题和需求，开展了本项目研究。在国际上首次提出并开发了组合式ETC技术；随后开始标准化，并开展开放平台互操作、交易安全、低功耗的技术攻关，及检测系统建设。攻克了开放平台条件下专用短程通信技术（DSRC）与不停车收费业务的融合、多任务管理与互操作、野外环境下车载机与路侧系统的交易和安全管理，以及ETC检测系统研制等重大技术难题，完成了ETC系列国家标准，ETC业务管理、系统建设、密钥管理、设备检测等行业技术规范；建成ETC检测系统和实验室。研究处于国内领先水平，部分达到国际先进水平。

研究创新点

本项目的研究创新点如下：

1. 根据中国实际需求和收费业务特点，在国际上首次提出了“双片式电子标签+双界面CPU卡”组合收费系统半自动工作方式和技术实现途径，提出自主知识产权的物理实现规格以及协议规程，创造性地提出了ETC开放技术结构和关键技术要求，实现了开放平台下专用短程通信技术与不停车收费业务的融合。

■ GB/T 20851 电子收费专用短程通信系列国家标准

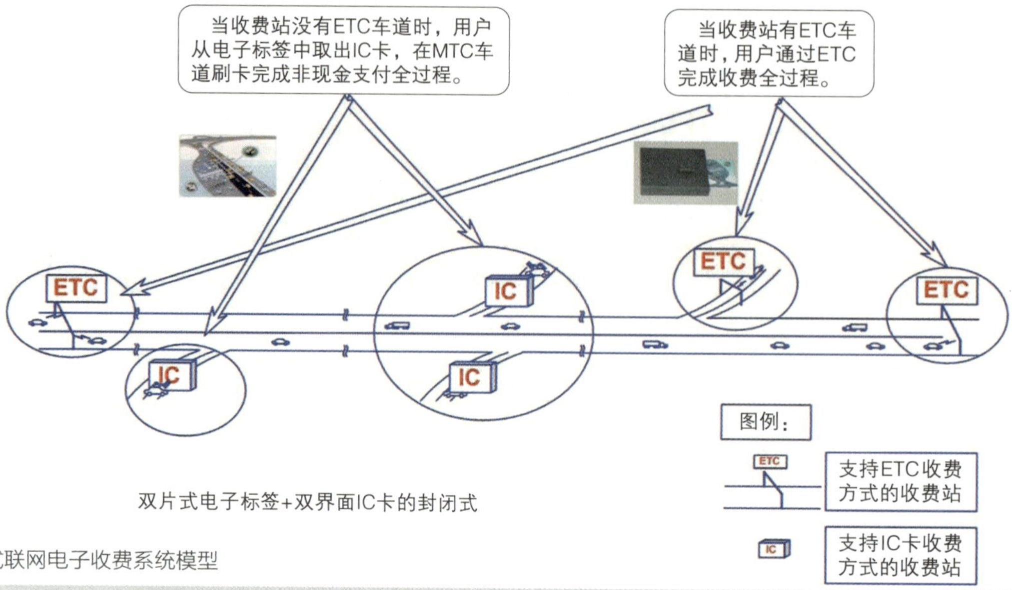

■ 组合式联网电子收费系统模型

2. 在国际上首次提出了两层结构的ETC标准体系，规定了关键标准的范围及相互间协调关系；实现了基于协议一致性的多任务管理与互操作，为大范围应用提供保障。

3. 制定了ETC专用短程通信系列国家标准，创建了ETC专用短程通信的关键指标及评测方法，成为我国ETC大规模规范性发展的里程碑。

4. 实现人工收费与ETC技术融合，编制了《收费公路联网电子不停车收费技术要求》，详细规定了ETC系统各个层面功能，接口和规则，为我国大范围不同类型的收费联网工程提供技术保障。

5. 首次开发了车载单元采用安全访问模块（ESAM）保护ETC交易安全的技术，开发了路侧单元和车载单元之间的安全认证流程和算法，制定了车载单元与智能卡之间的接口规范，使ETC交易和数据的安全性、真实性达到银行卡应用水平。

6. 首次提出了专用短程通信物理层参数、通信协议、智能卡应用等测试方法，研发了自主知识产权的三个测试系统。为产品及工程检测提供了测试及实验环境体系。

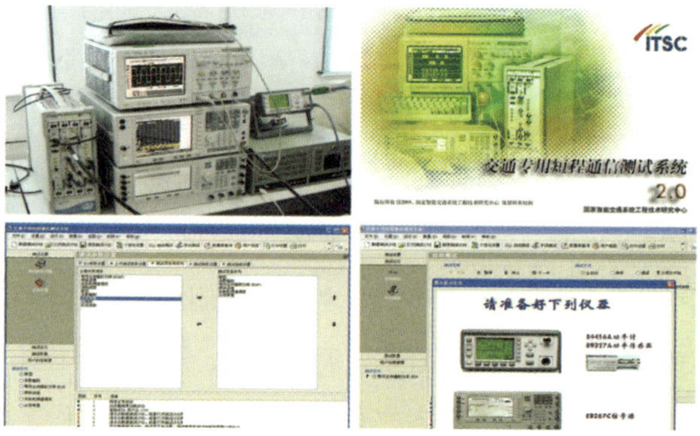

■ 物理层参数测试系统

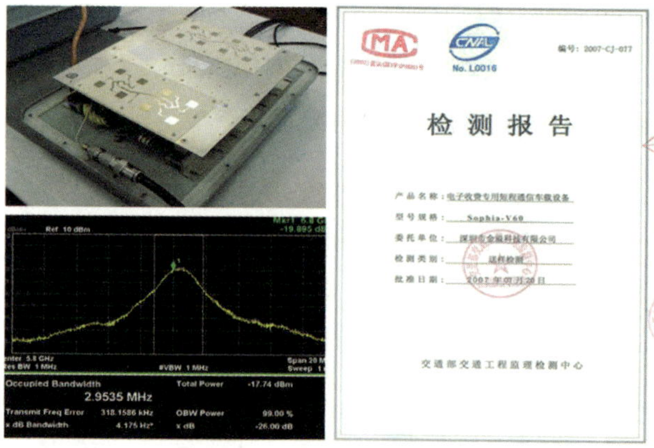

■ 测试过程及通过该系统测试出具的检测报告

■ 收费公路联网不停车收费技术要求

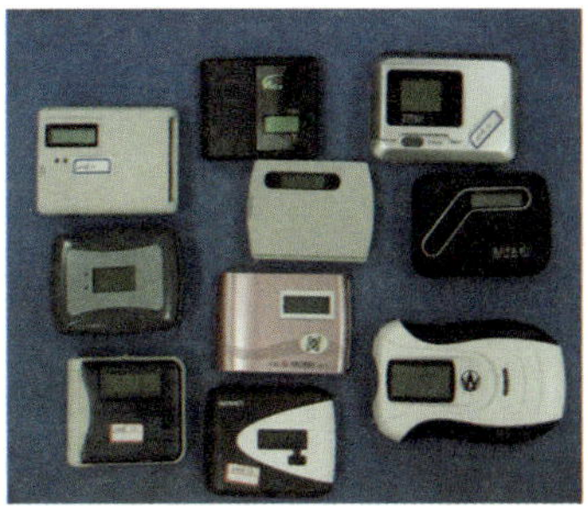

■ 依据本项目成果研发的ETC车载单元

成果应用

全国29个省（自治区、直辖市）采用本项目技术标准建设了ETC系统，并于2015年9月实现联网。截至2016年3月，累计建成收费站7535个，ETC专用车道12724条，人工半自动收费（MTC）车道49701条，混合车道2613条。主线收费站ETC车道覆盖率达99.03%，匝道收费站ETC车道覆盖率约为90.63%。发展ETC用户3176.27万。建成自营网点1084个，合作代理网点29661个，各类服务终端27487个。全网客车ETC使用率达到28.93%。已有二十余个企业依据该项目成果开发、生产ETC系统关键设备，产业规模超过50亿元。此外，还有众多系统集成企业依据该项目成果承担各地ETC车道系统、发行系统、结算系统的系统集成和开发工作。随着ETC系统的逐步实施和推广，其产业规模和社会、经济效益都将日益明显，ETC将成为标志高速公路形象和社会发展水平提升的一面旗帜。

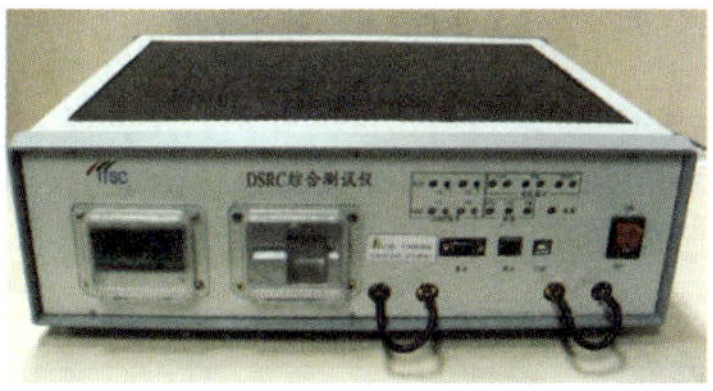

■ DSRC综合测试仪

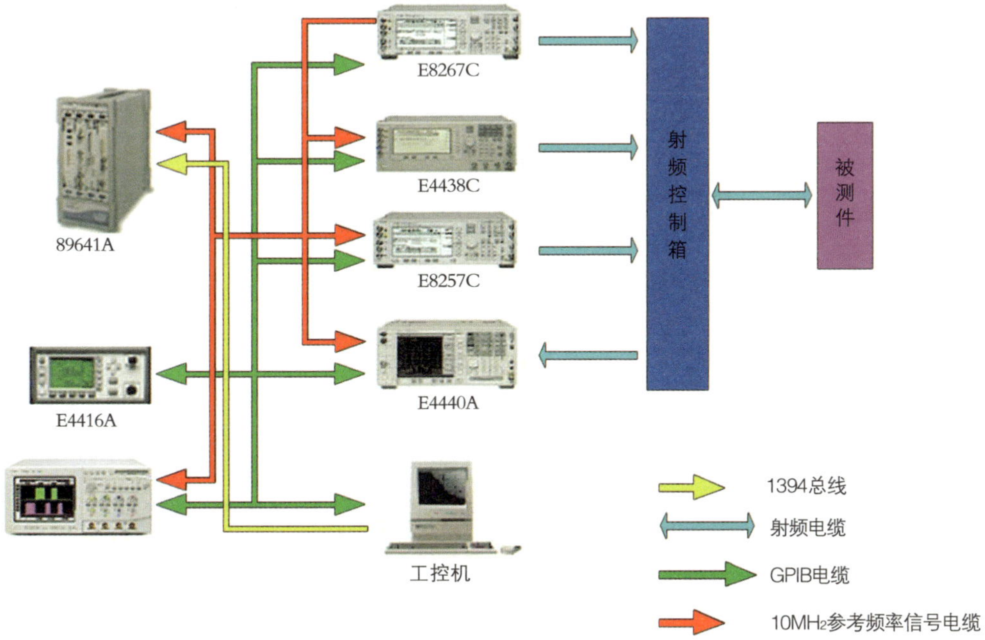

■ DSRC物理层参数测试系统框图

完成人简介

王笑京，研究员，现任交通运输部公路科学研究院总工程师，交通运输部专家委员会委员，全国智能交通系统专家咨询委员会主任委员，国家智能交通系统工程技术研究中心主任，中国智能交通协会副理事长，全国智能运输标准化技术委员会副主任委员。东南大学和北京邮电大学博士生导师。享受政府特殊津贴，国家“百千万人才工程”第一层次人选。

从事智能交通、交通信息与控制工程科学研究和技术开发近30年，主持完成国家和省部级课题20多项，指导多个省、市的交通管理和控制、交通信息化工程、联网收费系统和不停车收费系统工程。在智能交通系统体系框架（Architecture）的理论和实际应用上有重要突破；在交通专用短程通信（DSRC）领域，首次在国际上提出双片组合式不停车收费（ETC）方法以及工程实施方案，制定了具有自主知识产权ETC标准体系，并在中国形成产业，成果已在全国应用，并取得了巨大社会经济效益。

大型公共设施行人交通机理及客流组织关键技术

中国公路学会科学技术奖　一等奖

研究背景

"大型公共设施行人交通机理及客流组织关键技术"针对大型公共设施内和周边区域高度密集客流组织优化，客运枢纽内客流安全保障等关键问题，由交通运输部公路科学研究院主持，联合北京工业大学、北京市交通运行监测调度中心、华南理工大学、北京师范大学、电子科技大学、水木路拓科技（北京）有限公司等单位，依托多项国家级和省部级科研项目开展基础性研究和技术示范应用，历经10年艰苦攻关，在围绕行人交通数据采集、行人行走机理、模型方法验证、仿真平台搭建等方面实现了多项关键技术的突破，取得多项行人交通研究发展的基础性、原创性研究成果，支撑了2008年北京奥运会主要场馆、2013年第九届中国（北京）国际园林博览会展区、北京宋家庄等多个综合交通枢纽以及地铁枢纽车站、多个大型商用建筑等开展行人交通系统规划设计、组织优化、运行监测和应急管理的技术推广应用。

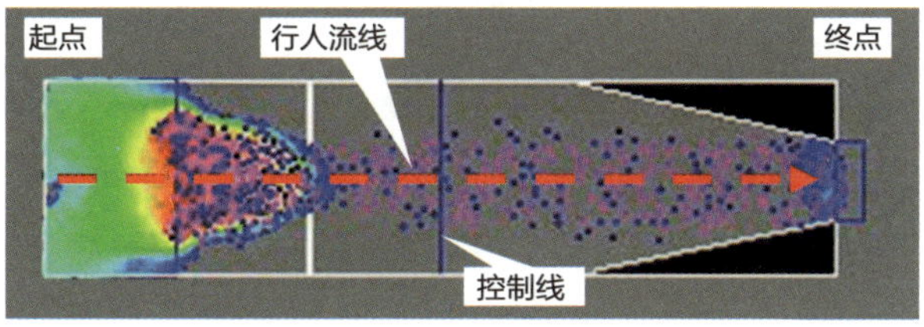

■ 大型活动行人管理措施测试模型

主要成果

项目获得国家发明专利1项，取得了国家计算机软件著作权7项，撰写中文专著1本，英文专著2章，在国内外学术期刊和国际学术会议上发表学术论文共计42篇，SCI检索6篇，EI检索18篇，中文核心期刊10篇、会议论文8篇。在人才培养方面培养博士研究生和硕士研究生10余人，博士论文3篇，硕士论文2篇，10余人的职称得到晋升，专业技术水平得到了提高。本项目的科研成果"达到国内领先水平，总体上与国际先进水平同步，部分成果达到国际领先水平"。

研究创新点

"大型公共设施行人交通机理及客流组织关键技术"揭示了大型公共设施中行人交通流机理和行人行为特性，系统性解决了行人交通机理和感知领域的学科发展的关键问题，提出的多项行人交通组织管理的体系性科技成果对推动大型公共设施内以及所有与行人有关的环境和行人设施规划、设计、组织和管理具有重要的支撑和导向作用。

(1) 首次针对大型公共设施密集人群环境下，构建了行人交通状态感知、运行状态量化与预测、预警及应急疏散组织与评估技术体系；

(2) 首次按照真实场景设施尺寸建立的旋转门、自动开启门、直式楼梯、旋转楼梯、高空门架、数据服务器和硬盘设施在内的行人拥堵点实体环境和配套设施平台，构建了基于实景实验的行人交通行为感知平台；

(3) 首次建立开放式的行人交通仿真平台，将实验采集和实地测量的数据导入该平台，从而实现多种场景下不同行人机理模型参数校正、模型验证和评估；

(4) 首次建立基于效用函数和多智能体建模方法的行人微观交通流仿真模型；

(5) 首次提出基于相对位置染色体结构设计和涟漪扩散模型的客流集散优化算法

(6) 首次基于半实体行人交通仿真平台进行大型公共设施规划设计和行人交通流组织优化技术；

(7) 首次提出利用机动车 ACI 算法构建基于 McMaster 算法的行人拥挤自动识别算法，实现大型公共设施内人群拥挤自动识别及预警技术。

项目研究取得的发明专利、软件著作权、搭建的开放式实验环境和模型验证平台等成果从基础理论研究和技术创新应用等角度保障了大型公共设施内行人出行的安全、舒适、便捷，减少延误和不必要换乘，保障公众出行安全，社会环境效益显著。项目的成果对支持本领域的发展也具有重要的作用。

成果应用

“大型公共设施行人交通机理及客流组织关键技术”在国际上首次系统全面提出了适用于大型公共设施密集人群环境的行人交通状态感知与运行优化技术体系，具有典型特性的应用如下：

(1)2008 年北京奥运会观众交通组织优化。构建了国家体育场、五棵松场馆群、工人体育场、工人体育馆、北京工业大学羽毛球馆、奥林匹克公园等多个奥运比赛场馆(群)、观众集散场地的行人仿真模型，对奥运场馆运营计划方案进行了分析测试，为制定合理可行的奥运会交通组织方案、预案提供了支持。保障了奥运期间超过 6 万名运动员、教练员及官员以及超 700 万的观众的行人交通组织优化管理，减少了大规模演练的费用，并为有关的比赛、开闭幕式交通营运和组织提供辅助决策。

(2) 综合交通枢纽客流运行组织优化。

构建了宋家庄枢纽、东直门枢纽、北苑枢纽交

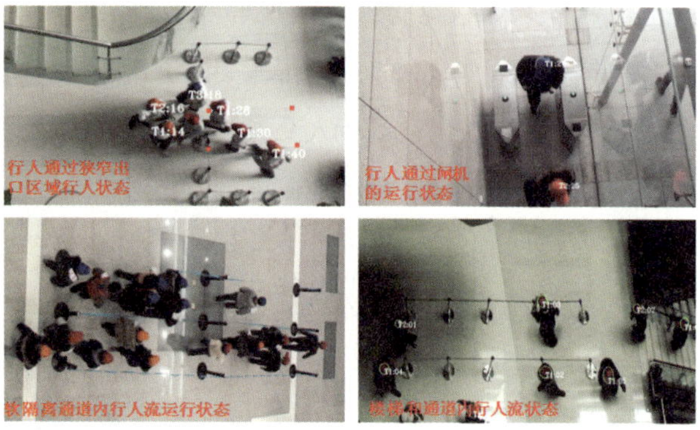

■ 复杂环境下行人运行状态实验场景

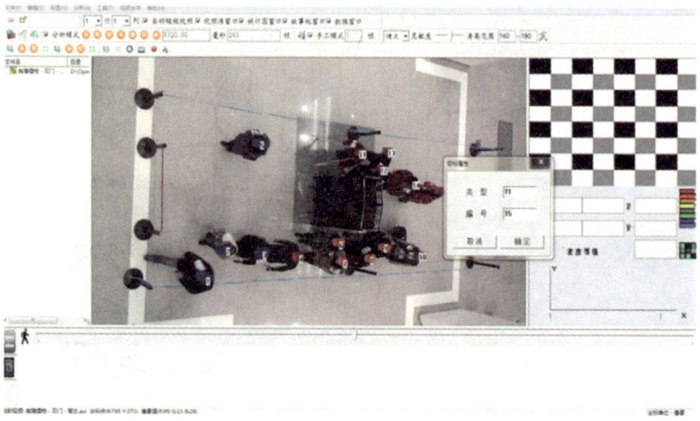
■ 微观行人交通流数据采集技术

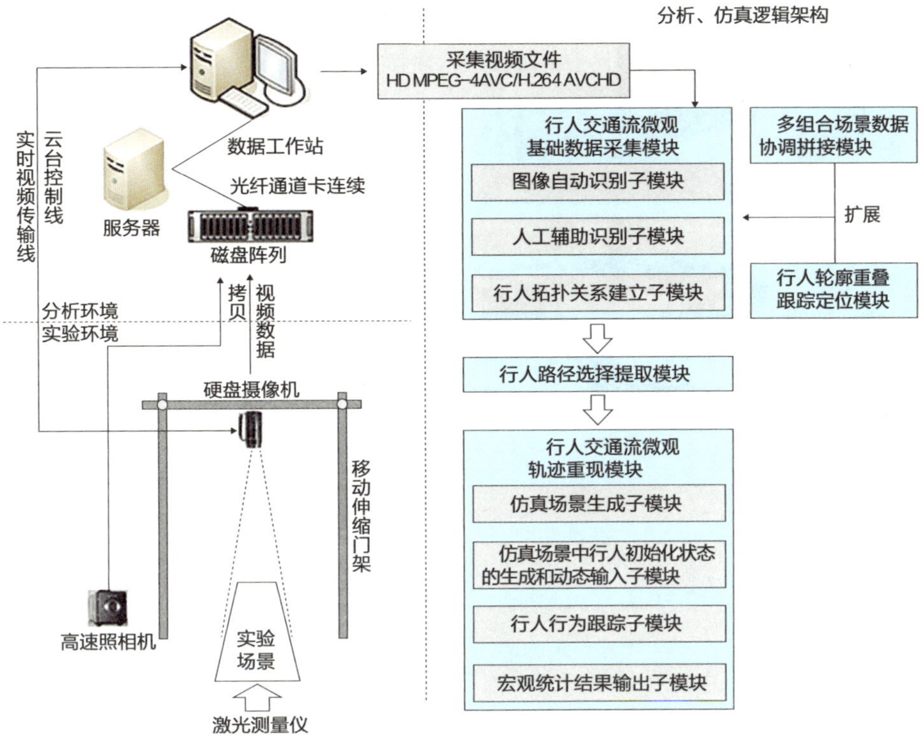

■ 行人交通感知与机理验证平台

通仿真模型和疏散仿真模型，对宋家庄综合交通枢纽的设计方案进行了优化；对东直门综合交通枢纽引导标志系统、公交运营组织进行了优化；对北苑日常运行过程中的高密度安全隐患区域进行了分析并提出了相应的改善措施。对北京市宋家庄、东直门、北苑北等综合交通枢纽的客流运行组织进行了优化，保证了大量乘客观众的安全、便捷集散以及换乘客流组织提供了有力支撑。

(3) 地铁车站地下商业空间行人交通组织优化。

构建了动物园等地铁车站地下空间有商业开发和无商业开发两套仿真模型，定量化分析了商业开发对地铁车站客流运行与组织的影响，并对商业可发后的地下空间提供了优化方案。

(4) 第九届中国（北京）国际园林博览会展区行人交通组织优化。

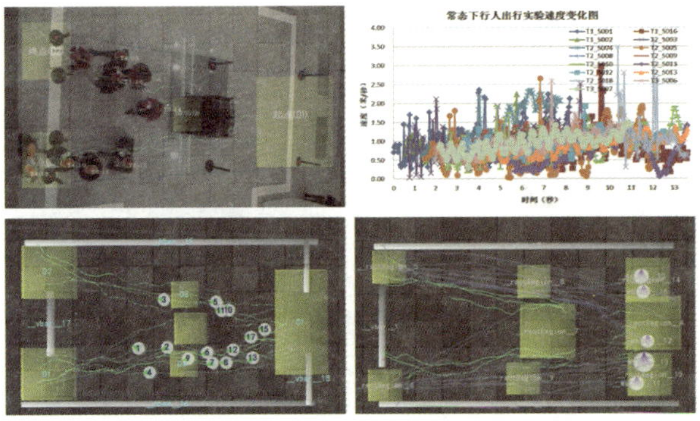

■ 行人微观交通仿真模型分析与验证

构建了北京园博园道路压力测试平台，对园博园的设施设计、设施布局，管理措施、运营方案等进行分析评价，为园博园行人组织计划、建设设计方案提供了决策依据。

(5) 中关村西区重点商业行人交通设施设计与交

■ 行人微观交通仿真设备及室内分析环境

通组织优化。

对中关村西区特别是中关村北大街及周围地区的区域背景、商业背景、交通背景进行了研究和分析，构建了中关村西区行人天桥连廊的仿真测试模型，对行人过街天桥进行了测试。

完成人简介

张海林，工学博士、曾任交通智能运输系统工程研究中心副研究员，主要研究方向为智能交通系统规划、综合客运枢纽智能交通系统设计、交通运输规划与管理、行人微观交通流理论、应急疏散仿真与管理等。作为项目负责人主持项目 7 项，作为项目主要完成人员参与国家级和省部级科研项目 20 余项，包括“十一五”国家科技支撑计划、“863”项目、交通运输部西部项目以及其他省部委项目。获得省部级一等奖 2 项，在国内核心期刊发表论文 20 余篇，其中 EI 检索 8 篇；获国家发明专利 4 项，软件著作权 7 项等。

刘浩，荷兰代尔夫特理工大学交通与规划专业哲学博士，曾任交通智能运输系统工程研究中心副研究员，同时受聘为荷兰代尔夫特理工大学兼职研究员。是《IEEE Transactions on Intelligent Transportation Systems》杂志论文评审专家、美国《Transportation Research Board》论文评阅人、《IEEE ITSS》论文评阅人。近年来一直从事智能交通系统领域的前沿理论跟踪和应用技术研究工作，研究方向涉及智能交通系统、交通信息化、交通数学建模、数据处理与分析、交通流理论、交通仿真等多个领域。主持和主研 20 余项国家级和省部级项目，获得省部级一等奖 7 项，国家发明专利 4 项，软件著作权 7 项，在国内外学术期刊和国际学术会议上共计发表学术论文 50 余篇，其中 SCI 和 EI 检索 16 篇，出版英文专著 1 本，中文专著 1 本，译著 1 本。

高等级公路路面养护支撑保障技术研究

中国公路学会科学技术奖　特等奖

研究背景

我国公路发展的重点正由大规模建设向大规模养护转型，国省干线公路路面大中修需求近8万公里，养护资金需求在3000亿元以上。养护工作量大面广，支撑技术严重缺乏，反映出来的突出问题有以下几方面：

1. 缺乏路面大中修养护设计支撑技术。路面养护设计多凭经验决策，通过5年来对全国25万公里实测路况数据的调研分析，发现我国90%以上的干线公路沥青路面大修周期不足10年，中修周期不足5年，早期损坏严重，使用寿命远未达到预期的设计要求。

2. 缺乏高效的旧路面循环利用支撑技术。全国每年路面大中修工程产生的回收材料高达1.6亿吨，数量巨大的路面旧料无法得到有效利用，距离交通运

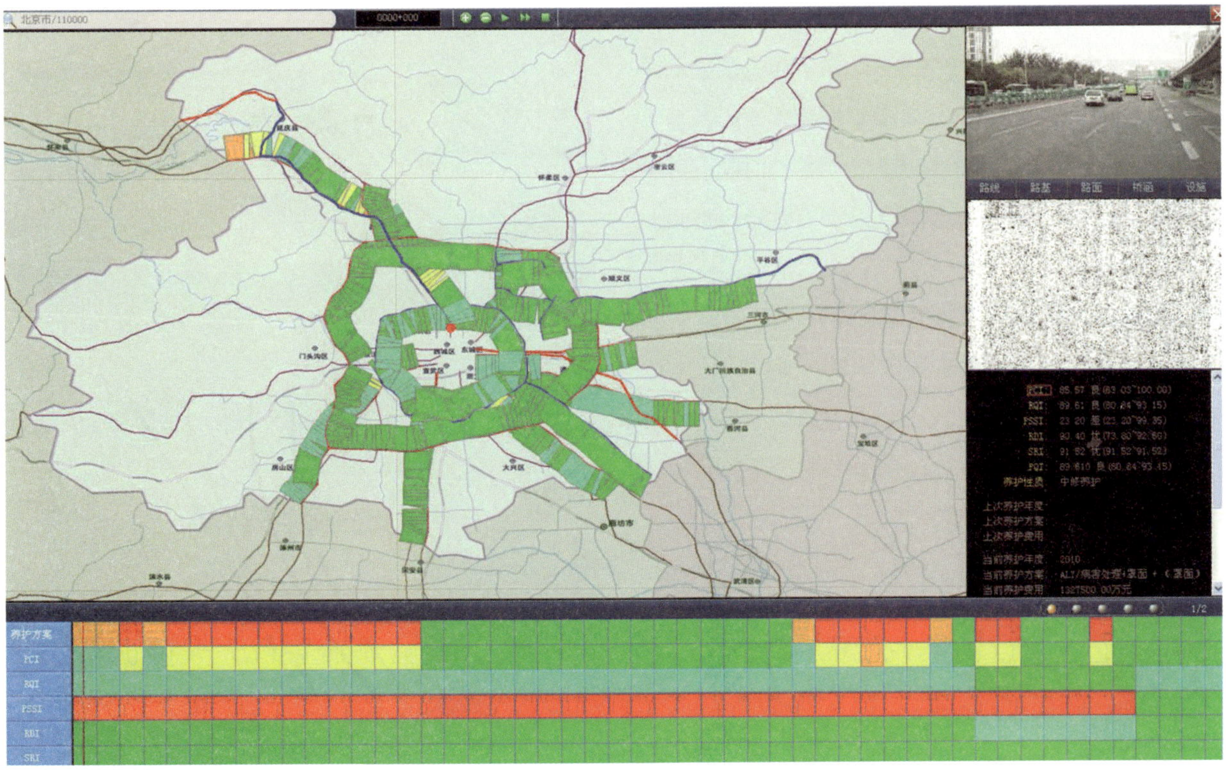

■ 路面使用性能长期研究

输部提出的“十二五”末实现路面旧料“零废弃”、回收率达到 95% 以上、循环利用率达到 50% 以上的目标尚有很大差距。

3. 频繁的公路养护活动不仅造成巨大的资源浪费和环境污染，还经常诱发交通拥堵，严重影响了公路网的服务水平。

针对上述突出问题，交通运输部“十一五”期间首次组织开展了“高等级公路路面养护支撑保障技术”重大养护专项研究，围绕路面大中修养护设计技术和旧路材料回收利用技术，实施了关键技术研发及工程化验证工作。

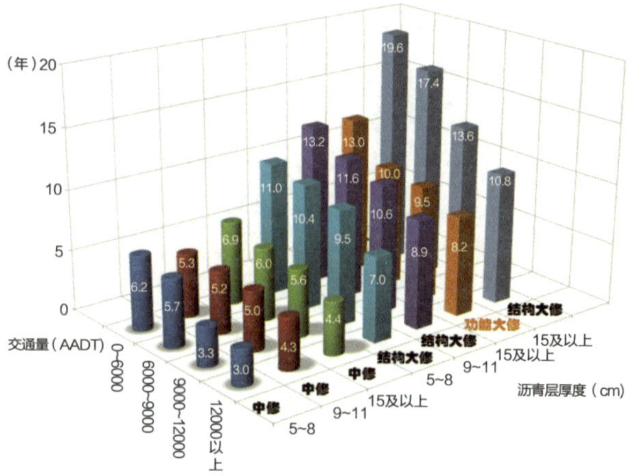

■ 路面大中修周期规律

主要成果

通过本项目研究，取得了 2 项主要成果：

1. 形成了包含关键技术、大型系统及系列设备的路面大中修养护设计成套技术体系。通过该技术体系，能及时发现路面病害，有效诊断病害原因，基于全寿命周期费用分析合理规划大中修养护时间，科学选择养护材料，优化路面结构组合，有效延长路面大中修周期 30% 以上。

2. 形成了核心配方、关键材料和新型工艺的旧路废料高效循环利用成套技术体系。通过该技术体系，能有效提升公路网大中修养护废料的循环利用效率，提高路面使用性能，减少新材料的开采数量和环境影响。

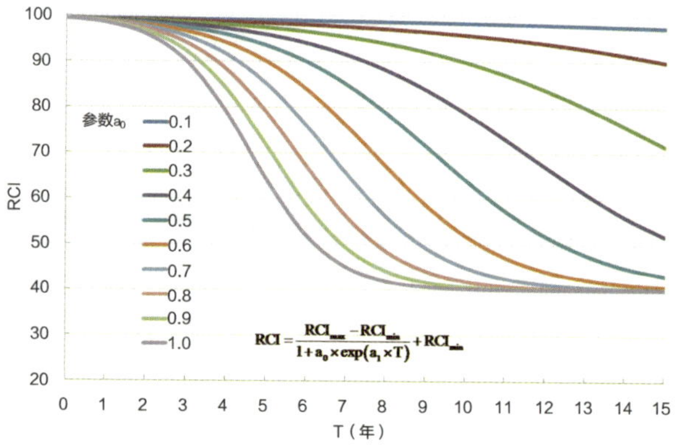

■ 路面长期使用性能衰变

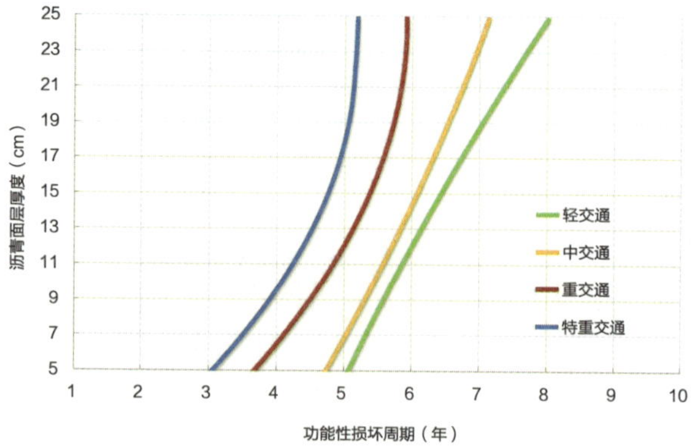

■ 路面结构厚度模型

研究创新点

1. 研究提出了路面大中修养护设计关键技术及相关模型。通过 25 万公里大规模的路况观测和数据分析，建立了路面病害原因诊断模型、长期性能预测模型、路面结构组合优化模型、全寿命周期费用分析模型，实现了路面养护设计从经验决策向科学决策的转变。

2. 研究提出了用于旧路废料高效循环利用的乳化剂、改性剂、特种乳化沥青等关键路面养护材料及制备技术。本项技术的应用将路面旧料的使用效率从当前的30%提高到50%～80%，有效改善了抗车辙、抗反射裂缝等的路面使用性能，初步实现路面养护材料自给自足。

3. 研究建立了路面大中修养护设计技术体系，提出了大中修养护设计框架，开发了配套的养护设计系统和系列检测设备，相关技术支撑了路面大中修养护设计规范。

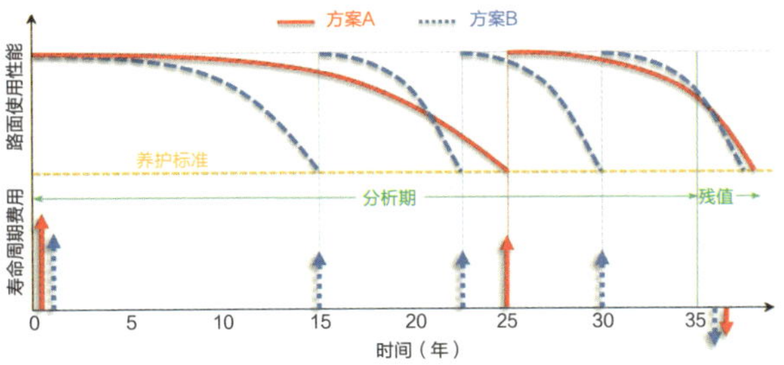

■ 全寿命周期优化模型

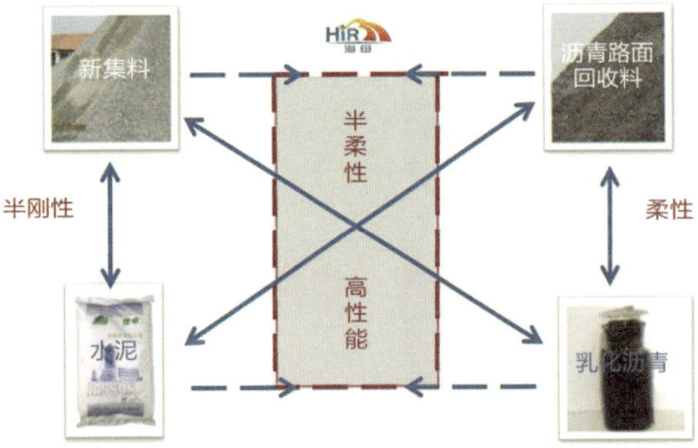

■ 新型旧路废料循环利用方法

■ 新型半柔性路面结构

■ 新型半柔性路面工程化应用（吉林）

■ 新型半柔性路面工程化应用（江苏）

■ 新型半柔性路面工程化应用（山东）

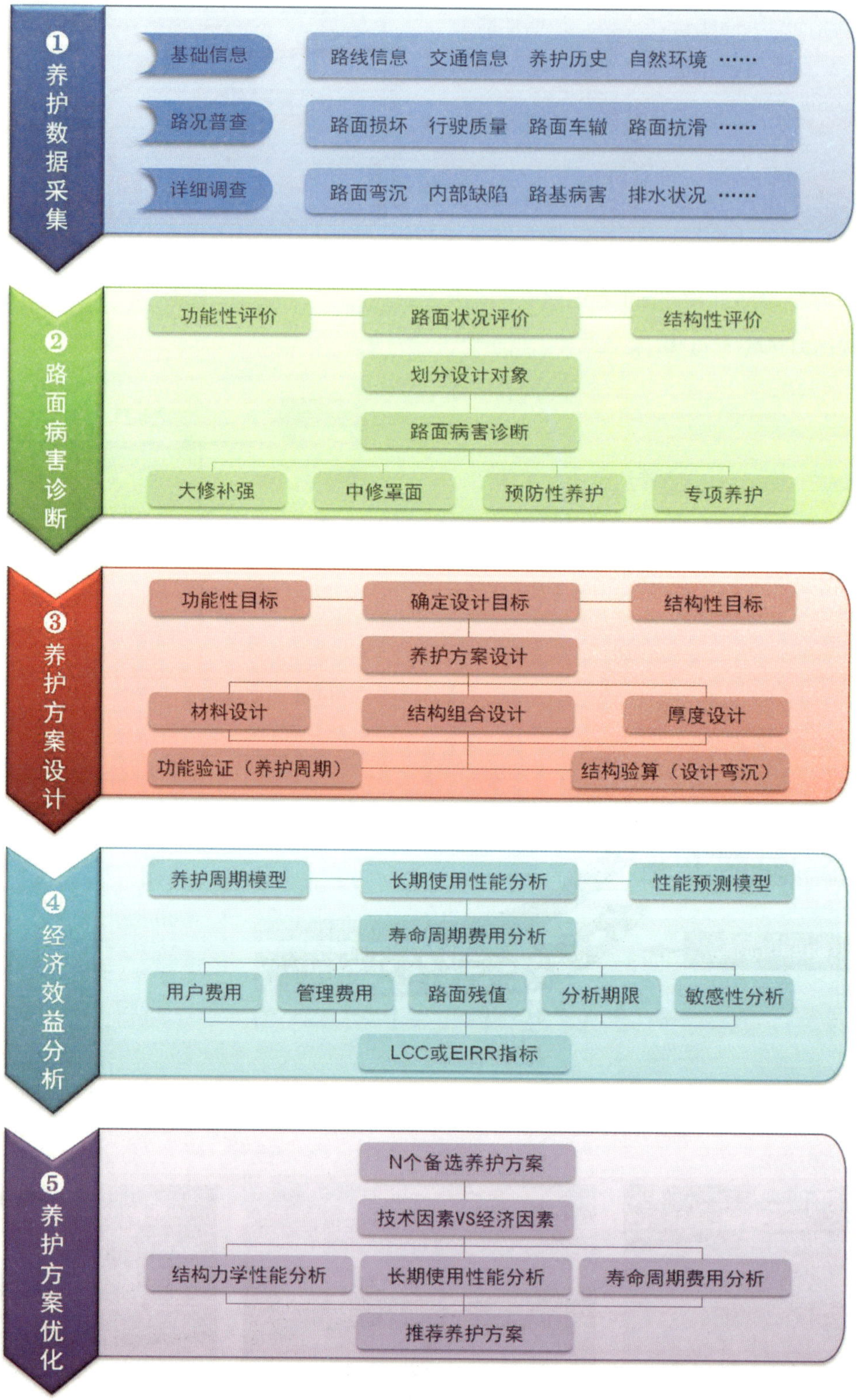

■ 路面大中修养护设计技术体系

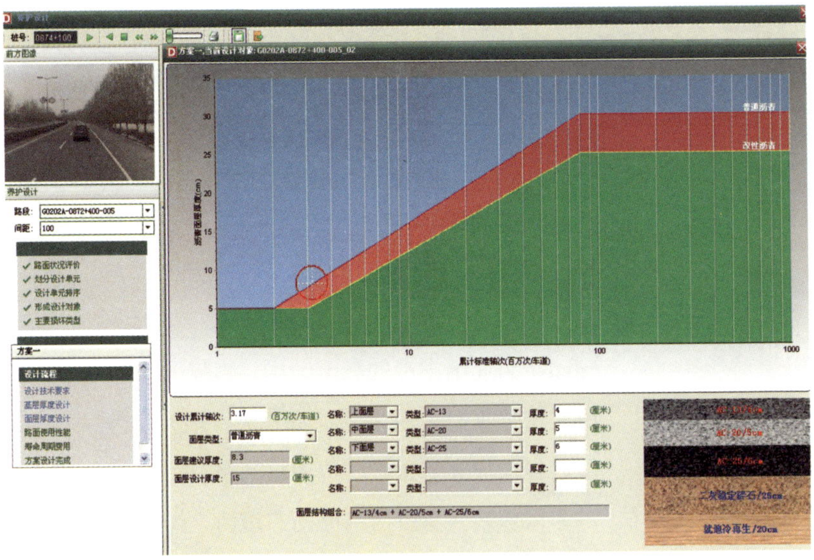

■ 路面大中修养护设计系统平台

■ 路面大中修数据采集设备

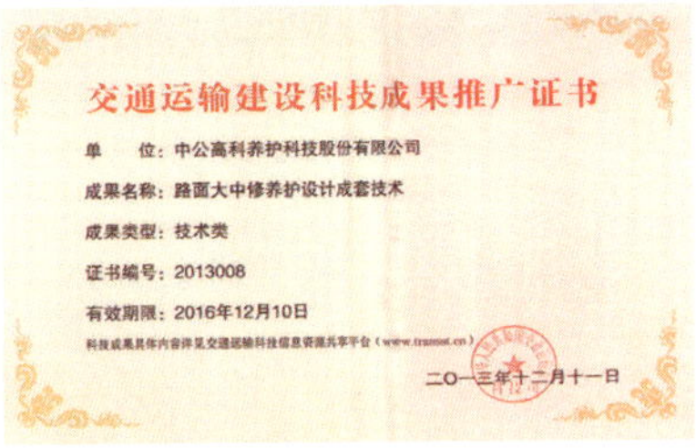

■ 路面大中修养护设计成套技术科技成果推广证书

成果应用

项目成果为我国干线公路路面大中修养护设计和旧路升级改造提供了成套技术支撑，目前已经在全国东中西部 12 个省份、近 60 项养护工程、66895 公里干线公路上进行了规模化应用，是我国未来公路养护的主要支撑技术。

成果的先进性得到了国家交通主管部门的认可，已经纳入交通运输部正在编制的《公路沥青路面大中修养护设计规范》，并列入交通运输建设科技成果推广目录。

近三年来，项目成果形成的成套技术（技术、装备、软件、标准）已创造直接产值约 1.82 亿元；成果推广为应用单位节省养护资金和直接工程费用超过 2.3 亿元。我国干线公路约 48 万公里，按照大修比例 10% 测算，应用全寿命养护设计技术，可有效延长大中修养护周期 30% ~ 50%，相当于节约养护投资约 160 亿元；若有 50% 的大修工程应用半柔性冷再生技术，相当于每年节约养护资金约 48 亿元。

完成人简介

潘玉利，公路养护技术国家工程研究中心主任，研究员、博士、博士生导师。长期从事公路养护技术研究，主持了多项国家重点科技攻关项目；主持开发了多功能路况快速检测系列装备和公路养护综合分析大型软件平台；其项目相关技术、装备、软件及标准已经规模化工程应用，主要技术成果获得 2 项国家科技进步二等奖和多项省部级特、一、二等科技奖；为新世纪“百千万人才工程”国家级人选，第七届中国青年科技奖获得者和交通运输部专家委员会委员。

多塔连跨悬索结构及工程示范

中国公路学会科学技术奖 特等奖

研究背景

悬索桥是大跨径桥梁结构形式之一，当跨径超过1200m后，悬索桥几乎成为桥型的唯一选择。传统悬索桥都是双塔结构，其材料选择、主缆和加劲梁结构形式、结构静动力计算，以及施工方法等，大多都是围绕双塔展开的。多塔悬索桥是在传统两塔悬索桥的基础上，通过增设一个或多个中间塔的方式，实现多主跨连续布设的悬索结构。国际上，目前已建成的三塔以上悬索桥主跨径都不大，最大仅为210m。国内目前除泰州大桥（已建成通车）以外，正在建设的多塔悬索桥有安徽马鞍山三塔两主跨悬索桥，主跨径为1080m；武汉鹦鹉洲三塔四主跨悬索桥，主跨径为850m。

多塔悬索桥由于中间塔的力学特性与边塔截然不同，存在“中塔效应”，即因设置中间塔导致结构整体纵向刚度降低。在悬索桥技术发展历程中，相当

中塔水中沉井基础入土深度世界第一

■ 全桥气弹性模型试验

■ 三塔两主跨悬索桥模型试验

■ 泰州大桥振动台模型试验

■ 五塔四主跨悬索桥模型试验

■ 首次提出轻质纤维绳先导索水面过江施工技术

■ 针对钢塔柱底节段、多端面匹配的下塔柱合龙段、纵向分块节段，研发出相应的组装方法及焊接变形控制技术

一段时间内工程师对采用三塔以上大跨径悬索桥结构都心存疑虑，对“中间塔效应”把握不准。本项目以泰州大桥为依托，旨在通过研究三塔悬索桥的“中间塔效应”及四塔以上悬索桥的“多塔效应”，突破技术瓶颈，实现大跨径（千米以上）悬索桥的多塔连续跨越。本项目以泰州大桥三塔两跨悬索桥为背景，采用理论和方法研究、数值模拟、模型试验、现场测试和工程应用示范等多种方法，针对多塔悬索桥结构体系与性能、中间塔关键技术、钢桥面行为特性与铺装关键技术问题开展系统研究，从多塔悬索桥的结构适宜体系及性能、计算理论与分析软件、结构设计、中间塔制造与安装、桥道系铺装及结构试验技术6方面开展系统性研究。

研究创新点

1. 构建了分析多塔连跨悬索桥结构体系合理指标体系和判定准则，给出了跨度在千米级多塔连跨悬索桥主要设计参数的合理取值范围。

2. 建立了加劲梁连续＋弹性索结构体系的多塔连跨悬索桥主要承重构件刚度匹配分析方法；提出了三塔悬索桥中间塔刚度适宜区间的估算公式；得到了四塔以上的多塔连跨悬索桥中间塔效应无明显变化的结论。

3. 构建了基于同转列式技术的缆索单元，建立了多塔连跨悬索桥几何非线性分析方法；研发了在统一设计参数条件下多类型单元混合建模的多塔连跨悬索桥非线性分析及稳定性分析软件。

4. 揭示了非一致激励输入和行波效应对塔、梁、墩之间相对位移的影响规律；建立了土—沉井—结构的相互作用模型，分析了相互作用效应及河床冲刷深度对多塔连跨悬索桥地震响应的影响。

5. 提出了多塔连跨悬索桥横风向等效风荷载模型、阵风响应系数、基频估算公式和基于性能的抗风设计方法与流程；探明了三塔两跨悬索桥颤振和静风失稳机制，以及中间塔刚度、中央扣、垂跨比等因素对动力特性的影响规律；得出了弹性索体系是一种能够较好处理顺桥向风荷载响应的合理结构形式。

成果应用

1. 生产、应用及推广情况

项目研究成果已在示范工程——泰州长江公路大桥获得了很好的应用，有力支撑了工程建设，确保大桥安全、优质、高效地建成，节约了工程投资。同时，项目研究成果还在马鞍山长江公路大桥、鹦鹉洲长江公路大桥等工程中进行了推广应用，全面提升了我国多塔连跨悬索结构的设计、施工、科研水平。

2. 预期前景

本项目研究产生或改良的多项专有技术具有广阔的产业化前景，形成的应用软件能够满足类似大型工程建设要求，满足市场化与产业化的条件。研究成果为多塔连跨悬索桥的建设提供了技术支撑，使多塔连跨悬索桥在经济性能上也具有同样的竞争力。形成的技术指南、技术标准，开发的软件系统，成为多塔连跨悬索桥的核心技术。这将为该类型大桥建设提供技术保障，使我国成为多塔连跨悬索桥建设技术强国，提高我国大跨径桥梁技术的国际竞争力。

项目研究成果对多塔连跨悬索桥的建设具有重要的参考价值和指导作用，将使多塔连跨悬索桥技术逐步走向标准化，大大减少今后类似工程的重复研究工作。形成的专有技术具有广阔的产业化前景。研究形成的应用软件能够满足类似大型工程建设需求，可以得到大量推广应用，能够市场化与产业化。

■ 钢中塔节段重量大，吊装难度高

■ 首次提出了适合三塔悬索桥结构行为特性的“四跨连续”猫道体系，以及多跨连续猫道的分段架设技术。

■ 鞍座与主缆抗滑移测试

■ 钢中塔受力复杂，加工制造精度要求高

项目示范工程——泰州长江公路大桥的建设可促进我国沿海经济带的发展，加强以北京为中心的京津塘地区和以上海为中心的长江三角洲地区的联系；有助于消除苏南、苏北的经济发展差别，对于建设和谐社会，具有重大社会效益。

■ 钢桥面铺装成套技术

■ 提出了以中塔应力、主缆与鞍座间抗滑移安全为双控目标的三塔悬索桥加劲梁架设和控制方法

■ 四跨连续猫道结构

■ 协同作用足尺试验平台

完成人简介

张劲泉，交通运输部公路科学研究院院长、研究员，交通青年科技英才，交通运输部专家委员会委员。全国优秀科技工作者，享受政府特殊津贴。

主要研究方向桥梁检测评定与维修加固、桥梁结构监测与安全评估、桥梁耐久性。重要科研成果有：桥梁使用功能评定方法、虎门悬索桥施工监测与控制、大跨悬索桥竣工验收试验方法、桥梁健康监测与安全评价技术、桥梁承载能力检测评定方法、公路桥梁维修加固成套技术、桥梁耐久性关键技术等。主持了国家科技支撑计划“多塔连跨悬索结构及工程示范”、交通运输部重大专项“桥梁耐久性关键技术研究”，以及交通运输部西部交通建设科技项目“公路旧桥检测评定与加固技术研究及推广应用”等十余项重大项目的研究工作。为行业的技术进步做出了突出贡献。研究成果获国家科技进步二等奖 2 项，省部级科技进步特等奖 1 项、一等奖 2 项、二等奖 1 项。出版学术专著 7 部，发表学术论文 40 余篇。

吉林，江苏省长江公路大桥建设指挥部研究员，江苏省中青年科技领军人才，交通运输行业特殊科技贡献奖获得者，享受政府特殊津贴。

主要研究大跨度缆索桥梁的设计施工相关技术，包括大跨度桥梁设计理论，大型基础设计施工关键技术，桥梁结构施工控制与结构健康监测、结构耐久性等。作为项目负责人，设计了江苏省第一座多跨薄臂连续刚构桥梁，获省优秀设计一等奖。全过程参加了江阴大桥、润扬大桥、泰州大桥三座世界级特大跨径公路桥梁的工程建设与科研技术攻关工作，共同研究解决了诸如深水矩形沉井施工关键技术、软弱地基上悬索桥锚碇工程关键技术、悬索桥上部结构施工技术等方面的问题。

波纹钢腹板混凝土连续刚构桥梁设计与施工技术研究

中国公路学会科学技术奖　一等奖

研究背景

近几年来，我国西部地区的公路建设日新月异，公路桥梁建设也获得了巨大的发展机遇。在这样的背景下，新型的桥梁结构形式和工程实践也不断涌现，波纹钢腹板预应力混凝土组合箱梁桥作为一种新型钢混组合结构桥梁，具有自重轻、施工工期短、成本低、抗震性能好等优点。世界上第一座波纹钢腹板组合梁桥——Cognac 桥于 1986 年在法国建成，日本、德国、美国、英国、加拿大、韩国等国家先后针对此种桥型开展了相关的学术研究和工程实践，该结构已成为世界各国关注的热点结构。据不完全统计，目前已经建成和正在建设中的波纹钢腹板组合梁桥超过 100 座。桥型涵盖了简支梁、连续梁、连续刚构、矮塔斜拉桥和斜拉桥等多种形式，取得了良好的社会和经济效益。日本是目前世界上该桥型建设数量最多的国家，其中连续梁和连续刚构占了绝大多数。据测算，

依托工程山东鄄城黄河公路大桥主桥成桥后

■ 依托工程河南桃花峪黄河大桥跨大堤桥施工中

综合考虑材料节约和工期缩短等因素，该桥型造价可比普通预应力混凝土箱梁桥降低 8% ~ 12%。交通运输部公路科学研究所于 2008 年完成了交通部建设科技项目《钢－混凝土组合（箱）梁桥建设成套技术研究》，主要针对波纹钢腹板混凝土组合梁桥，开展了相关的理论分析、模型试验和工程应用工作。结合科研工作建成了波纹钢腹板混凝土组合梁桥——三道河中桥，其 50m 的跨度在已建波纹腹板组合简支桥梁里是国内外最大的。

实际上，对于简支梁这一类小跨径桥梁来说，由于波纹钢腹板用量较少，加工成本较高，其经济性能并不突出。这种结构只有应用在大跨连续刚构（梁）、斜拉以及悬索体系桥梁上，其优越性才能充分体现出来。但是，由于我国对波纹钢腹板 PC 组合梁桥的研究起步较晚，国外设置技术保护等原因，使得国内对该桥型特别是大跨度结构的研究和应用远远落后于发达

■ 软件著作权证书“波形钢腹板组合箱梁桥参数化建模分析软件[简称：CBCW]V1.0”

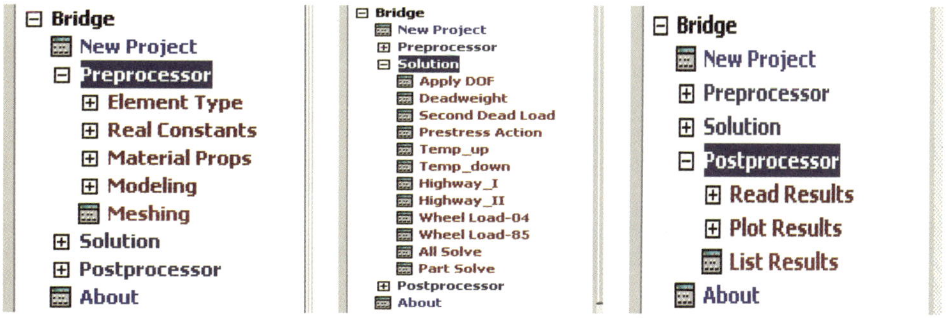

a) 前处理模块　　b) 求解模块　　c) 后处理模块

■ “波形钢腹板组合箱梁桥参数化建模分析软件 CBCW”界面

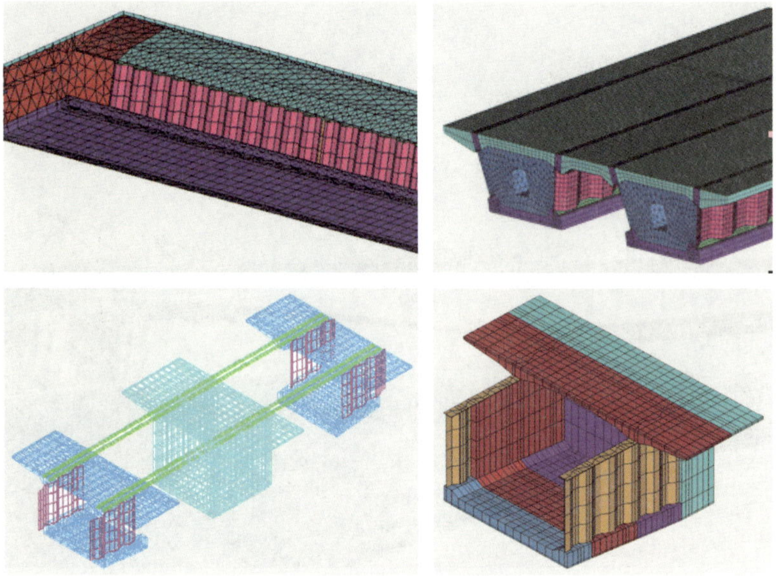

■ 采用 CBCW 软件创建的依托工程空间分析模型

国家，对波纹钢腹板连续梁（刚构）桥缺乏系统的理论研究、模型试验和工程实践，使得这种高效的桥梁结构在国内的推广应用缺乏必要的技术铺垫和支撑。

为此，交通运输部西部项目管理中心于 2008 年 10 月立项，结合依托工程的实施，针对波纹钢腹板混凝土连续刚构桥梁设计与施工技术开展专项研究工作。依托工程之一山东鄄城黄河公路大桥主桥全长 1460m，跨径组合 70m+11×120m+70m，建设规模居世界同类桥型之首，同时也是国

■ 与波纹钢腹板组合梁进行动力特性对比试验的混凝土腹板试验梁

■ 试验梁支座及桥墩部位创新设计——用于波纹钢腹板混凝土连续刚构桥在墩梁刚度比变化情况下纵桥向动力特性变化规律研究

■ 波纹钢腹板和混凝土腹板试验梁动力特性对比测试现场

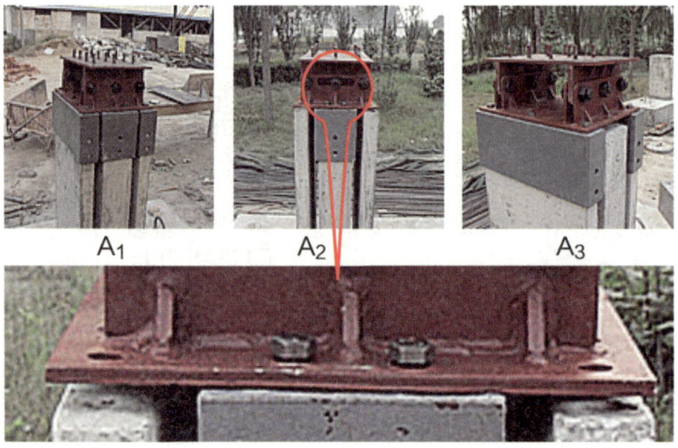

■ 桥墩不同截面的实现——用于波纹钢腹板混凝土连续刚构桥在墩梁刚度比变化情况下纵桥向动力特性变化规律研究

内第一座采用悬臂施工的波纹钢腹板组合桥梁。依托工程之二河南桃花峪黄河大桥跨大堤桥主跨 135m，是目前国内已建的主跨最大的波纹钢腹板 PC 连续箱梁桥。

研究创新点

本项目在详细调研国内外实桥资料、相关文献和全面总结前期科研成果的基础上，通过系统的理论分析、数值模拟、室内模型试验和依托工程施工控制、动静载实测等一系列的研究工作，解决了该种桥型在受力机制、构造措施、设计计算方法和施工等方面的一系列关键技术问题，并取得如下创新成果。

1. 国内外首次基于 ANSYS 二次开发了波纹钢腹板体外预应力组合连续刚构桥的参数化建模和计算模块 CBCW。

2. 考虑体外预应力对截面刚度增大的贡献及波纹钢腹板剪切变形较大的特性，揭示了波纹钢腹板混凝土连续刚构桥动力性能，提出了体外预应力波纹钢腹板梁式桥自振频率及汽车荷载冲击系数的计算方法。

3. 提出波纹钢腹板混凝土连续刚构桥的合理跨径范围和混凝土 0 号块合理长度设置方法。

4. 系统研究了波纹钢腹板梁式桥施工全过程受力性能、线形预测与调整方法，首次建立施工监控系统。

5. 首次开展波纹钢腹板活性粉末混凝土（RPC）新结构试验研究，揭示了该结构力学性能优势。

6. 编写了《波纹钢腹板混凝土连续刚构桥设计与施工技术指南》。

成果应用

本项目的研究成果目前已成功应用在多个实体工程，包括两座大跨波纹钢腹板连续梁。本项目开发的波纹钢腹板预应力组合桥梁综合计算程序为依托工程的设计复核和施工过程计算提供了高效的计算工具。本项目形成的波纹钢腹板制作、运输、安装、箱梁关键部位设计和施工技术在依托工程得到成功应用。本项目建立的波纹钢腹板组合桥梁施工监控系统在依托工程波纹钢腹板安装定位精度控制、预抛高值设置、桥面线形控制等过程中也取得良好的应用效果。据测算，通过本项目研究成果的应用，为建设单位节省投资 1000 多万元。

波纹钢腹板 PC 组合梁桥一方面恰当地将钢、混凝土结合起来，提高了结构的稳定性、强度及材料的使用效率；另一方面自重轻，运输和吊装方便，施工

■ 依托工程鄄城黄河公路大桥施工控制现场

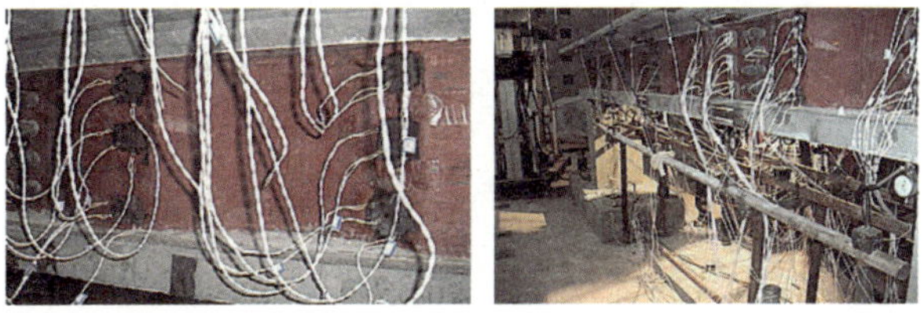

■ “波纹钢腹板 RPC 箱梁室内模型试验

工期短，效率高，综合优势突出。特别是在我国大部分西部地区，采用这种组合结构，可以大大提高施工进度，从而缩短工期。同时，西部地区干旱少雨的自然环境，也降低了钢腹板结构的维护费用。此外，将波纹钢腹板应用在大跨连续梁或连续刚构桥上，还可以解决现在很多大跨连续梁或连续刚构桥易出现的腹板开裂和跨中持续下挠问题。因此，在我国交通基础设施建设中，波纹钢腹板预应力组合箱梁桥的应用有着广阔的前景。

完成人简介

任红伟，研究员、工学博士，北京公科固桥技术有限公司经理。目前担任中国公路学会养护与管理分会常务理事，钢混组合结构分会理事。

自1988年西安公路学院毕业至今，一直从事桥梁检测加固和新结构的研究工作。参加了“桥梁可靠度的研究”“虎门大桥施工监测控制技术的研究”“虎门大桥拼接程序的研究”及“公路旧桥检测评定及加固成套技术的研究”等项目的研究工作。主持完成了对“济南黄河二桥”“河北党家沟大桥”“河北祈家庄大桥”等多座大中桥梁的竣工验收试验工作，以及“青海香日德大桥”“浙江桐君山悬索桥”“山东双城大桥”等多项桥梁的加固工作，并先后主持参加了几十座旧桥的试验检测工作。其中，参加的“虎门大桥成套技术研究”、作为主要完成人之一完成的“公路旧桥检测评定及加固成套技术的研究”项目分别获得交通运输部一等奖、国家科技进步二等奖。作为项目负责人完成了西部交通科技项目“钢—混凝土组合（箱）梁桥建设成套技术研究”，获得中国公路学会科学技术奖二等奖。参加了交通运输部规范项目“公路桥梁承载能力检测评定规程”的编制，主持承担国家自然科学基金项目“波形钢腹板预应力组合箱梁桥的动力特性及动力响应研究”及西部交通科技项目“波纹钢腹板混凝土连续刚构桥梁设计与施工技术研究”。获得中国公路学会科学技术奖一等奖。研发的“一种预应力高强钢丝锚具的开发”获得国家发明专利。

基于耐久性的水泥混凝土路面结构设计技术研究

中国公路学会科学技术奖 一等奖

研究背景

截至2006年底，全国公路总里程达345万公里，其中有铺装的水泥混凝土路面达到64万公里。但是相对于沥青路面的发展，水泥路面在高等级公路特别是高速公路的铺面里程增长缓慢，其主要原因在于我国现有水泥混凝土路面使用状况不佳，使用寿命大大低于设计使用年限，在一些重交通干道水泥混凝土路面早期破损严重，往往通车2～5年就产生断板、断角、碎裂和错台等损坏。也就是说，目前一些水泥混凝土路面非但没有表现出使用寿命长、承载力高、耐久性好、养护费用低等优点，反而增加了水泥混凝土路面维修养护费用。我国目前修建的水泥混凝土路面使用状况不佳，使用寿命大大低于设计使用年限，这一现状已经严重制约了水泥路面在我国的进一步发展。

调查研究表明，当前我国水泥路面的病害类型主要表现为由板底脱空引起的板的开裂和由接缝处置不当产生的错台两种类型，结构设计的不足是造成这一现状的主要原因。因此，开展水泥混凝土路面结构耐久性设计研究，提高路面使用的质量，延长使用寿命，减少早期损坏，改善水泥混凝土路面的使用功能，已成为我国水泥混凝土路面进一步发展中亟待解决的重大课题，具有重要的理论意义和应用价值。本研究的目的就是从水泥路面实际使用状况出发，针对我国目前水泥混凝土路面设计的现状，研究基于性能的设计方法，使得设计破坏形式和实际破坏形式相互匹配，为我国耐久性水泥混凝土路面结构和材料设计提供技术支撑。

主要成果

1. 土基与路面结构协调设计

采用有限元方法，详细分析了荷载（单轴、双轴和三轴）作用于水泥混凝土路面板不同荷位（板中、板边和板角）时路基应力扩散特征。对比分析了新、旧两类路面结构下的路基应力，讨论了路基工作区深度的合理取值。提出了路基不均匀变形的控制指标，并分析了在路面结构中设置碎石层进行变形调节的可行性与技术要求。

2. 水泥混凝土路面设计指标体系的建立

基于多地温度、辐射、降水量、降雨天数等气候数据的分析，将我国分为3个不同的区域，即：潮湿地区、潮湿有冻区、干燥有冻区。然后，分别就这些区域的典型路面进行调研，对裂缝、错台、松散等病害深入调查，并进行相应的原因分析。调查发现各种破坏形式在调查的水泥路面中呈现出较为均衡的分布，但以裂缝类（纵向开裂、横向开裂和角隅断裂等）为主。进而基于不同使用功能，分析了各种功能要求下的设计控制指标，提出了基于使用功能的设计指标体系。

3. 不同轮轴型对板受力的影响线分析

采用建立的不等平面尺寸双层板力学模型，讨论了基层超宽、荷载内移的影响，分析了水泥混凝土路面结构（面层、基层）的荷载应力，研究了混凝土路面结构临界点的变化规律，并给出了混凝土路面结构（面层、基层）的荷载应力、疲劳荷载应力近似计算式。

4. 考虑施工阶段引起板内嵌温度的荷载与温度耦合分析

通过对比试验来研究新铺水泥混凝土路面板 24h 内温度场变化及不同温度场环境下混凝土路面内应变变化规律，提出对新铺水泥混凝土路面板采取合理养生措施以减小路面板温差的重要性。

■ “顶推试验 Push-off Test

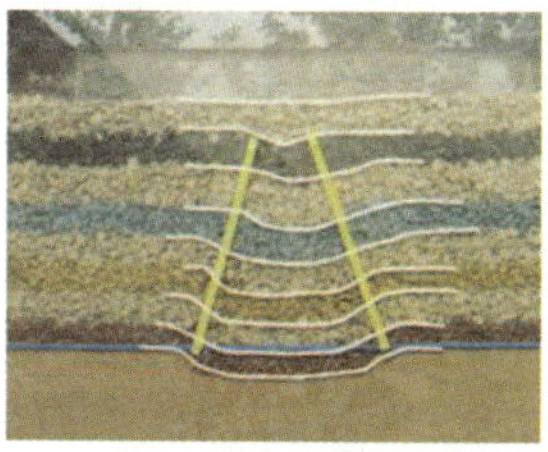

■ 碎石层差异沉降试验

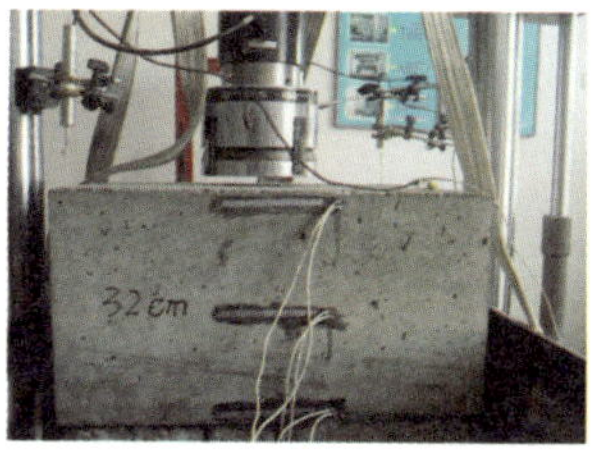

■ 基层开裂承载力试验

■ 地基反应模量试验

成果应用

我国今后在很长一段时间内，还面临大规模的公路建设。但是，早期修建的水泥混凝土路面使用状况不佳，使用寿命大大低于设计使用年限。目前我国高等级公路建设每年花费巨额外汇进口大量重交通沥青，使得沥青供应总量仍缺口很大，远不能满足公路建设的需求。而我国水泥资源丰富，产量连续多年雄踞世界各国之首，并且通过本项目的研究，提高了水泥混凝土路面结构性能，延长了水泥混凝土路面使用寿命，总体效益可观。因此，合理利用水泥资源，深入研究混凝土路面设计技术，积极发展水泥混凝土路面，达到“白黑并举”的局面，具有重要的现实意义。本项目的研究成果可使混凝土路面作为我国高等级公路的一种重要结构形式，在重载交通地区尤其具有推广应用前景。

■ 足尺板传感器埋设

■ 轮迹分布系统

■ 贫混凝土基层承载板试验

■ 承载板反力加载试验

■ 梁的翘曲试验装置

完成人简介

主要完成人
田 波

田波，研究员、博士、博士生导师，交通运输部公路科学研究院交通公路工程研究中心副主任。

自参加工作以来长期在科研一线从事水泥混凝土路面材料及水泥混凝土材料、水泥混凝土路面结构组合设计、功能性水泥混凝土路面等研究，是水泥混凝土铺面工程领域杰出的青年科技人才。作为一名公路行业科研工作者，先后主持、参与并完成交通部西部科技项目近十项，主持并完成国家自然科学基金项目一项，主持科技部项目一项，人力资源和社会保障部归国留学人员基金项目一项，主持、参与并完成各省交通厅科技项目近十项，先后获得中国公路学会一等奖两项、中国公路学会二等奖两项，省部级科技进步一等奖一项、省部级科技进步二等奖一项，同时在国内外核心期刊发表论文近 50 篇，参与编制行业规范 6 本，规程 2 本，申请和获得国家实用新型专利 10 项，发明专利 2 项。

桥梁事故调查及过程反演计算机辅助技术研究（拱桥）

中国公路学会科学技术奖　一等奖

研究背景

近年来国内外桥梁垮塌事故频繁出现，这不仅会造成交通阻断，产生巨大的经济损失，而且还会危及人民生命安全，带来严重的社会负面效应。查明事故原因，明确事故责任，消除安全隐患并做到举一反三、防微杜渐，对保障国家建设、经济运行及社会安定都具有非常重要的意义。

我国在桥梁检测、监测及损伤评估方面的研究较多，而对于桥梁垮塌事故后的调查、甄别研究则相对较少。开展桥梁事故调查和垮塌过程计算机辅助反演研究是十分必要的，其既有重要的理论与学术价值，也有重要的工程应用价值。

针对我国桥梁事故调查分析的技术需求，经交通运输部西部建设中心批准，交通运输部公路科学研究所联合清华大学、浙江工业大学和交通运输部工程质量监督局，于2008年6月共同立题“桥梁事故调查及过程反演计算机辅助技术研究（拱桥）”，该项目于2011年12月完成，经专家评审鉴定，成果总体达到国际领先水平。

项目成果通过实验室模型验证，在凤凰堤溪沱江大桥、浙江上虞市春晖立交桥、北京宝山寺白河桥等工程上得到了有效应用，对科学、准确、规范地认定事故责任起到了重要的技术支撑作用。

项目于2013年获得中国公路学会科学技术奖一等奖。

研究创新点

本项目的研究创新点主要体现在以下几个方面：

1. 提出了桥梁垮塌现场的全局及局部取证方法，编制了《现场图像取证指导手册》，建立了可实现桥

a) 依托工程——北京市宝山寺白河桥垮塌现场　b）事故现场三维重建系统　c) 垮塌现场数字化重建

■ 事故现场三维重建系统

注：利用研发的“事故现场三维重建系统”将现场采集的高分辨率照片转变为可编辑的矢量图形信息，形成破坏现场的数字化复原图形，便于进一步分析垮塌后桥梁各部分的相互位置关系。

a) 现场采样

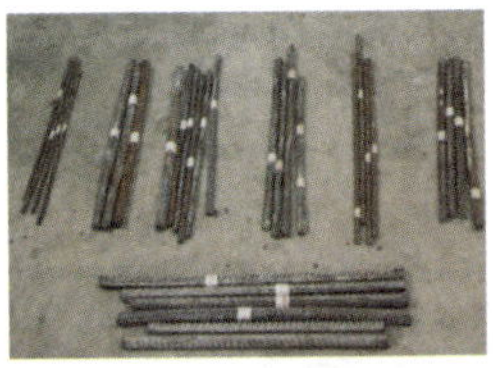

(b) 钢筋试件

c) 混凝土试件

d) 室内材料试验

■ 北京市宝山寺白河桥垮塌现场采样、实验室材料试验

梁垮塌现场快速三维建模的摄影测量系统。

2. 建立了损伤和无损伤状态下，非标准芯样强度推定混凝土真实强度的计算方法，编制了《事故现场快速取样方法和试验鉴别技术规程》。

3. 建立了基于广义刚度法的构件重要性定量化评价指标，提出了桥梁易损性和抗垮塌能力评价方法。

4. 提出了桥梁垮塌过程中的碎块特效表现方法，开发了具有自主知识产权的拱桥垮塌过程有限元计算模块及动态可视化模块，实现了桥梁垮塌全过程显示及真实感展示。

5. 开发了圬工拱桥和中小跨径钢筋混凝土拱桥垮塌事故计算机辅助诊断系统，填补了国内外在桥梁事故鉴定相关软件方面的空白。

成果应用

桥梁垮塌事故的科学、准确、高效、规范化责任认定，具有重要的社会、经济和科学意义。本项目充分利用了现代工程理论和实践的最新研究成果，重点解决了桥梁破坏状态现场图像取证与数字化再现技术、桥梁垮塌事故现场材料取样与试验鉴别技术和桥梁垮塌过程反演分析与虚拟场景还原技术，开发了桥梁垮塌事故成因计算机辅助诊断系统，并通过室内模型实验和多个实际工程进行了成果应用和完善。

本项目的研究成果可规范指导桥梁事故调查的开展，极大地提高分析和判断事故原因的准确性和事故调查的效率。本研究采用包含数据采集、数据处理、

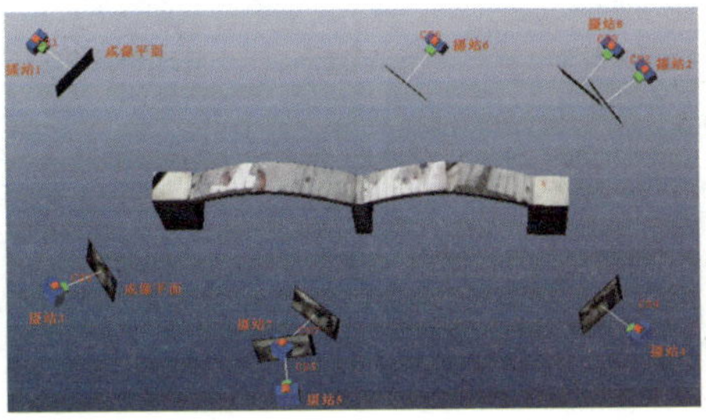

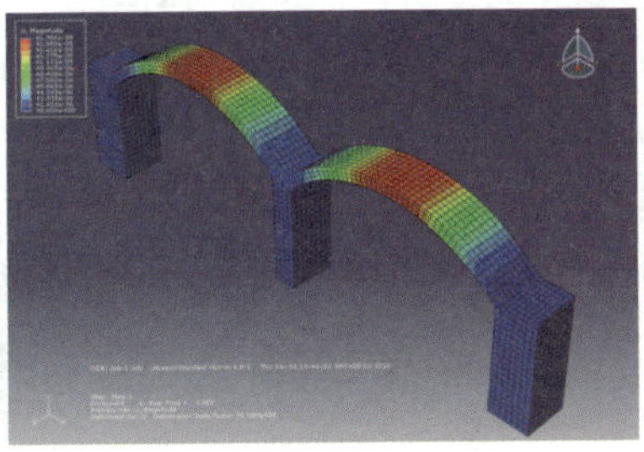

■ 拱桥垮塌试验（实验室模型 + 数字模型）

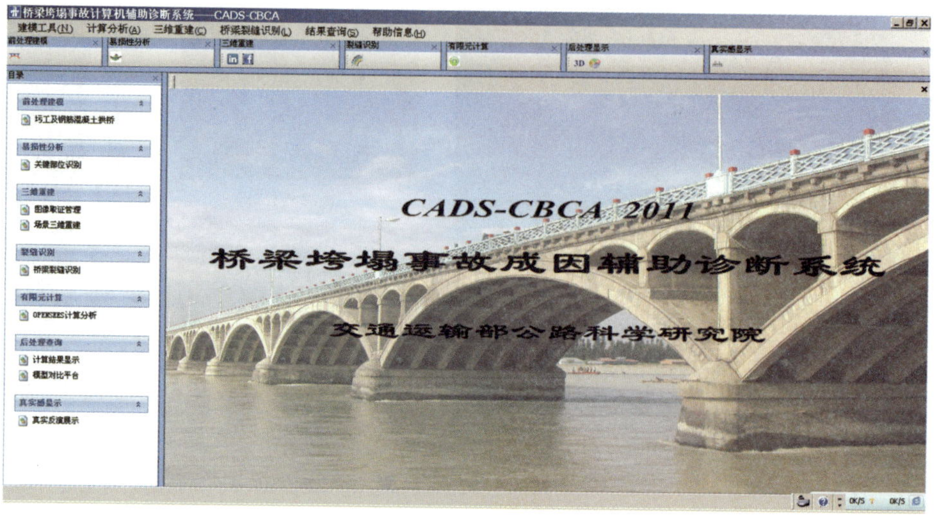

■ 桥梁垮塌事故成因辅助诊断系统

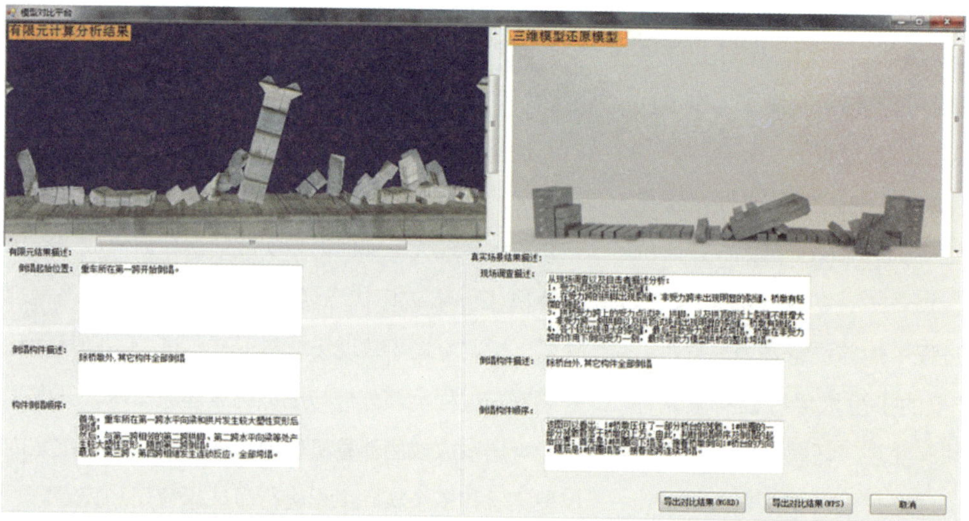

■ 有限元计算倒塌模型和摄影测量倒塌模型对比平台

注：在本模块中，可以从以下几个方面将有限元计算结果与真实场景还原模型进行对比：①垮塌起始位置；②垮塌构件的分布；③构件垮塌顺序，从而判断有限元计算结果的正确性。

■ 浙江上虞桥垮塌现场图像采集

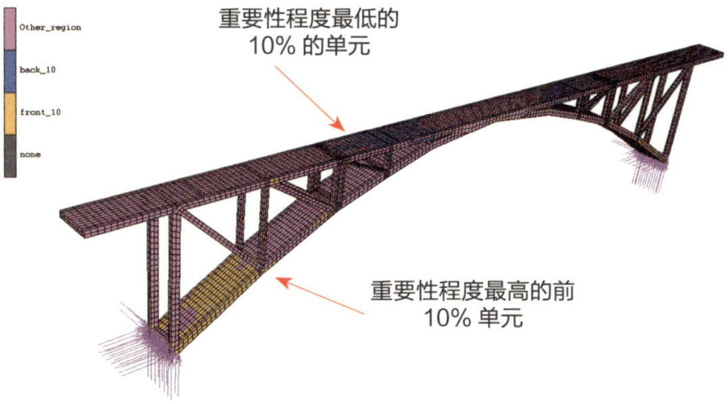

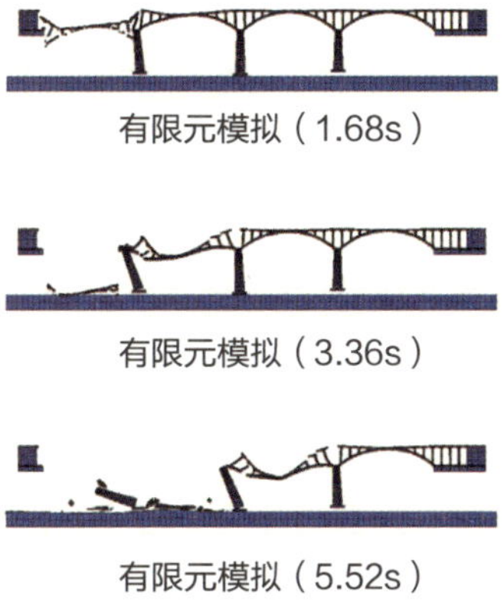

■ 通过施工期和成桥阶段的易损性分析，明确桥梁事故调查的关键部位和危险点位置

■ 根据结构、材料、荷载等信息，有限元模拟倒塌过程，和垮塌现场对比

■ 根据力学分析结果，模拟垮塌过程，再现垮塌现场

■ 研发基于力学数据的桥梁真实感显示软件

事故垮塌理论分析以及最后理论总结的全过程桥梁垮塌事故分析系统，提出桥梁垮塌事故检测、分析及总结的理论和方法，促进我国公路桥梁安全监测技术的进步，通过对事故成因进行归纳总结，进而为今后桥梁建设和维护提供理论指导和垮塌预警。项目提出的垮塌过程分析技术，具有真实度高、安全、成本低廉、易于重复等多种优点，便于成果的推广和应用。垮塌诊断的结果有助于认定已发生事故的责任，而且可以帮助发现现行设计、施工、运营、管理、维护等方面的安全漏洞和隐患，为发展桥梁安全技术提供重要参考资料，且具有广阔的应用前景。

具体应用实例：

2011 年 7 月 19 日凌晨，一辆重达 160 吨的严重超载沙石的货车通过怀柔区宝山寺白河桥第一孔时造成桥梁压塌。为进一步分析垮塌事故原因，北京市交通委路政局怀柔分局委托交通运输部公路科学研究所（国家道路及桥梁质量监督检验中心）对桥梁垮塌事故原因进行了调查分析。

在该项目中，通过采用西部项目《桥梁事故调查及过程反演计算机辅助技术研究（一期）》的"现场材料取样与试验鉴别技术""拱桥垮塌事故成因计算机辅助诊断系统"的前处理建模模块、易损性分析模块、事故现场三维重建模块、有限元计算模块、后处理查询模块、模型对比平台和真实感显示等模块，实现了垮塌现场材料快速取样测试，以及基于有限元数据的高效、准确、完整、具有真实感的桥梁垮塌事故场景还原。

项目成果在白河桥的应用取得了业主的高度肯定，为垮塌现场快速取证提供了有利的工具，对科学、准确、规范地认定事故责任起到了重要的技术支撑作用。

完成人简介

张劲泉，交通运输部公路科学研究院院长、研究员，交通青年科技英才，交通运输部专家委员会委员。全国优秀科技工作者，享受政府特殊津贴。中国公路学会桥梁结构分会副理事长、中国土木工程学会工程质量分会副理事长、中国公路学会桥梁结构分会副理事长、养护与管理分会副理事长、中国交通建设监理协会试验检测工作委员会主任委员。

主要研究方向为桥梁检测评定与维修加固、桥梁结构监测与安全评估、桥梁耐久性。

重要科研成果有：桥梁使用功能评定方法、虎门悬索桥施工监测与控制、大跨悬索桥竣工验收试验方法、桥梁健康监测与安全评价技术、桥梁承载能力检测评定方法、公路桥梁维修加固成套技术、桥梁耐久性关键技术等。主持了国家科技支撑计划"多塔连跨悬索结构及工程示范"、交通运输部重大专项"桥梁耐久性关键技术研究"，以及交通运输部西部交通建设科技项目"公路旧桥检测评定与加固技术研究及推广应用"等十余项重大项目的研究工作。为行业的技术进步做出了突出贡献。研究成果获国家科技进步二等奖 2 项，省部级科技进步特等奖 1 项、一等奖 2 项、二等奖 1 项。出版学术专著 7 部，发表学术论文 40 余篇。

忻阜高速公路建设与安全运营管理关键技术

中国公路学会科学技术奖　一等奖

研究背景

“忻阜高速公路建设与安全运营管理关键技术”依托交通运输部西部交通建设科技项目“交通安全保障技术在忻阜高速公路的推广应用”、交通运输部科技示范工程“忻阜高速公路科技示范工程”和山西省交通运输厅科技项目“忻阜高速公路凤凰岭隧道施工关键技术应用研究”等项目，由交通运输部公路科学研究院主持，联合山西忻阜高速公路建设管理处、中铁十二局集团有限公司、山西省交通规划勘察设计院等单位共同组建“官产学研”核心技术团队，历时6年精心研究和示范推广，项目研究成果总体达到国际先进水平，部分成果达到国际领先水平，科技成果经济、环境、社会效益显著。

主要成果

项目针对忻阜高速公路地形地质条件复杂、隧道施工安全风险多、路面寿命差异显著、交通量时空分布不均、混合重载交通严重、安全保障难度大等显著特点，围绕工程建设和运营管理过程中的重大技术需求，通过理念创新、理论研究、室内外实验和工程示范验证等方法，在安全运行速度控制、路面结构设计、质量动态监控、收费数据挖掘、交通安全保障、隧道施工安全和科技创新绩效评价7个技术领域取得了一系列重要的科研成果：获得2项国家发明专利、11项实用新型专利和3项软件著作权，形成了7项山西省省级工法和10项技术指南，出版了2本学术专著，发表了60多篇国内外学术论文，在人才培养方面，共培养博士研究生和硕士研究生12人，50余人的职称得到晋升，研究团队获得了山西省劳动竞赛委员会的集体表彰。

研究创新点

“忻阜高速公路建设与安全运营管理关键技术”项目从技术支撑层面确实解决了忻阜高速公路设计、建设、运营管理中的技术难题，从行业管理层面真正体现了高速公路安全运营管理与服务水平的提升，具有突出的先进性、实用性和指导性。

1. 首次引入流体力学中“场”的理论来分析三维空间中车辆运行速度特征，提出了“安全运行速度场”概念，建立了面向高速公路线性工程的安全运行速度场模型，建立了混合重载交通条件下多维度一体化运行速度控制与评估技术。从速度场安全性最优和全线角度考虑了运行速度、安全性和通行效率的协调性要求，车辆运行速度与线形符合度显著提高，速度差低于10km/h，具有国际领先水平，为指导高速公路线形设计、提升高速公路安全运营水平和服务质量提供技术支撑。

2. 首次将“等寿命设计”理念引入交通行业中，首次提出了基于轴载谱的沥青路面等寿命分幅结构设计技术，提出了重载混合交通条件下的高速公路多参数轴载谱分布模型。解决了重载混合交通下的上下行路面寿命差异性问题，为路面设计提供新思路、新方法，使路面设计达到最佳技术经济效益，在设计理念创新方面具有国际领先水平。

3. 首次提出了大数据体系下的面向交通运行状态监测与服务的高速公路联网收费数据分析平台构建技术；首次提出了基于收费数据轨迹匹配的任意路段交通参数提取和更新方法；首次提出了“行程时间动态信息库”概念，针对收费数据的潜在价值进行系统挖掘和融合分析；首次创建了基于在线监控数据的历史和实时行程时间信息的快速匹配方法，该方法是一种全新的高速公路交通监控方式，为高速公路联网收费数据深度挖掘树立样板，为提升高速公路运行管理水平和信息服务能力提供了新途径，在理念创新性和技术先进性方面具有国际领先水平。

4. 在交通运输领域首次建立了高速公路科技创新成果转化与应用绩效评价指标体系，首次提出了促进交通科技成果推广应用的机制与方法，填补了高速公路科技创新绩效评价技术的空白，具有重要的宏观指导作用，在管理机制创新方面具有国际领先水平。

5. 首次提出了基于路侧安全评价的高速公路安全防控方法体系，提出了主动预防和被动防护相结合的高速公路安全保障提升技术。与国内外研究相比，系统建立了全过程一体化交通安全保障支撑体系，在国内大规模示范应用，示范工程运营两年多以来无一起重特大交通事故发生，保障了全线道路交通安全，在安全评价理论完善、安全保障技术提升方面处于国际先进水平。

6. 首次建立了多参数集成的沥青路面施工离析特征三维快速识别与智能分析评价体系，开发了基于网络化、信息化、全过程的沥青路面施工质量过程控制系统，为沥青路面施工离析特征的快速检测与判定提供了方法和标准，实现了实时、准确、高效的质量安全动态监管与质量风险预警的管理效能，在技术集成创新方面具有国际先进水平。

7. 细化了隧道围岩亚分级指标，提出了复杂地质条件下的隧道超前快速预报技术和高边坡斜交隧道进洞技术，该技术系统解决了隧道建设中的地质预报、围岩判定、偏压进洞和应力解除等长期存在的施工安全技术难题，技术达到国际先进水平，对我国同类隧道建设提供指导和典范。

本项目建立了一套面向高速公路建设与安全运营管理的核心技术体系，在理念与理论、技术与方法、

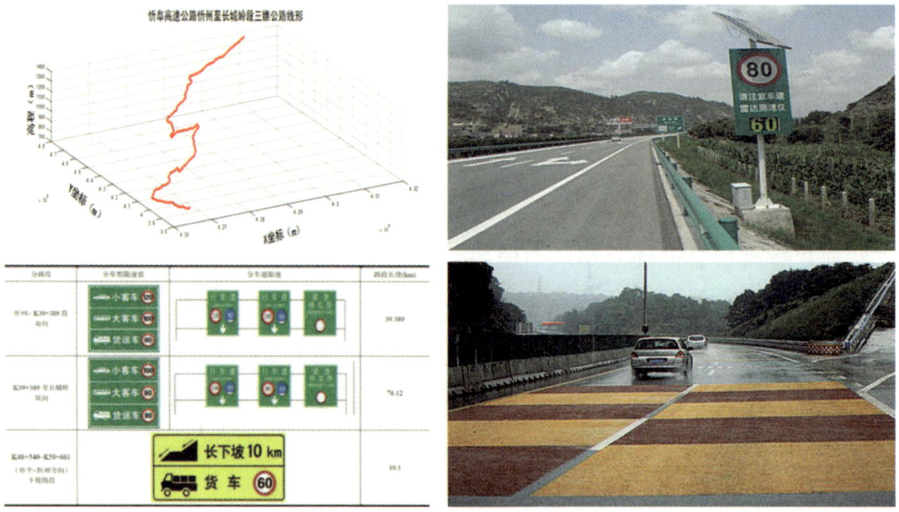

■ 混合重载交通条件下多维度一体化运行速度控制与评估技术

原山西省省长王君视察忻阜高速公路科技示范工程建设

原交通运输部公路局局长李华到忻阜高速考察调研

原交通运输部公路科学研究院院长周伟在忻阜路指导工作

科研人员在现场调研路面质量

工法与指南等方面为我国同类高速公路的建设和运营管理提供技术储备，对探索我国高速公路建设新理念、促进交通行业转型发展和科技水平提升起到了重要推动和引领作用。

成果应用

项目各项技术成果应用效果明显，社会经济效益显著，有力支撑、指导了忻阜高速公路的建设和运营管理，有效提升了高速公路的建设质量和安全水平，通车运营两年多无一起重特大道路交通事故发生，产生的直接经济效益达11134.5万元。

在组织推广方面，2011年8月，交通运输部成功

科技示范工程现场讲解

■ 主动预防和被动防护相结合的高速公路安全保障提升技术

■ 利用 PQI 无损检测设备进行检测

组织召开了忻阜高速公路科技示范工程技术交流会，来自全国31个省（自治区、直辖市）交通运输主管部门、部属单位和相关院校的主要负责人参加了会议。

项目组制作了高质量的技术成果宣传视频和图册等资料，中国交通报、交通运输部西部交通建设科技项目简报也多次对项目技术成果进行了专刊报道；同时，项目对四川雅泸高速公路、山西和榆高速公路的工程建设也起到了重要指导作用。这些工作极大提高了项目技术成果在交通运输领域的认可度和影响力，为扩大技术应用范围奠定了良好基础。

■ 试验路摊铺现场

忻阜高速公路长大坡路段

忻阜高速公路运营期间重载车辆碾压后效果良好

沥青路面碾压施工

竣工后的凤凰岭隧道

完成人简介

张劲泉，交通运输部公路科学研究院院长、研究员，交通青年科技英才，交通运输部专家委员会委员。全国优秀科技工作者，享受政府特殊津贴。主要研究方向为桥梁检测评定与维修加固、桥梁结构监测与安全评估、桥梁耐久性。重要科研成果有：桥梁使用功能评定方法、虎门悬索桥施工监测与控制、大跨悬索桥竣工验收试验方法、桥梁健康监测与安全评价技术、桥梁承载能力检测评定方法、公路桥梁维修加固成套技术、桥梁耐久性关键技术等。主持了国家科技支撑计划“多塔连跨悬索结构及工程示范”、交通运输部重大专项“桥梁耐久性关键技术研究”，以及交通运输部西部交通建设科技项目“公路旧桥检测评定与加固技术研究及推广应用”等10余项重大项目的研究工作，为行业的技术进步做出了突出贡献。研究成果获国家科技进步二等奖2项，省部级科技进步特等奖2项、一等奖8项、二等奖多项。出版学术专著7部，发表学术论文40余篇。

高海龙，工学博士、研究员、硕士生导师，现任北京交通公路勘察设计研究院有限公司副院长。主要研究方向：交通运输规划与管理，交通流特性，交通事故机制与预防。1985年毕业于吉林工业大学汽车运用工程专业，曾在合肥工业大学、东南大学从事教学与研究工作，先后获得工学硕士学位（1990）、博士学位（1999）。2000年到交通运输部公路科学研究院工作，历任工程师、副研究员、研究员、交通工程部副主任、院科技教育处副处长等职，是国家注册安全工程师、注册安全评价师、交通运输部注册交通设施检测工程师。主要从事交通工程中交通流特性，交通安全研究与评价工作。先后获得中国公路学会科学技术奖一等奖3项、二等奖3项、三等奖3项，北京市公路学会科学技术奖一等奖1项，作为技术负责人在开展的“公路安保工程”工作中获国际道路联合会（IRF）2006年度国际道路安全奖二等奖。发表论文近30篇，取得专利1项。

基于全空间 GIS 的互通式立交智能设计理论与技术

中国公路学会科学技术奖　一等奖

研究背景

互通式立交具有空间多层结构形态和立体交通转移的特征，运行方向和运行条件复杂多变，交通组织和运行特征远比道路基本路段复杂，从而导致互通式立交成为高速公路交通事故的多发区和影响通行能力的瓶颈区。

从 1999 年开始，在详细分析国内外互通式立交研究现状及我国公路发展需求的基础上，本项目负责人带领研究团队陆续开展对互通式立交的设置、基本间距、匝道技术指标、变速车道长度、互通式立交的构形、运行速度、出口匝道、通行能力等方向的研究，研究成果已列入《公路工程技术标准》（JTG B01 - 2003）、《公路路线设计规范》（JTG D20—2006）、《新理念・公路设计指南》《公路

天津快速路卫昆互通立交（变形苜蓿叶型）

通行能力手册》等标准体系中。

2008年，原交通部下达了《公路立体交叉设计规范》编制任务以及交通部科技项目“基于节地的公路横断面和互通立交设计指标研究”，为了高质量、高效率地完成规范编制任务和节地项目的研究工作，解决我国互通式立交设计工作中存在的难题，中国公路工程咨询集团有限公司(简称中咨集团)自筹经费，自立科研项目，联合交通运输部公路科学研究院、长安大学、浙江大学等高校科研院所，开展对复杂互通式立交智能设计理论与方法的研究。

通过集成创新，项目以复杂互通式立交设计、智能评价为切入点，基于多参数数据集成与融合、全空间多维环境构建、海量数据管理与知识推理等技术，综合运用仿真模拟、理论分析、系统平台开发等多种手段，运用统计分析、数学建模、灰色关联、运行速度、交通流线理论、交通冲突理论及车辆动力学等相关理论和方法，首次对多参数数据集成与融合、全空间多维环境构建、海量数据管理与知识推理、互通式立交智能评价等技术进行集成应用。

■ 天津快速路卫昆互通立交（变形苜蓿叶型）

■ 天津快速路津塘公路互通立交（完全苜蓿叶型）

研究创新点

通过以上研究，取得的主要创新性成果如下：

1. 创建了基于交通流线的互通式立交多要素构形理论，填补了国内外互通式立交多要素构形原理的空白。以交通流线为构形单元和研究对象，针对互通式立交系统特征，定义了交通流线形式、相互之间及连续端点的组合方式等概念，构建了交通量、运行速度、安全、用地和投资效益等多要素与交通流线形式之间及与交通流线连接方式之间的关系模型，建立了基于交通流线生成与组合法则的互通式立交构形原理，经大量实体工程的验证和应用，形成了互通式立交多要素构形的理论体系。

2. 首次建立了互通式立交匝道自动布线方法，填补了国内外匝道自动布线技术的空白。基于交通流线理论和道路几何设计原理，建立了与转弯交通量、环境、设计速度、现场制约条件及线形约束条件等多要素匹配的各类交通流线曲线元数字化模型及自动布线算法，建立了计算机对特征点主动识别与搜索方法，为多匝道协同优化和互通式立交自动构形提供了技术支撑。

3. 首次提出了基于全空间 GIS 的互通式立交智能设计技术与方法，解决了设计方案智慧生成的国际性难题。通过攻克互通式立交异构数据融合、多要素协同处理和全方位知识挖掘等关键技术瓶颈，构建了互通式立交设计海量知识库，为实现互通式立交从传统平面设计到全空间智慧设计的跨越奠定了基础。

4. 首次建立了互通式立交多要素量化评价体系，填补了国内外多要素量化评价方法的空白。通过集成与融合海量调研工程数据，运用全空间多维环境构建、海量数据管理与知识推理等技术，采用 GIS 与灰色关联分析相结合的方法，建立了互通式立交设计方案多要素量化模型和多要素量化综合评价模型，构建了互通式立交多要素定量化评价体系。

成果应用

项目在统筹考虑驾驶员生理和心理特征、交通运行特征的基础上，结合交通调查数据，开展互通式立交最小间距、复杂互通式立交几何构形、关键技术指标和方案评价等研究，探索多参数数据集成于融合、海量数据管理与知识推理、现代数学方法及职能评价方法在复杂互通式立交设计中的应用。通过该项

序号	项目名称	应用单位
1	宁波绕城高速公路东线	宁波交通发展前期办公室
2	深圳市外环	东莞市新远高速公路发展有限公司
3	郑州北三环	郑州市市政工程建设中心
4	重庆至长沙高速公路酉阳至大涵至潜江段	重庆高速公路集团有限公司东南建设分公司
5	贵州遵义至毕节高速公路项目	贵州高速公路集团有限公司
6	鹤哈高速公路伊春至绥化段	黑龙江省公路勘察设计院
7	滨海新区西外环高速公路项目	天津市市政工程设计研究院
8	海口绕城高速公路项目	中咨华科交通建设技术有限公司
9	宁波绕城高速公路等多条高速公路互通式立交设计项目	北京中咨华路达工程技术有限公司
10	杭浦高速等多条高速公路互通式立交设计项目	浙江省交通规划设计研究院

目的研发成果，对天津、重庆、浙江、海南、广东、河南、贵州、黑龙江等省市多个项目的互通式立交设计工作进行统筹优化，解决了设计过程中诸多影响因素多变、立交构形复杂、最小间距受限、匝道设置复杂等难题，提高了设计质量、缩短了设计周期、提高了工作效率，直接经济效益达 5.3 亿元。

完成人简介

周荣贵，交通运输部公路科学研究院安全中心，研究员。2005 年交通部，交通青年科技英才；2006 年交通部，新世纪十百千人才工程第一层次人选；2006 年国家人事部，新世纪百千万人才工程国家级人选。先后参与了交通部公路工程制修订项目《公路工程技术标准》（JTG B01-2014）、《公路立体交叉设计细则》（JTG/T D21-2014）、《公路项目安全性评价规范》（JTG B05-2015）、《公路路线设计规范》（送审稿）等相关标准规范的制修订，并主持编写了《公路通行能力分析细则》（总校稿）等标准规范。先后主持完成了多项涉及互通立交方面的科研课题。包括西部项目“山区高速公路匝道线型设计技术研究”“西部地区公路运行速度特征与应用模型的研究”“基于节地的公路横断面和互通立交设计指标研究”等。作为本项目的负责人，负责项目总体研究思路、技术方案的制定，负责互通式立交关键技术指标的研究，撰写报告。

曾与2002年，公路通行能力研究的装备与技术，获国家科技进步二等奖 (1)；2005 年，公路工程技术标准，中国公路学会科学技术二等奖 (8)；2009 年，山区双车道公路路线设计参数研究，中国公路学会科学技术一等奖 (5)、沪宁高速公路江苏段扩建工程管理与关键技术研究，中国公路学会科学技术特等奖 (15)、公路路线设计规范，中国公路学会科学技术一等奖 (6)；2010 年，公路运行速度体系、安全性评价与工程应用技术研究，中国公路学会科学技术特等奖 (2)2011 年，特长上下坡路段综合安全措施研究，中国公路学会科学技术三等奖 (2)。

高速公路交通气象服务成套支持技术研究与应用

中国智能交通协会科学技术奖　一等奖

研究背景

不利天气条件会导致高速公路路段出现诸如能见度低、路面积冰（积水、积雪）等恶劣路况，其存在着多种交通事故隐患，甚至可能引发重大交通事故。而高速公路交通对气象条件的高度敏感性决定了现代公路运输体系所追求的“高速、高效、安全、舒适”在很大程度上受其影响和制约。在全球气候变暖导致气象灾害频次增加、强度增强的大背景下，大雾、暴雨、路面结冰等灾害性天气及其次生的泥石流、塌方等地质灾害，已经成为威胁高速公路安全运营的最大非人为因素。可以预见的是，随着高速公路通车里程和机动车保有量的持续增长，以及极端气象事件的增多，不利气象条件对高速公路运行所造成的影响将越发凸显。

在此背景下，本项目自2004年开始，结合科研院所社会公益研究专项、国家科技支撑计划项目、实验室修购项目以及智能交通技术交通行业重点实验室开放基金课题，系统地研究不利气象条件的类型、影响机制、影响程度，搭建大型交通气象环境测试实验环境，研发应用各种气象信息监测、预警预报、处理及精细化发布技术，形成高速公路交通气象服务成套支持技术方案。

研究创新点

1. 本项目攻克雾模拟环境搭建技术，一方面，创新性地构建了国内唯一具有模拟雾、雨、雪等不利气象条件且能进行实车实验的交通气象环境实验室，填补了国内空白，具有国际先进水平；另一方面，创建了我国开展高速公路交通气象科研所需的可持续、可控、可重复的试验验证环境，为道路交通气象信息采集设备及系统提供了测试和检测平台。

2. 突破传统大尺度气象数据处理方法与预报局限，首次提出高速公路交通气象信息精细化预报技术。

3. 基于灾害天气发生频率和影响程度提出了全国各省市高速公路气象灾害影响等级，形成气象监测设备布设方法。

4. 发布了两项交通行业标准，编制高速公路可变信息标志图形显示、气象监测设备布设指南等交通行业标准或草案。

5. 研发了高速公路气象数据综合分析处理及预警软件和气象检测设备布设辅助软件。

成果应用

项目着力推广该成套技术在高速公路交通气象系统建设、管理和服务中的示范应用。

■ 交通气象环境实验室

项目成果先后在京津塘高速公路和连霍高速公路郑洛段进行了成果的示范应用。其中，在京津塘高速公路上集中示范应用了短期/短时大雾、道面温度/道面状况及道面结冰的预警/预报方法，高速公路可变信息标志图形显示，高速公路气象数据综合分析处理及预警软件，以及精细化高速公路交通气象信息服务技术等项目成果。成套技术示范应用后，有效地提升了该路段对于沿线不利气象条件的监测、预警预报、管理、处置及服务的能力和效率，而因雨、雪、雾造成的高速公路封闭次数降低了50%，恶劣气象条件下的交通事故降低了30%。2012年7月21日，京津塘高速公路遭受大暴雨袭击，通过本项目示范应用的监测系统发现路面积水严重，及时采取了有效措施，避免了人员和车辆损失。在连霍高速公路郑洛段重点示范应用高速公路气象监测设备布设方法，为该路段气象监测设备的布设提供了科学有效的指导，取得了良好的示范效果。

公路交通气象环境测试实验室已成为我国研究不利气象条件对高速公路交通运行安全影响的优秀实验平台，建成后已多次为交通行业和气象行业相关单位开展公路交通气象监测设备性能测试以及相关科研工作提供了实验验证与测试环境。例如：2010年4月24—26日，中国气象局气象探测中心地面室组织的全国第二期能见度仪室内实验考核工作在实验室成功举行。此次实验考核主要通过实验室模拟出不同浓度雾，以前向散射式能见度仪、透射式能见度仪以及摄像法能见度仪进行能见度的对比观测，着重检验能见度仪设备的准确性及一致性。共有来自国内5个不同企业的设备参加了本次实验考核。

完成人简介

杨琪，现任交通运输部公路科学研究院交通智能运输系统工程研究中心首席工程师，全国智能运输系统标准化技术委员会秘书长，全国物联网交通领域应用标准工作组副秘书长，中国智能运输系统协会奖励委员会委员。东南大学交通运输规划与管理专业，博士。

主要从事智能运输系统研究、标准化研究、交通规划等领域工作。曾主持完成了国家“863”项目“分布式交通信息互操作技术”、国家科技攻关课题“高等级公路综合管理系统关键技术及示范工程”、国家科技基础性工作专项资金项目“智能交通系统标准及检测技术”、国家“十五”社会公益研究专项“不利气象条件对公路安全影响机理及对策研究”、交通运输部西部科技项目“公路智能交通系统信息标准化研究”等项目。

作为核心人员参加了国家重大科技项目“面向公路智能交通系统的无线物联网总体技术研究”、国家支撑项目“国家高速公路联网不停车收费和服务系统”、国家科技基础性项目“智能交通系统标准体系及关键标准的制定”、国家科技攻关计划课题“智能交通系统发展战略和标准规范研究”、交通运输部西部科技项目“交通运输行业射频识别应用安全测试关键技术及编码体系研究”等。

获发明专利两项，实用新型专利10项。主编及参编了十多项国家及行业标准。受全国智能运输系统标准化技术委员会秘书处委派，多次作为代表团团长参加国际标准化组织ITS技术委员会（ISO/TC204）全体会议和代表团团长会议，是智能运输系统体系框架等标准制定工作组专家。

获公路学会科技进步特等奖、国家科技信息成果二等奖、公路学会科技进步二等奖等奖项。获ITS协会突出贡献专家称号。

为了有效解决交通气象研究过程中支撑条件不足，最基本的实验环境缺乏问题，项目组创新性地构建起了国内唯一的大型交通气象环境实验室，成为国内唯一具有模拟雾、雨、雪等不利气象条件且能进行实车实验的交通气象环境实验室。以下为实验室照片。

春华秋实

交通运输部公路科学研究院“十二五”优秀科技成果

2014年

优秀科技成果

国家高速公路网运行监管与服务关键技术及应用

国家科学技术进步奖　二等奖

研究背景

高速公路网是支撑国民经济发展、服务人民群众出行、保障国防安全的战略基础设施。我国高速公路经过 20 多年的发展迅速成网，在现有路段监控和收费系统基础上，建设覆盖全国路网的运行监管与服务系统，实现国家对大规模高速公路网高效监管和一体化出行服务，是提升交通运输网络整体效能的重要举措，符合《国家中长期科学和技术发展规划纲要（2006—2020 年）》优先主题。

国家高速公路网实行一体化、网络化、智能化监管与服务，对提升高速公路网的整体效益，增强应急安全保障能力和提高公众出行服务水平，支撑国民经济可持续发展具有重要战略意义。为实现国家对高速公路网的有效监管和高效服务，需解决以下 3 个方面的难题：

1. 在路网状态描述和表达方面，随着国家高速公路网的形成，原有以断面和路段为对象的交通状态描述和指标，已不适用于省域和国家级路网的宏观状态描述和分析，亟须理论和方法创新。

2. 在路网监管与服务系统构建方面，我国高速公路管理主体多元化、管理系统各自封闭且结构差异大，在既有的路段监控系统基础上建设国家和省级路网运行监管系统，面临大规模异构系统互联、数据安全可靠交互以及低成本集成等技术难题，亟须关键技术突破。

3. 在路网服务水平提升方面，恶劣气象和收费站拥堵是影响路网整体运行效率和服务水平的两大突出问题，亟须大尺度气象预报预警和不停车收费技术及装备创新。

面向以上难题，本项目总体思路围绕路网交通运行状态监测评估、运行监管与服务系统集成、跨省域大范围出行服务 3 个核心任务，分别从理论方法与关键技术、标准规范、工程应用 3 个层次开展研究工作，突破了交通信息提取计算、分布式交通系统信息互操作和信息安全与可信认证、公路大尺度天气预报预警和跨省市联网不停车收费等关键技术，形成了系列标准与工程规范，建成国家高速公路网运行监管与服务系统，支撑了高速公路由路段管理向大规模路网管理与服务的提升。

主要成果

本项目依托国家科技支撑计划和“863 计划”等国家级重大课题，历经 8 年的科技攻关和工程实践，攻克了路网运行状态评估指标和方法缺乏、各地分期建设的异构系统互联和集成困难、路网大范围服务手段不足等一系列重大技术问题，形成主要创新成果如下：

1. 创新点一：交通信息提取计算和路网状态评估理论与方法。

从路网运行状态特征提取、路网运行状态演化机制、评估指标分析与计算等关键环节入手，提出交通信息提取计算的理论框架，构建了多尺度路网交通状态特征提取技术；形成了路网结构性质分析和评估方法；综合应用以上创新建立了路段、通道至路网三个层级的运行状态评估指标体系和计算模型。主要成果纳入了《公路网运行监测与服务暂行技术要求》行业规范。

2. 创新点二：国家高速公路网运行监管与服务系统集成关键技术。

面对分布式系统的跨地域和跨系统互联、数据交互与安全、异构系统集成等难题，攻克了支持分布异构、局部自治和高性能系统服务的交通系统信息互操作技术及设备，构建了交通信息安全与可信认证技术体系，实现了多层级路网运行监管系统集成模式和方法。成果形成《公路网运行监测与服务暂行技术要求》等 3 项行业规范和《公路网图像信息管理系统平台互联技术规范》等 8 项国家标准，支撑了多层级路网运行监管系统集成。

3. 创新点三：跨省域大范围路网服务关键技术。

针对恶劣气象和收费站拥堵两大影响路网整体运行效率和服务水平的突出问题，构建了公路大尺度天气数值预报和预警方法；突破交通专用短程通信（DSRC）技术并研制核心装备。制定《公路交通气象预报格式》和《电子收费专用短程通信》等 12 项国家标准，以及《公路交通气象观测站网暂行技术要求》和《联网不停车收费技术要求》2 项行业规范。支撑了全国高速公路网气象预报预警业务和跨省市联网不停车收费服务。

成果应用

在项目创新成果支撑下，建成了国家高速公路网运行监管与服务系统，与 30 个省份路网运行监管与服务平台之间实现高效互联和信息共享，形成国家、省（自治区、直辖市）、路段三级路网运行监管与服务体系，覆盖 2000 多个路段、10 万 km 高速公路及 40 万 km 干线公路，可实时调取 30 个省份、1.5 万路高速公路视频监控图像，实现了全国路网状态评估、跨省路网监管和调度、大尺度公路气象预报预警。在26个省份实现不停车收费服务，车道超过5800条，用户超过 600 万，客户服务网点超过 3500 个，京津冀鲁晋区域和长三角区域分别实现了跨省联网运行，支持了全国 30 万辆军车利用不停车收费系统实现电子化运行管理。

本项目形成了 20 项国家标准和 5 项行业工程技术规范，获发明专利 4 项，出版专著 4 部，发表论文 49 篇。主要研究成果获中国公路学会科学技术奖特等奖和一等奖、中国智能交通协会科学技术奖一等奖。总体达到国际先进水平，部分成果达到国际领先水平，全面促进了公路交通行业科技进步。

项目成果全面提升了国家高速公路网整体运行效率、应急处置能力和服务水平，社会效益巨大，间接经济效益显著。2012 年与 2010 年相比路网阻断事件平均持续时间下降 20%，反映路网技术状况和畅通状况的综合运行指数提高 22% 以上；2011 年公路交通气象服务总体效益值约 61 亿元。截至 2013 年，不停车收费服务覆盖全国 26 个省份，用户超过 600 万；节省征地和基础设施建设投资 36 亿元；每年减少约 12 亿次停车，减排二氧化碳 38 万 t 以上；支持 30 万辆军车实现电子化管理；带动了规模超过 35 亿元以上的电子信息相关新产业。

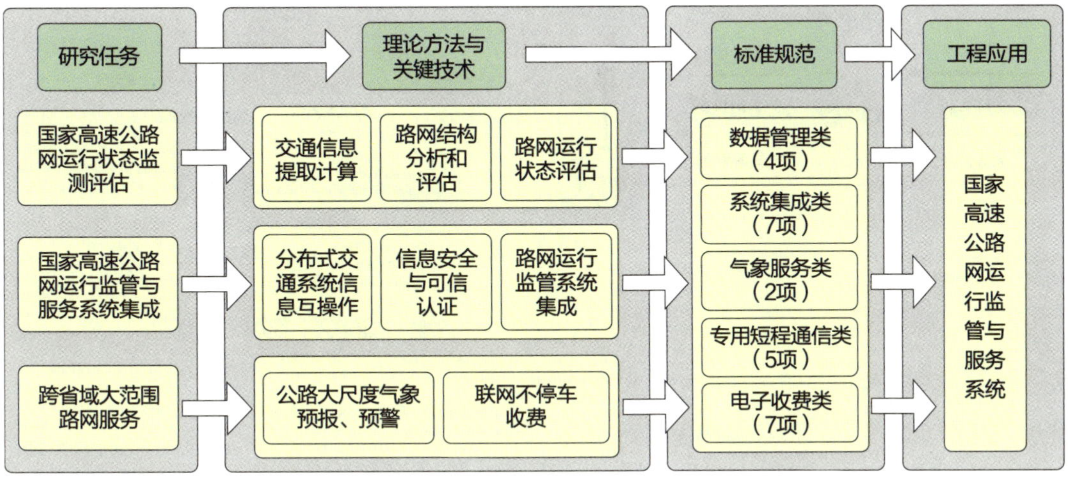

■ 总体架构

本项目总体思路是围绕路网交通运行状态监测评估、运行监管与服务系统集成、跨省域大范围出行服务三个核心任务，分别从理论方法与关键技术、标准规范、工程应用 3 个层次开展研究工作，突破交通信息提取计算、分布式交通系统信息互操作和信息安全与可信认证、公路大尺度天气预报预警和跨省市联网不停车收费等关键技术，形成系列标准与工程规范，建成国家高速公路网运行监管与服务系统，支撑高速公路由路段管理向大规模路网管理与服务的提升。

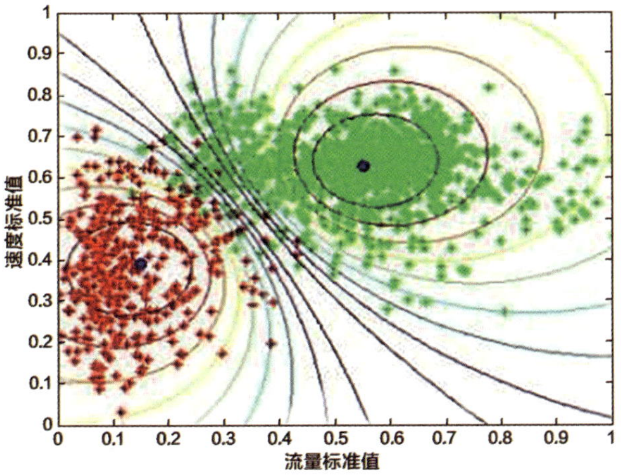

■ 多尺度、多粒度路网运行数据分析技术

项目提出了多尺度、多粒度、多元化的路网运行数据分析处理技术体系与方法。以上创新解决了从路段到小区域、再到省域及全国的路网运行数据分析、处理难题。

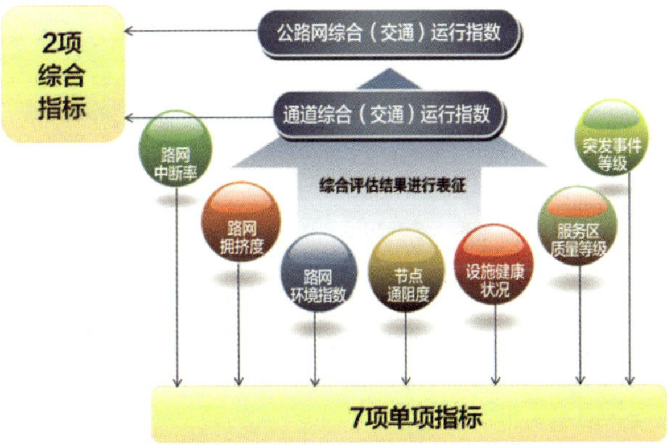

■ 路网运行状态指标体系

基于以上工作，提出了路段、通道至路网三个层次的运行状态指标体系及模型，包括通道和路网 2 项综合运行指标以及路网中断率、拥挤度等 7 项单项指标。

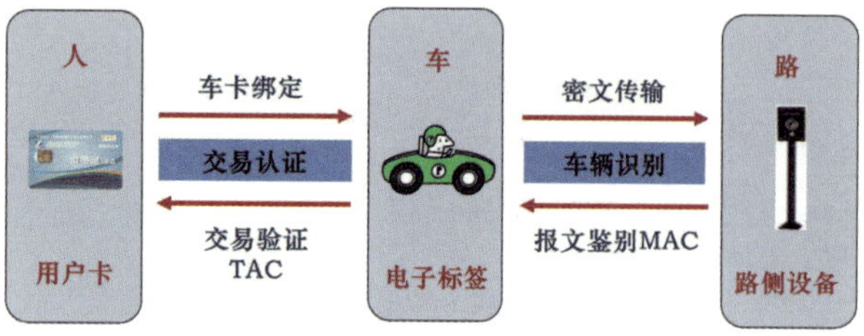

■ 数据安全与交易安全技术

研发了跨省域路网管理与服务数据安全和交易安全技术，交通信息安全与可信认证技术体系和系统，包括相互制约和认证的安全框架，统一的可信支撑体系，以及系统灾难防范与恢复关键技术。保障了人车路之间的交易安全可靠以及系统间的互认和传输安全。

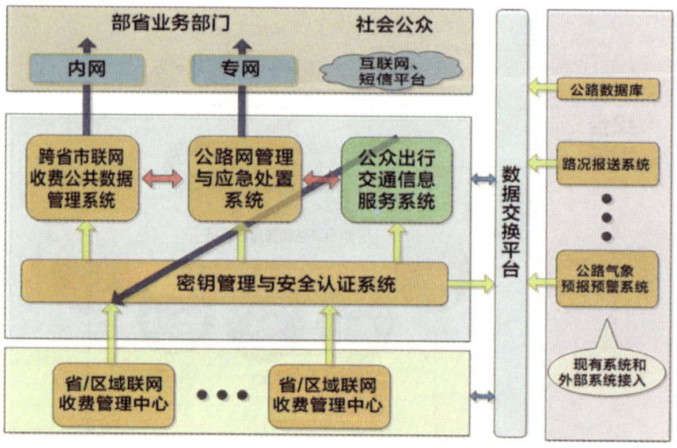

■ 安全认证系统

研发了交通运输行业密钥管理与安全认证系统，并通过国家管理部门审查。

创建了国、省两级路网运行监管与服务系统集成模式和方法，提出既适应我国管理体制、架构完整、又考虑长远的路网运行监管系统集成框架；实现了异构业务系统的集成，创建了全新的跨省域路网管理业

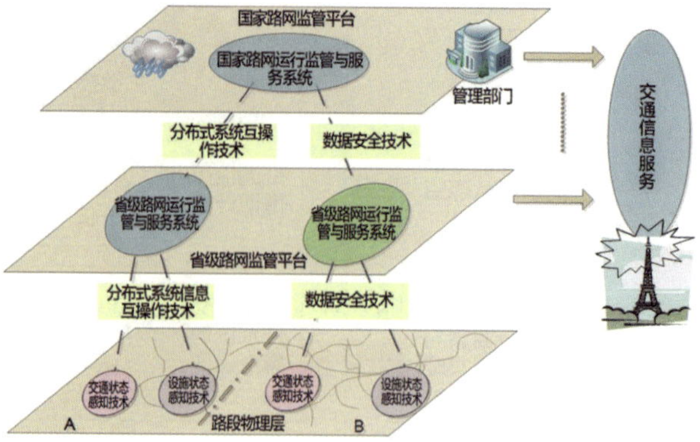

■ 路网运行监管与服务集成体系技术

务流程。

在项目组首创的组合式电子收费技术框架下，攻克了调制方式和深度的选择、唤醒码与前导码的衔接、交易时间限制等等技术难题，研制了半主动式交

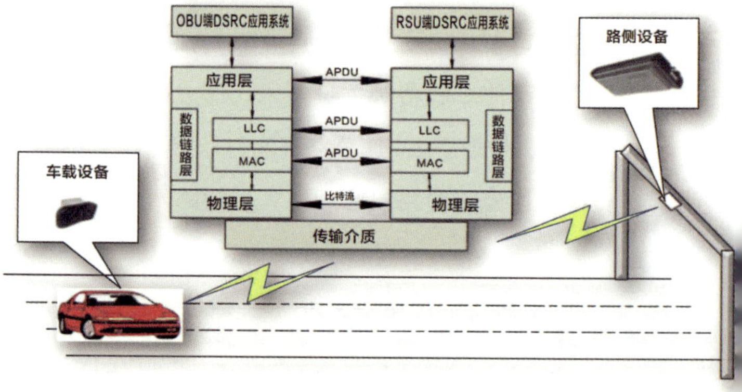

■ 联网不停车收费系统通信架构及设备

通专用短程通信协议和设备，支撑建成我国联网不停车收费服务系统，成为国家高速公路网跨省市出行服务的重要组成部分。

完成人简介

王笑京，现任交通运输部公路科学研究院总工程师，交通运输部专家委员会委员，国家智能交通系统（ITS）工程技术研究中心主任。兼任全国智能交通系统专家咨询委员会主任委员、中国智能交通协会副理事长、中国智能交通产业联盟理事长、中国电动汽车百人会理事会成员。博士生导师，国家有突出贡献的中青年专家，享受政府特殊津贴，国家“百千万人才工程”第一层次人选。有《智能交通系统体系框架原理与应用》等6部专著、译著，发表学术论文50余篇。科研成果分别获国家科技进步二等奖1项，交通部科技进步一等奖2项，中国公路学会科学技术奖特等奖1项、一等奖1项、二等奖4项。

王笑京是中国智能交通领域的著名学者，长期在科技一线工作，为智能交通系统的理论和应用奠定了基础。领导建设了中国第一个国家智能运输系统中心实验室，主持完成“中国智能运输系统体系框架”“中国智能交通系统标准体系”“中国智能交通系统发展战略”等，推动了中国交通控制与管理、电子不停车收费、交通信息服务等方面的技术进步和产业化进程。

除了专注于智能交通科技事业，王笑京对智能交通产业发展也极为关注，2013年9月他推动政府、学术界、产业界成立中国智能交通产业联盟，至今已拥有140余家涉及汽车、通信、信息服务、安全、系统集成及硬件开发等多个技术领域的国内外会员单位。在王笑京的带领下，联盟目前开展了联盟标准制定工作、组建联盟测试试验平台群、组织成员单位申报国家各类重点项目、组织各类中外技术培训及交流活动、联盟知识产权规划等相关工作。

王笑京还为国际和国内ITS交流、研究和应用做出了突出贡献，在国际和国内ITS界享有很高的声誉，是世界智能交通大会理事会理事和亚太ITS协会主席，他还领导我国在国际标准化组织ITS技术委员会（ISO/TC204）中的工作，并多次出席世界银行、亚洲开发银行等国际组织的讲学和培训活动。

2012年10月，因其卓越贡献，王笑京被授予世界智能交通杰出成就奖，并进入智能交通世界大会名人堂，成为发展中国家获此殊荣的第一人。2015年6月，当选科学中国人2014年度人物。

杨琪，研究员、博士。现任交通运输部公路科学研究院交通智能运输系统工程研究中心首席工程师，全国智能运输系统标准化技术委员会委员，全国物联网交通领域应用标准工作组副秘书长，中国智能运输系统协会奖励委员会委员。

主要从事智能运输系统研究、标准化研究、交通规划等领域工作。曾主持完成了国家“863”项目、国家“十五”科技攻关、国家科技基础性工作专项资金项目、国家“十五”社会公益研究专项、交通运输部西部科技项目等。主编及参编了20多项国家及行业标准，获发明专利2项，实用新型专利10项。

曾获国家科技进步二等奖，公路学会科技进步特等奖、二等奖2项，中国智能交通协会科技进步一等奖、国家科技信息成果二等奖、智能运输协会突出贡献专家称号等。

隧道与地下工程重大突涌水灾害治理关键技术及工程应用

国家科学技术进步奖　二等奖

研究背景

进入21世纪，世界隧道及地下工程建设进入空前繁荣期，我国交通、水利水电等一大批国家基础设施工程正在或即将修建在地质条件极端复杂的西部山区和岩溶地区，施工中遭遇的重大突涌水灾害及其治理技术堪称世界级难题。由于突涌水治理方法与注浆封堵机制极其复杂，现有注浆材料、工艺和技术已难以实现重大突涌水灾害的有效治理。

本项目以国家973计划、国家杰出青年科学基金、部委计划以及一批国家重大建设工程项目为支撑，历经近十年科研攻关与工程实践，最终攻克了突涌水治理方法、材料、工艺以及装备等一系列技术难题，形成了隧道及地下工程重大突涌水灾害治理关键技术。

研究创新点

1. 突破了隧道及地下工程重大突涌水灾害治理的基础理论难题。研发了国内外首台大型三维突涌水与注浆模拟试验系统，提出了突涌水过程中流态转变模式与注浆封堵判据，首次系统揭示了突涌水封堵过程中浆液扩散规律和封堵机理，为重大突涌水灾害治理技术奠定了全面的理论基础。

2. 解决了重大突涌水灾害治理的注浆材料、工艺及装备等一系列关键技术难题。研发了高早强型膏状加固堵水材料、强渗透型纳米级硅胶注浆材料与高膨胀型充填堵水材料，提出了突涌水治理的系列化钻探注浆工艺及实用装备系统，为不同类型重大突涌水治理提供了强有力的技术支撑。

3. 攻克了重大突涌水灾害治理设计、注浆施工与围岩安全控制的核心技术难题。首次提出了以注浆关键孔为核心的动态设计方法，建立了富水断层破碎带、节理裂隙、岩溶管道及孔隙微裂隙型突涌水治理的关键技术及治理体系，实现了重大突涌水灾害的有效治理，在交通、水电及矿山等地下工程领域形成4项行业标准。

成果应用

本项目在我国交通、水电以及矿山等领域得到了成功应用，解决了重庆轨道交通一号线、江西吉莲高速以及山东郭屯煤矿等数十个重大工程突涌水灾害的治理难题，产生经济效益数亿元。目前还在湖北鄂西高速公路隧道以及山东能源集团多个权属矿井等工程中推广应用。

本项目获发明专利16项，出版专著1部，论文被SCI、EI收录150余篇，获教育部科技进步一等奖1项，形成行业标准4项。多次在全国召开学术大会和技术培训会，在湖北、江西、山东等地建立了多处工程示范基地，有力促进了行业科技进步，在地下工程水害防治领域起到了重要引领和示范作用。本研究揭示了突涌水发生过程中地下水流态灾变的演化规律，协助第一完成单位建立了重大水害综合治理技术体系。推进了研究成果在湖北保宜高速公路等多个隧道突涌水治理工程中应用与推广。

■ 注浆治理

■ 项目成果支撑了数十个国家重大重点工程的建设

■ 治理前后对比

■ 地下水运移

■ 洞内突涌水

■ 洞外突涌水

完成人简介

路为，高级工程师，任职于北京新桥技术发展有限公司。2003 年 7 月本科毕业于西北工业大学信息与计算科学专业，2006 年 3 月硕士研究生毕业于上海大学流体力学专业，2009 年至今在山东大学攻读在职岩土力学博士学位，2006 年 3 月，进入交通部公路科学研究院北京新桥技术发展有限公司工作，2011 年 8 月，经公路院专业技术职务评审委员会审批获得高级工程师的任职资格。现任交通运输部公路科学研究院北京新桥技术发展有限公司合作交流部部门经理。主要研究方向隧道初期喷射混凝土支护；地下工程及深部岩体的突水突泥灾害的探测、预报及处理；高陡边坡的预报及处治技术等。在杂志和学术会议发表论文 15 篇。曾主持和参加国家、部、省级重点项目 30 余项，获国家科技进步二等奖 1 项，中国公路学会科学技术特等奖 1 项、湖北省人民政府科技进步一等奖 3 项，二等奖 1 项，三等奖 1 项；被聘为 2014 ~ 2017 年第二届公路院青年专家委员会委员，现为中国岩石力学与工程学会地下工程分会理事，荣获公路院第一届青年科技拔尖人才称号，荣获第二届公路院十大杰出青年称号，荣获湖北省人民政府颁发的沪渝高速公路建设先进工作者荣誉称号，连续 4 年被湖北沪蓉西高速公路建设指挥部授予先进工作者荣誉称号。

汶川地震灾后重建公路抗震减灾关键技术研究

中国公路学会科学技术奖 特等奖

研究背景

2008年5月12日14时28分，四川汶川发生里氏8.0级的特大地震。这是我国自1949年以来破坏性最强、波及范围最大的一次地震。

汶川地震震源深度在地表以下大约14公里处，属浅源地震，其释放出来的能量巨大，对公路基础设施造成了极大的破坏，并引发了大量次生地质灾害，导致灾区应急救援非常困难、灾后恢复重建工作十分艰巨。

主要成果

1. 调查了汶川地震灾区路基、桥梁、隧道震害及公路沿线次生地质灾害，建立汶川地震公路震害数据库，揭示了路基、桥梁、隧道的典型震害机理和典型崩塌、滑坡及泥石流灾害机理，提出了公路路基、桥梁、隧道等震害分级标准和基于动力失稳的岩体结构类型划分体系。

2. 建立在轨卫星资源利用数据库，建立了公路灾害遥感判识知识库和基于路网灾情检测信息的公路应急救援最佳路径分析模型；提出了公路灾害遥感快速判识与灾情快速评估技术与方法，研发了具有自主知识产权的公路灾害遥感监测与评估系统。

3. 建立了我国公路桥梁、隧道、路基、边坡及支挡结构震后抢通保通快速检测评估与应急处治的工作体系，提出了公路震后应急响应机制、震后应急三阶段工作划分和震后应急工作流程，以及我国震后公路桥梁、隧道、路基、边坡及支挡结构抢通调查评估和保通检测评估分阶段快速评估技术体系与方法。

4. 应用GIS和遥感技术，结合现场调查资料，研究了次生地质灾害对公路及其基础设施危害的类型、形式和程度，构建适合我国高烈度地震山区公路路域次生灾害诊断评估与监测预警技术体系。

5. 建立了高烈度地震区公路网抗灾能力评价模型，提出了高烈度地震区公路网抗灾能力评价方法和公路网生命线布局方法，研发了适合我国高烈度地震山区公路网与公路基础设施的恢复重建技术。

提出了四项新认识、三项新理念、十三项新技术、八项新产品、三项新平台和六项新指南；获发明专利2项，实用新型专利16项；发表科技论文169篇，其中SCI收录10篇，EI收录44篇；出版专著8本。

成果应用

项目研究成果直接服务于都江堰至映秀高速公路的恢复重建、四川省S303线映秀至卧龙公路恢复重建、映秀至汶川高速公路及武都至罐子沟高速等多条公路的建设，并有力保障了青海玉树、云南彝良和四川庐山等地震的公路应急抢通保通与灾后重建工作，经济社会效益显著，推广应用前景广阔。

1. 项目研究成果直接应用于映秀至汶川高速公路等多个汶川地震灾区公路恢复重建项目。

2. 项目研究成果直接应用于武都至罐子沟高速公路的建设中。

3. 研究成果在芦山地震灾区崩塌灾害应急调查、评估及防治中得到应用。

4. 项目研究成果已应用于四川藏区雅安至康定、汶川至马尔康高速公路建设中。

完成人简介

张劲泉，研究员。1984 年毕业于同济大学桥梁工程专业，历任交通部公路科学研究所桥梁室副主任、道路桥梁部副主任、道路桥梁部主任、公路院副院长。现任交通运输部公路科学研究院院长兼党委副书记。中国公路学会桥梁与结构工程学会副理事长，国际桥梁与结构学会（IADSE）会员，交通青年科技英才，交通运输部专家委员会委员，全国优秀科技工作者，享受政府特殊津贴。主要研究方向：桥梁检测评定与维修加固、桥梁结构监测与安全评估、桥梁耐久性。主要研究方向桥梁检测评定与维修加固、桥梁结构监测与安全评估、桥梁耐久性。曾参与“公路桥梁使用功能评定方法研究”“虎门大桥成套技术研究”“桥梁检测与试验设备”“公路桥梁使用功能评定方法”“虎门悬索桥钢箱梁架设与拼接程序研究”“虎门悬索桥竣工验收试验与评价”等项目。曾主持“虎门悬索桥上部结构施工监控技术研究”“虎门悬索桥钢箱梁架设与拼接程序研究”“虎门悬索桥竣工验收试验与评价”“公路桥梁承载力检测评定规程”“公路旧桥检测评定与加固技术研究及其推广应用”的研究工作。主持公路桥梁质量检测、试验评定与加固维修的技术开发与技术服务工作。完成近百座公路桥梁的质量检测、试验评定与加固维修。参与“虎门大桥工程”系列丛书的编写。重要科研成果有：桥梁使用功能评定方法、虎门悬索桥施工监测与控制、大跨悬索桥竣工验收试验方法、桥梁健康监测与安全评价技术、桥梁承载能力检测评定方法、公路桥梁维修加固成套技术、桥梁耐久性关键技术等。主持了国家科技支撑计划“多塔连跨悬索结构及工程示范”交通部重大专项“桥梁耐久性关键技术研究”以及交通部西部交通建设科技项目“公路旧桥检测评定与加固技术研究及推广应用”等十余项重大项目的研究工作。为行业的技术进步做出了突出贡献。研究成果获国家科技进步二等奖 2 项，省部级科技进步特等奖 1 项、一等奖 2 项、二等奖 1 项。出版学术专著 7 部，发表学术论文 40 余篇。

营运车辆行驶安全监控管理信息集成化技术与应用

国家安监总局安全生产科学技术奖 一等奖

研究背景

营运车辆具有载客量多、吨位大等特点，在全国道路交通事故中营运车辆每年发生交通事故导致的死亡人数接近交通事故死亡总人数的40%。从营运车辆造成的总体交通事故原因分析可以看出，由驾驶人违法违规操作等因素导致的交通事故占比在80%左右；因车辆制动失效、转向失灵、爆胎、安全装置性能不佳等因素导致的交通事故占比在10%左右。归纳起来，造成营运车辆交通事故及重特大交通事故的直接原因是驾驶人员安全意识与操作技能差、营运车辆运行技术状况不良、缺乏有效对营运车辆主动安全进行监控等因素，而导致这些原因存在的症结所在是目前我国道路运输行业营运车辆运营过程中的技术状况保障水平不高、运输过程监控体系与技术不完善、从业人员的准入监管以及培训教育没有针对性与系统性等。

在科技部和交通运输部的组织、推动下，交通运输部公路院联合安徽省运管局、合肥客运公司等多家管、产、学、研单位，根据道路运输行业安全生产管理现状和需求，围绕运输企业安全生产管理过程中存在的如下问题：①缺乏对人车安全生产信息的有效采集、监管和营运准入；②缺乏对运输过程中车辆运行状况的综合监控和驾驶行为监管；③企业安全生产管理和运输过程动态监控系统间相对独立，信息共享性和耦合性差；④缺乏对企业安全生产管理过程中积累的海量数据进行挖掘分析，无法为管理者提供决策依据等。以此开展研究并建立了与运输企业安全生产管理相适宜的运输生产安全信息化监管模型和业务流程规范，开展企业安全生产信息化管理过程中的驾驶人、车辆等生产要素的全周期信息采集与传输、安全生产管理信息集成应用和监管数据挖掘分析等共性、关键技术研究。在此基础上完成核心软硬件产品的研发与集成应用，以最终建立面向运输企业、行业管理部门多层面应用的营运车辆安全监控管理信息平台为研究总目标。

主要成果

本项目研究成果构建了包括车辆安全技术性能监管、驾驶人从业过程监管、车辆运营全过程有效监控，以及安全生产数据挖掘分析应用等完整的营运车辆运行安全保障信息化技术体系，对有效预防和减少营运车辆交通事故发生并降低事故的危害程度具有重大的促进作用。

本项目研制开发了基于CAN总线的营运车辆运行状态监控车载装置；开发道路运输企业机务管理系统、安全管理系统、运务管理系统、智能门检报班系统、安全监控信息综合处理系统、营运车辆安全监控管理数据挖掘分析系统等6套软件系统；制定并发布 1 项交通运输行业标准；授权国家发明专利 1 项；获批软件著作权登记 4 项。成果分别荣获中国公路学会科学技术奖一等奖和国家安全监管总局第六届安全生产科技成果奖一等奖。

■ 授予的发明专利和软件著作权

研究创新点

1. 在运输企业动态监控数据挖掘应用技术方面，对于疲劳驾驶行为提出了一种新的基于行业规定时间的识别算法，对于急加速急减速行为分别提出了一种新的识别算法，对于超速行为和不按规定路线行驶行为分别基于现有的识别算法提出了一种改进型识别算法，增强了原算法对于卫星定位数据噪声点的抗干扰能力。

2. 所设计开发的车辆 CAN 总线信息采集传输终端，具备金龙“G-BOS”和宇通“安节通”等国内外同类产品的数据采集传输功能，在同类产品基础上创新研究提出车辆 CAN 总线数据压缩传输方法，有效降低数据传输成本。

3. 为提高营运客车发动机故障诊断的精确度和准确性，提出一种基于 D-S 证据理论的改进信息融合方法，可提高非电控单元故障诊断的准确率和确定度。

4. 提出并设计运输企业安全生产和动态监控综合管理模型，目的是实现预防式的管理机制。模型实现对运输企业内的车辆、驾驶员等生产要素，营运之前进行严格的安全审核、检测、培训教育、考评、分析，保证车辆的良好车况和驾驶员的良好状态；营运过程中进行集成 GPS/CAN 总线数据 / 实时视频 / 行驶危险状态的实时综合监控、安全智能预防、指挥调度，保证车辆及驾驶员在运行过程中的安全性、可控性；营运之后对安全生产相关的因素和运行数据进行汇总入库，以便于比较分析，为企业管理层决策提供支持。模型及系统应用后，企业各项主要安全经营指标均同比连续显著降低。

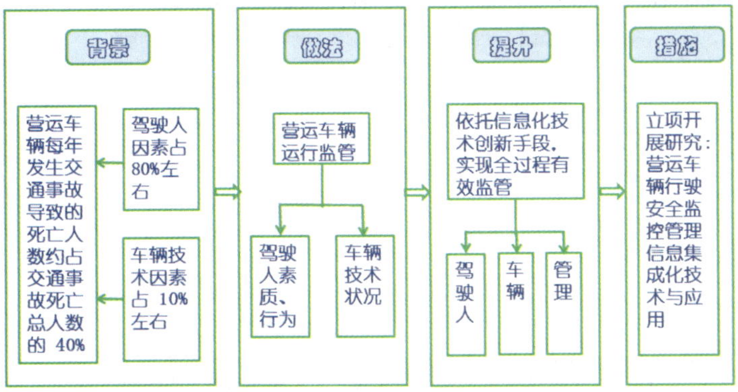

■ 营运车辆安全监控管理信息集成化技术系统

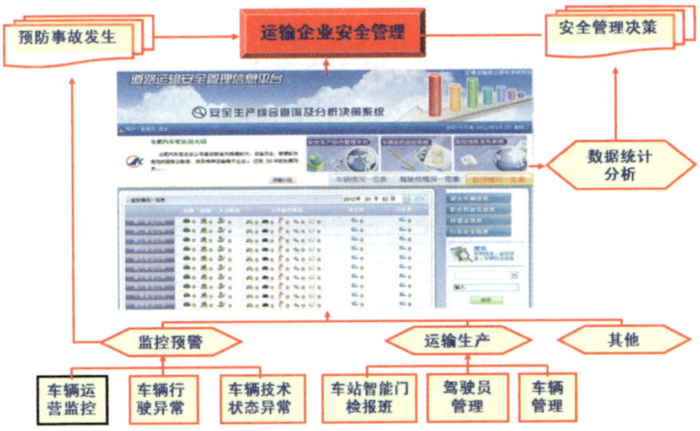

■ 道路运输安全管理信息平台

5. 制定发布《营运车辆行驶危险预警系统技术要求和试验方法》交通行业标准。本标准在国内首次总体规定了营运车辆危险状态预警系统应具有的一般要求、功能要求、性能要求、安装与使用要求等，并对相应危险状态的预警试验方法做出了具体说明。将积极引导交通行业车辆行驶危险预警系统产品和技术的发展与广泛应用。

■ 安全生产综合管理系统

■ 客运车辆 CAN 信息采集与故障诊断

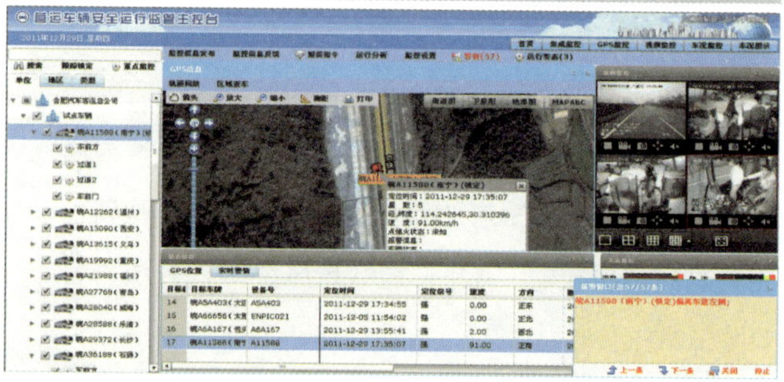

■ 车辆运行过程综合监控

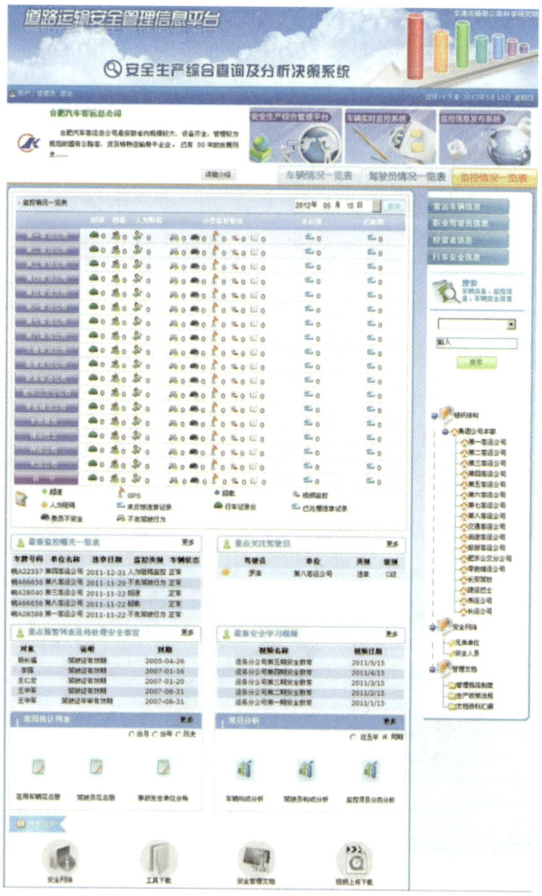

■ 统计分析决策系统

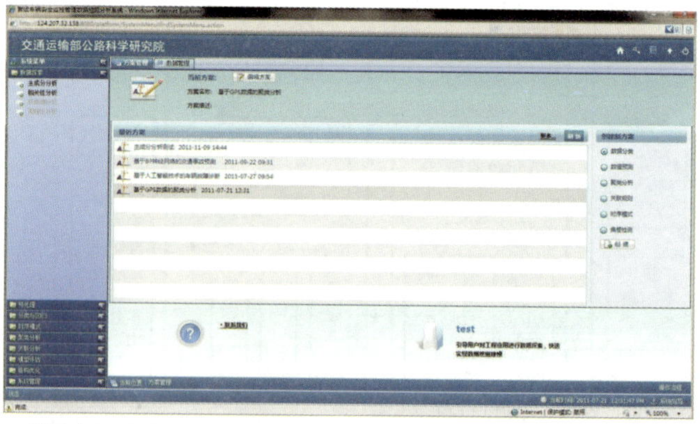

■ 营运车辆安全监控管理数据挖掘分析系统

成果应用

本项目成果成熟、可靠，适用性较强，目前已在安徽、重庆等省市道路运输企业进行大范围示范应用，可应用于道路运输行业内具有各等级经营资质的道路运输企业。

1. 提升道路运输企业安全水平，减少道路运输企业的财产损失。成果集中示范单位安徽省合肥客运公司和推广应用单位重庆江津运输公司在应用本项目成果之后的行车安全责任事故、直接经济损失年平均值比应用前3年均值分别下降了80%和85%，经济效益明显。

2. 成果实施后有效引导运输企业的安全管理从经验管理到科学管理、定性管理到定量管理、结果管理到过程管理的转变，从而提高行业的安全管理整体水平。

完成人简介

蔡凤田，国家能源专家咨询委员会专家，国家质检总局缺陷产品管理中心汽车缺陷调查与鉴定专家，交通运输行业优秀科技人员。现任交通运输部公路科学研究院汽车运输技术研究中心主任，兼任全国道路运输标准化技术委员会委员兼秘书长、全国汽车维修标准化技术委员会委员兼秘书长、中国交通企业管理协会交通能源管理委员会副理事长兼秘书长、中国节能协会交通运输节能专业委员会副主任理事等。

长期从事汽车节能及排放控制、运行安全等汽车运用工程研究，主持了国家道路交通安全科技行动计划暨科技支撑计划项目“营运车辆安全保障技术开发及大范围集成应用”、交通运输部“在用汽车维修检测诊断系列标准研究”“营业性车辆燃料消耗准入与退出专项行动计划”等50余项科研项目及标准的研究，获得中国公路学会科学技术一等奖、二等奖、三等奖，交通部科技进步三等奖，中国标准创新贡献二等和三等奖、第六届安全生产科技成果一等奖、中国节能协会科技进步二等奖等；出版《汽车节能与环保实用技术》《汽车排放污染物控制实用技术》《交通运输行业标准JT/T807—2011〈汽车驾驶节能操作规范〉释义》等专著。

在本项目中负责搭建大课题总体框架，协调和分割专题主要研究单位的任务。在大课题申报、实施、验收、鉴定全过程中，负责研究进度和质量、经费执行的总体把关，组织编写可研报告、申报书、实施方案、任务书、验收报告等一系列技术文件，并负责初审，课题重要活动的策划、组织和协调。深入参与专题研究工作。发表论文3篇，获得1项国家发明专利，6项实用新型专利，4项软件著作权，参与编写4部论著。

山区不对称连续刚构设计关键技术及示范应用研究

中国公路学会科学技术奖　一等奖

研究背景

山区修建桥梁，特别是高等级公路上的连续刚构桥，显著特点为高墩、弯桥且不对称。不对称连续刚构桥和高墩大跨径弯桥将使连续刚构桥在山区应用的范围扩大，桥型顺应地形、地貌和地质条件，最大限度地保护桥位处的原生环境，对建设绿色生态道路意义十分重大；但存在的主要技术瓶颈是“不对称效应”“弯桥效应”。与常规连续刚构桥相比，在结构体系、结构受力、高低墩、预应力配束、构造形式和设计施工上有较大差别。如何结合实际情况，即使桥梁满足使用功能、方便施工，又具有良好的技术经济性，是需要深入研究的课题。

主要成果

1. 不对称连续刚构桥和高墩大跨径弯桥梁高设计

(1) 不对称连续刚构桥支点梁高与悬臂比值关系

针对各种工况，研究自重、活载和组合荷载作用下关键截面应力、挠度等的变化趋势。不对称连续刚构与对称连续刚构在支点梁高与悬臂比值的影响下，受力变化趋势大致相同，综合考虑结构受力和经济因素，支点梁高与悬臂比值取值在 1/12 ~ 1/8 较为合适，跨度较大时，取 1/12.5 ~ 1/10；跨度较小时取 1/10 ~ 1/8。

(2) 不对称连续刚构桥跨中梁高与悬臂比值关系

设计 6 种跨中梁高与悬臂比值结构形式，研究自重、活载和组合荷载作用下关键截面应力与挠度的变化趋势。不对称连续刚构与对称连续刚构在跨中梁高与悬臂比值的影响下，受力变化趋势大致相同，综合考虑结构受力和经济的因素，跨中梁高与悬臂比值取值在 1/35 ~ 1/15 较为合适。

(3) 高墩大跨径弯桥 0 号块设置

① 0 号块受力较其他位置要复杂，因为 0 号块是双薄壁墩、上部边中跨三者交接部位，又有横隔板作用，致使这里受弯、受扭和受剪都是全桥最大的之处。设计时应给予充分重视。

②恒载、温度和活载相比，恒载产生效应最大，温度次之，活载最小。在恒载作用下，顶板纵、横向应设置预应力，横隔板应设置横向预应力，尤其中跨侧横隔板人洞周边拉应力大，应控制横向预应力设计；温度作用主要是温差作用大，无论升降温顶板均受力较大，尤其降温顶板上缘受拉应力大；活载作用比重较小。

③三个正应力相比，σ_x 是主要应力，σ_y 和 σ_z 是次要应力，但应重视 σ_y 的大小，它在恒载、温度作用下数值也较大。

④尽管有平面弯曲效应，但 0 号块环向内外侧受力分布仍大致对称，数值稍有不同，至于内外侧谁大谁小与截面部位和荷载类型有关。

(4) 高墩大跨径弯桥超高方式

综合恒活载分析结果，对于弯桥箱梁顶底板不平行截面形式受力优于平行截面形式。

2. 不对称连续刚构桥和高墩大跨径弯桥梁底曲线设计

(1) 不对称连续刚构桥梁底曲线设计

设计 6 种梁底曲线形式，研究自重、活载和组合荷载作用下关键截面应力与挠度的变化趋势。经过研究分析，认为梁底曲线指数在 1.5 ~ 1.8 是安全、合理的取值范围。

(2) 高墩大跨径弯桥梁底曲线设计

①梁底曲线次数对连续刚构恒载内力有较大的影响。次数越低越接近直线过渡，从而引起的内力数值越大。因为自重越大，累计计算最大悬臂状态和成桥状态均是如此。

②实际应用中，最初梁底曲线按 2 次抛物线，后趋向采用 1.5 次，主要理由是增加 1/4 处左右的梁高以增强抗主拉应力的能力。虽然梁增高刚度增大，但自重也大，因此究竟采用何种曲线次数应综合应力情况而定。

③随着梁底曲线次数的增大，1/4 截面主应力 σ_1 绝对值都在增大；1/4 截面主应力 σ_2 正极大值都在减小，顶板翼缘处均增大，即主应力 σ_2 正值趋于均匀；在底板部分 σ_2 负极大值变大，且在 1.5 次时底板左右两端负主压应力最接近。1/4 截面主应力 σ_3 绝对值呈增大趋势。由上分析得到，增加梁底曲线次数主应力 σ_1、σ_3 都在增大。在实际应用中，若主应力超标，降低梁底曲线次数是措施之一。

3. 不对称连续刚构桥和高墩大跨径弯桥预应力布束设计

(1) 不对称连续刚构桥预应力布束设计

由于不对称连续刚构与对称连续刚构同样采用悬臂施工的方法施工，其施工方法未改变，其受力模式以及体系转换的过程也就未改变，因此两者在纵向预应力钢筋配置方面的模式基本一致，不对称连续刚构完全可以参照对称连续刚构的预应力筋形式来配。

示范工程岩头河大桥和沙银沟大桥

在桥梁结构中，混凝土是处于多轴应力状态，而混凝土在多轴应力的状态下，其强度也是有变化的，这种强度变化将影响混凝土构件截面的抗拉、抗弯和抗剪强度，对混凝土构件的预应力设计产生影响。因此在预应力混凝土连续刚构桥竖向预应力设计中，忽视混凝土强度变化是不合理的，而应充分考虑到混凝土结构在多轴应力状态下强度提高问题，提出竖向预应力设计的新方法。

(2) 高墩大跨径弯桥预应力布束设计

①施加预应力会改变箱梁应力状况，如施加预应力后结构剪力滞现象会加剧。弯桥预应力的施加对箱梁外侧的影响略大于内侧。由于预应力作用，使得结构全截面处于受压状态，压力储备比较大。预应力对结构受力情况的改善比较明显。

②曲线内侧纵向钢束对上部结构产生向内侧的位移，外侧钢束产生向外侧的位移。在内外侧钢束的共同作用下对结构将产生反向位移，可以起到削减自重影响的作用。弯桥在最大悬臂状态下，施加纵向预应力对桥墩不产生横向位移。

③分阶段施工中，最大悬臂阶段在恒载作用下结构整体向内侧扭转。成桥后边跨将产生正负扭矩交替现象，但数值很小，在中跨产生负扭矩，结构扭转情况较最大悬臂略有不同。最大悬臂阶段内外侧预应力均对结构恒载产生的扭矩产生削减作用。在跨中部位由于张拉底板钢束将产生与恒载反向的扭矩，而在张拉边跨预应力时，由于顶、底板钢束的张拉和边支座的影响，导致结构在边跨一定范围内扭矩较恒载工况有所加剧。

④纵向预应力内外束布置分析了 3 种情况。3 种布置情况下扭矩几乎没有变化，布置情况 1（外侧 16 股，内侧 14 股）下结构的变形均较另外 2 种布置情况小，说明纵向布束时，适当加大外侧束对结构有利。对于合龙二期束，中跨跨中底板处可以采用外大内小钢束。总之，无论悬臂状态还是成桥状态，外侧束大于内侧束较有利。

升级后的 BridgeKF 软件

⑤设置纵向下弯束和竖向预应力钢筋是弯刚构中抵抗箱梁主拉应力的主要手段。两者相比，纵向下弯束作用更明显。纵向下弯束和竖向预应力钢筋在施工时都会造成较大的预应力损失，因此设计时应考虑足够的损失量；施工时确保施工质量，尽可能减小损失。如此两方面控制才能保证结构不出现主拉应力裂缝。

⑥对于设置竖向预应力，沙银沟大桥计算结果表明，30 ~ 50cm 的间距比较合适。这一范围内的间距使竖向预应力对腹板的压应力保持在一个平均的水平上，压应力的扩散也比较平稳。若间距再大，竖向预应力对腹板的压力扩散就会不均匀，以致腹板主拉应力变化较为剧烈。对于桥墩至四分跨和边支点附近竖向预应力应该加密布置。

⑦设置横向预应力主要抵抗结构恒载、活载和温度作用，其中作用最大的是温度荷载。横向预应力布置在支点、跨中附近应该加密。除此以外，结构中的构造钢筋在顶板处应加强。

4. 不对称的连续刚构桥和高墩大跨径弯桥合理跨径布置

(1) 不对称的连续刚构桥分跨比

由于连续刚构桥总是存在边跨现浇段及合龙段的长度，如果仅用边主跨比来表示两个 T 构的不对称程度，并不太直接。定义两 T 构的悬臂长度（包括墩顶梁段）之比为分跨比例 η，即：

$$\eta = \frac{\text{小 T 构悬臂长度}}{\text{大 T 构悬臂长度}} = \frac{a_L}{b_L}$$

式中，a_L 与 b_L 分别为小 T 构与大 T 构的悬臂长度（包括墩顶梁段长度）。

设计 20 种分跨比结构。通过不同分跨比的 3 跨不对称连续刚构桥的支点反力、应力、挠度等方面的分析，得到如下结论：对于 3 跨不对称连续刚构，分跨比例 η>0.50 为较为适宜的跨径比例，也即小 T 构的悬臂施工长度为大 T 构悬臂施工长度的 1/2。随着不对称程度的增加，大小“T”结构变化不一致趋势愈发显著，需要在设计上采取一定的措施，且将分跨比例 η 的极限取为 0.30，低于此比例极限，则不建议使用，或者需要采取更多措施后选用。

① η = 1.0，即对称模型，是连续刚构桥最常采用的布置形式。在设计与施工上均有相当成熟的经验。

② 0.5 ≤ η < 1，为轻度不对称结构。结构上的特点有：两 T 构悬臂长度相差不大，因此根部梁高相差不大，墩身高度也基本相同。施工中，划分的梁段基本相同，施工工序较为简单，合龙时两侧梁段混凝土龄期相差很小。通过配束，可以比较容易达到均匀的应力水平。由于墩身抗推刚度相近，选取适当的顶推力，可以使得两墩在成桥徐变完成后达到基本竖直的要求。

③ 0.3 < η < 0.5，为中度不对称结构。此时，结构由于大、小 T 构差别很大，需要更合理的预应力配置，且短跨需适当的增加配重；悬臂划分节段相差很多，施工过程中要考虑如何使得合龙时两侧混凝土的材龄相差最小。

④ η ≤ 0.3，为严重不对称结构。在此分跨比例范围内，短跨一侧易出现负反力，拉、压应力易超限；且从美观性、空间线形协调性、施工便利性和成桥后大体积混凝土容易出现的各种病害等方面来考虑，均不建议采用。

因此，采用 0.30 为 3 跨不对称连续刚构桥分跨比例 η 的比例极限，低于此比例极限，则不建议使用，

■ 专著《弯桥与高墩》

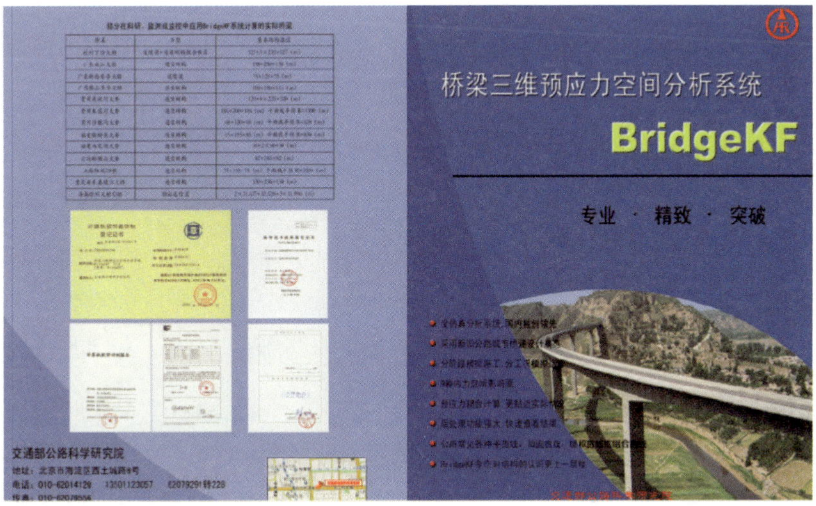

■ 推广培训资料

或者需要采取其他措施后选用。

（2）高墩大跨径弯桥合理跨径布置

①半径确定时，边中跨比的变化（0.5 ~ 0.6，下同）对纵向弯矩 M_y 的影响约 20%；对纵向剪力影响约 10% 左右；对扭矩 M_x 的影响差异较大，当半径小于 600m 时影响较大，超过 30%，大于 600m 时影响相对小，在 10% 左右。

②半径变化对纵向弯矩 M_y、纵向剪力 F_z 影响不大，主要原因是扭矩 M_x/ 纵向弯矩 M_y 在半径最小时也只有 1/10 左右，超过 600m 时，比值更小，因此虽然有耦合作用，但量值不大。这也是为什么弯连续刚构边中跨比与直桥差异不大的主要原因。

③选择边中跨比 γ 的一般原则，当半径小于 600m 时，如条件许可尽量选择 γ 大一些，则可减小扭矩，但现浇段增长；当半径超过 600m 时，选择 γ 与直桥相同。

④除内力因素外，选择边中跨比最重要的一个因素是现浇段长度。在桥梁全长不变的条件下，边中跨比越小，现浇段越小，反之越大。选择现浇段一般与边墩高有关系，边墩越高，现浇段应选择适当短一些，以减轻现浇重量，缓解支架负担。

⑤半径 600m 是一个界限，超过 600m，内外弧长差、内弦弧差和外弦弧差变化不大；小于 600m，则急剧增大。

⑥边中跨比在 0.54 ~ 0.57，现浇段长度适中，是可选范围。

5. 不对称的连续刚构桥和高墩大跨径弯桥结构性能影响研究

(1) 分跨对称、墩高不对称的不对称的连续刚构桥结构性能。

(2) 分跨不对称、墩高也不对称的不对称的连续刚构桥结构性能。

(3) 高墩大跨径弯桥空间效应研究。

6. 不对称连续刚构控制截面位置移动

不对称连续刚构桥小 T 悬臂与大 T 悬臂比值的变化会影响主梁控制截面的位置。通过 5 个小 T 悬臂与大 T 悬臂比值逐渐增大的不对称刚构桥模型，按照相同的配筋方式布置预应力筋，通过建立模型，计算分析 5 个模型所得到的下缘应力控制截面到合龙段距离与理论跨中到合龙段距离的比值的变化趋势（表 1）。

表 1　控制截面位置变化

跨径（m）	*A*	*B*	*A*/*B*
82.5+73+82+91	4.5	1.7	0.38
71.9+63.4+82+91	9.3	3.1	0.33
58.1+52.6+82+91	14.7	4.5	0.31
45.7+41.2+82+91	20.4	5.9	0.29
32.1+28.6+82+91	26.7	5.9	0.22

注：*A* 代表下缘应力控制截面到合龙段距离；*B* 代表理论跨中到合龙段距离。

从所得到的分析结果，可以很明显地看出下缘应力控制截面到合龙段距离与理论跨中到合龙段距离的比值随着小 T 悬臂与大 T 悬臂比值逐渐减小而减小，说明在不对称连续刚构桥中，小 T 悬臂与大 T 悬臂比值越小，下缘应力控制截面越靠近合龙段距离，在配筋过程中，要尤其注意到靠近合龙段处截面的预应力筋的配置方式。

7. 不对称连续刚构桥动力特性

研究了分跨不对称和墩高不对称对不对称连续刚构桥的动力特性的影响，给出了提高不对称连续刚构桥抗震性能的措施。

8. 高墩大跨径弯桥墩梁刚度比

(1) 在分析内力时，墩刚度对施工至成桥阶段恒载内力影响不大，即半径与墩高效应不耦合，引进墩梁刚度比意义不大；在分析变形时则不同，半径、墩高效应耦合在一起，应用墩梁刚度比比较好，如墩梁抗扭刚度比越小，横向变形越大，反之亦然。

(2) 箱梁抗扭线刚度越小，F_z、M_y、M_x 越小，反之亦然；箱梁抗扭线刚度越小，横向变形 v、竖向变形 w 越大，反之亦然。另外，单就内力、变形而言，平曲线半径 R=600m，大致是一个界限，小于 600m，内力、变形都急剧增加。建议实际设计中，尽量避开小于 600m 的情况。

(3) 单双肢相比，内力差异不大，变形 v 比 w 差异大。应用单肢最大好处是横向刚度大，产生的横向变形 v 明显比双肢小。半径越小，这种效应越明显。建议平曲线半径小于 800m，墩高超过 100m 时，可采用单肢设计。

9. 连续刚构桥三维预应力计算

(1) 在空间实体单元实现与预应力耦合计算。

(2) 三维预应力空间分析。

(3) 三维温度、收缩徐变空间分析。

(4) 空间实体单元影响面。

(5) 空间实体单元分阶段模拟施工状态。

10. 不对称连续刚构桥、高墩大跨径弯桥施工和监控

通过对不对称连续刚构桥墩身与箱梁悬臂浇筑法的施工工艺进行了论述，给出了适合山区特点的施工方法和施工关键技术，对类似桥梁的施工有着参考与指导作用。

成果应用

项目研究针对“高墩”“大跨径”“不对称”这一西部区域性桥梁结构特点，并结合高墩、大跨径不对称连续刚构桥实际发生的问题提出来的，其目的就是为西部山区建桥提供有效的新技术和新工艺，研究成果对山岭重丘区因地形、地质或其他制约因素下的高低墩、结构不对称布置，直、弯连续刚构桥的设计与施工提供了技术支撑，降低了建设成本，保护了原生态环境，具有重大的社会、经济效益，且直接支撑了示范工程施工建设，推动了连续刚构桥技术进步，为国内山区、“V”形山谷桥梁建设提供了一种新桥型。

完成人简介

杨昀，研究员，中国交通建设协会专家委员会专家，中国土木工程协会预应力混凝土分会理事，国家科学技术奖评审专家，交通运输部公路科学研究院桥梁技术研究中心副主任，主管科研、外事和教育。负责国家级科研项目 1 项、参与 2 项；负责省部级科研项目 3 项，参与 5 项。获得中国公路学会特等奖 1 项、一等奖 3 项、二等奖 2 项、三等奖 1 项；贵州省政府科技进步奖三等奖 1 项，重庆市政府科技进步奖三等奖 1 项，贵州省公路学会特等奖 1 项。发表论文 20 篇以上，出版专著 2 部。负责开发大型有限元软件 BridgeKF，获软件著作权 2 项。目前为港珠澳大桥运营期科研项目规划负责人，桥梁中心发展战略之一 BIM 系统的负责人。

极端气候对沥青路面的影响及应对关键技术

中国公路学会科学技术奖 一等奖

研究背景

气候变化是国际社会公认的最主要的全球性环境问题之一。21 世纪后极端气候变化直接或间接影响道路工程的使用性能和服务性能的相关报道越来越多，目前世界上对极端气候研究一直较为重视，在极端气候方面开展了大量研究，因此，面对这些极端气候事件我国也应该尽早开展相关研究，并采取积极的应对策略。极端气候通常是指极端高温、极端低温、极端降水、极端风暴等小概率、非常态、小区域的气候现象，通常是指 50 年、100 年、甚至打破历史纪录的极端气候现象。随着全球气候变暖，极端气候事件正在演变为多发、常态、大区域事件。极端气候的另一个明显表现是在全球暖化的背景下总体的气候平衡与局部的气候异常现象，如局部地区温度特别高，另一些地区出现相反的情况，即温度非常低，甚至出现雨雪、冰冻等极端天气事件。

随着我国公路里程不断增加，路网系统日益庞大，多发的极端气候对沥青路面的损坏日益严重，甚至导致沥青路面使用性能快速衰减，缩短道路使用寿命，增大维修养护工作量，由此带来的经济损失也将难以估计。应对极端气候条件对沥青路面技术挑战的任务不但非常迫切，预计其研究规模也将是史无前例的。同时，极端气候对沥青路面的影响和对策研究也是公路技术领域的一个全新课题，应尽早纳入道路工程技术政策和技术领域的研究范围。

主要成果

经过 6 家单位 50 多科研人员 8 年多技术攻关，在 4 个方面取得了 24 余项成果：

1. 极端气候调研与影响评估（5 项成果）；

2. 新建沥青路面应对极端气候的关键技术（7 项成果）；

3. 极端气候下沥青路面应急性措施和快速修复技术（8 项成果）；

4. 规范、标准修订建议（4 项成果）。

通过研究创新，形成以极端气候对沥青路面的影响分析为基础，在新建沥青路面应对极端气候的材料、结构设计技术、极端高温地区高模量沥青混合料应用技术、湿热地区新型沥青路面结构设计技术、冻雨地区缓裂沥青混合料应用技术、冰雪地区沥青路面预埋式长效融雪剂自动融释技术、强降雨地区沥青混合料离析控制技术、排水性沥青路面技术、极端气候条件下沥青路面应急性措施和快速修复技术等关键技术上有重大突破和创新，系统建立了一套沥青路面应对极端气候的核心技术体系，为我国沥青路面应对极端气候提供了技术储备。

成果总体达到国际先进水平，在极端气候影响沥青路面性能的变化规律及应对关键技术措施研究等方面达到国际领先水平；在极端气候的影响与未来趋势、路面结构的性能变化规律、新型路面结构、应急和快速修复技术 4 个方面取得了创新性成果；在新建沥青路面修筑技术、规范标准的调整建议等多个方面有重大突破；获得一种改性沥青及其制备方法、一种沥青路面结构等 5 项国家发明专利、1 项实用新型专利；出版专著 3 部，发表论文 50 余篇。

成果应用

1. 福建龙长、浦南高速公路采用《极端气候对沥青路面的影响及应对关键技术》课题研究成果，在结构设计、混合料设计、施工、质量控制各方面积极采用课题成果，全线采用了新型沥青路面结构及其成套技术。通车运行 5 年来，路用性能良好，无路面损坏现象。该路面结构改善了路面使用质量，提高了结构耐久性，延长沥青路面使用寿命，可实现 30 年无结构性大修，节约大量养护费用；减少由养护和维修对交通的干扰和废料造成的环境污染和资源浪费，取得了巨大经济、社会和环境效益。

2. 缓裂沥青混合料（CAM）在 2009 年宜春市 320 国道应用 30km，使用 5 年，没有出现路面裂缝病害。相比其他道路的养护费用大大减少。

3. 冰雪地区沥青路面预埋式长效融雪剂自动融释技术在大广高速公路大庆段 C3 合同段推广应用，根据冰雪季节的观测，应用工程路段表面的积雪、积冰明显少于其他路段，在抑制路面冰雪性能方面优势明显，大大提高了冰雪季节路面的服务水平，改善了道路安全状况，有效提高了道路通行能力和运输效

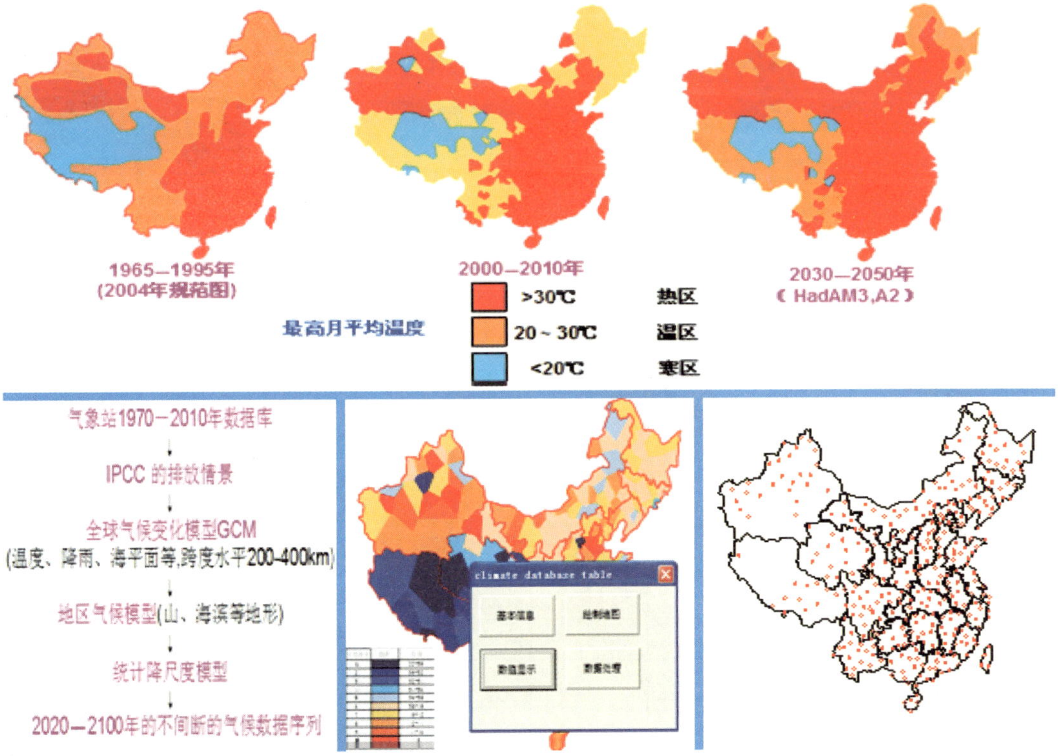

■ 极端气候变化规律

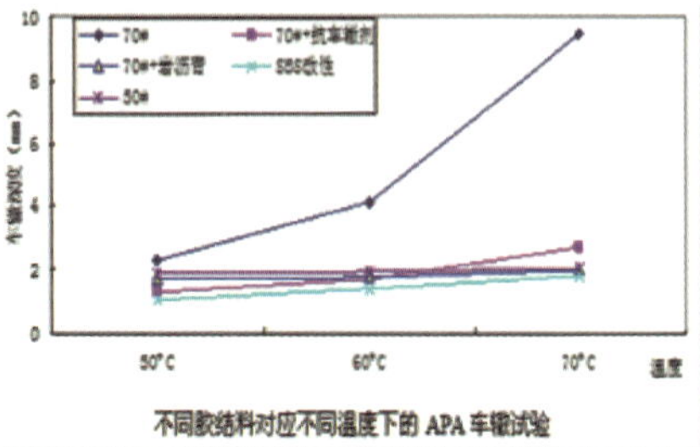

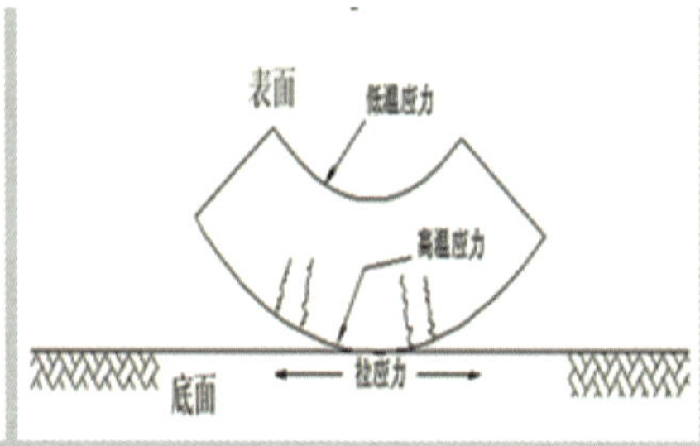

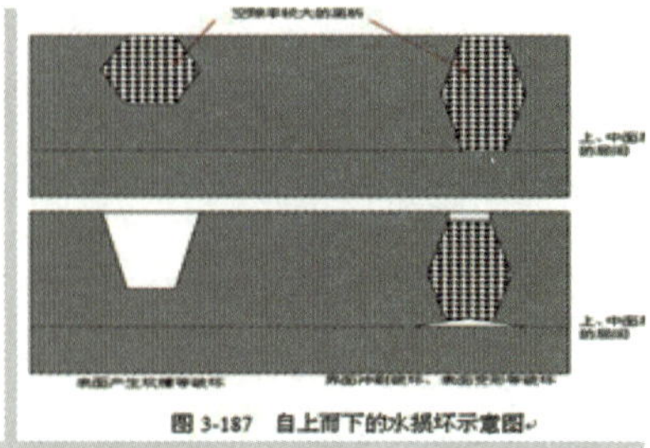

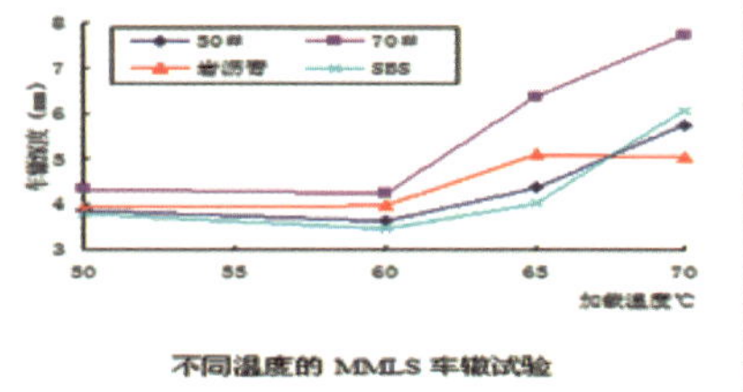

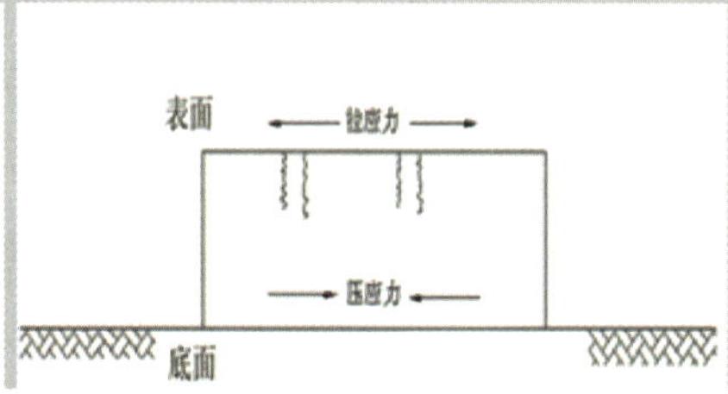

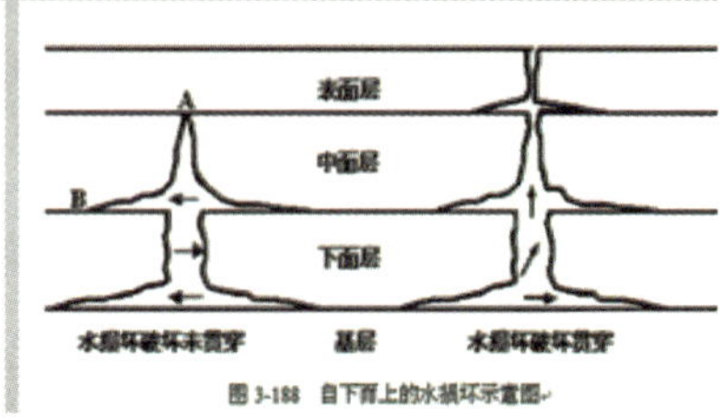

极端高温及持续性高温是车辙最主要影响因素 极端低温及降温速率是温缩裂缝最主要影响因素 水损坏的两种破坏型式

■ 极端气候变化规律条件下沥青路面性能变化规律

层位	龙长高速	浦南高速
表面层	4cm SBS改性AC－13	4cm SBS改性AC－13
中面层	6cm 70号AC－20C	6cm 70号AC－20C
上基层	8+8cm 70号ATB－25	8+8cm 70号ATB－25
下基层	16cm级配碎石	15cm级配碎石
底基层	30cm 2.5MPa水稳碎石	32cm 2.5MPa水稳碎石
路基		

■ 湿热地区新型沥青路面结构型式

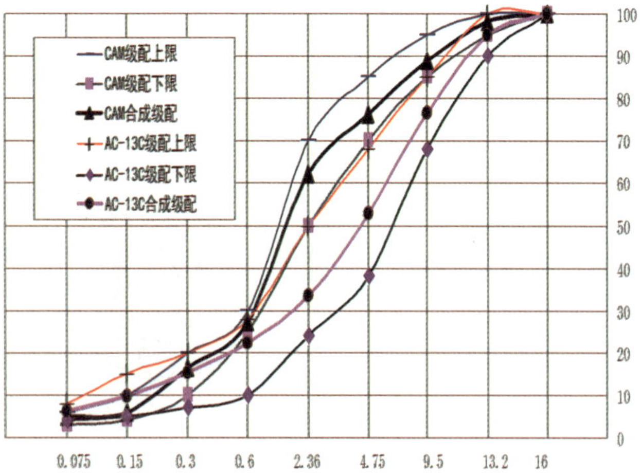

■ 缓裂沥青混合料 CAM 级配范围

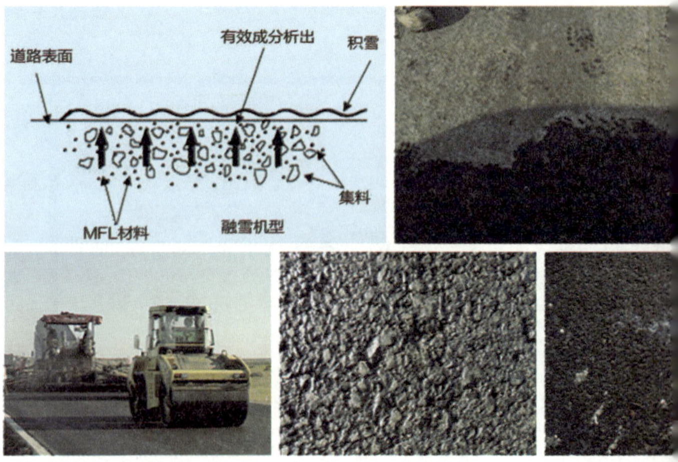

■ 预埋式融雪剂自动融释技术

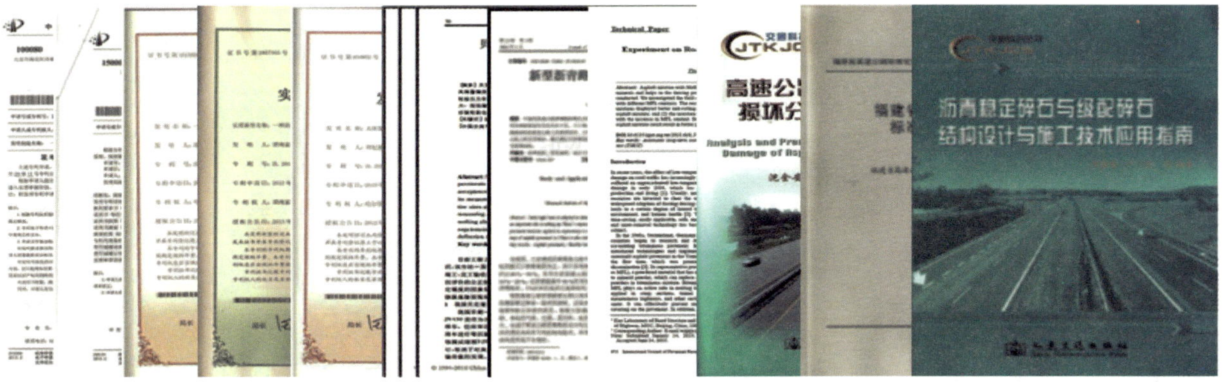

■ 论文、专利及专著

率。同时技术的应用可以大大降低融雪剂的使用量，减少环境污染，具有清洁、高效、节能等特点，具有明显的经济效益和社会效益。

4.福建莆永高速、厦成高速、靖海高速公路采用《极端气候对沥青路面的影响及应对关键技术》课题研究成果，采用了30号低标号沥青应用技术，改善了路面使用质量，提高了结构耐久性，延长沥青路面使用寿命，取得了良好的经济、社会和环境效益。

■ 福建龙长、浦南高速公路

■ 宜春市 320 国道（冰冻灾害后沥青路面采用缓裂沥青混合料）

■ 福建省莆永高速、厦成高速、靖海高速 30 号低标号沥青应用技术（ATB-25+AC-20）

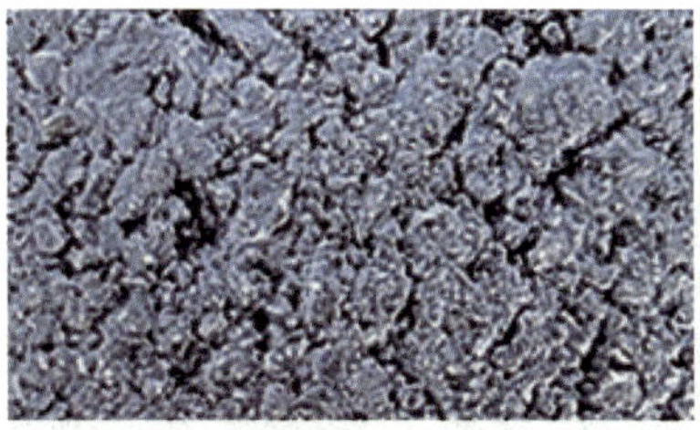

■ 黑龙江大广高速肇源段（预埋式融雪剂自动融释技术）

完成人简介

李福普，交通公路工程研究中心研究员，主要研究方向为道路沥青路面技术，获得主要的奖励情况主要有：“八五”公关《道路沥青及沥青混合料的路用性能的研究》获交通部科技进步一等奖，国家科技进步二等奖，均排名第三；国家民航总局《首都国际机场东跑道整修加固技术研究》获民航总局科技进步一等奖，国家科技进步二等奖，均排名第10；获中国公路学会科学技术一等奖1项、二等奖7项；2002年荣获国务院政府特殊津贴的专家称号。

营运车辆安全保障技术开发及大范围集成应用

中国公路学会科学技术奖 一等奖

研究背景

营运车辆发生道路交通事故已成为危害人民群众生命财产安全、影响社会和谐稳定的重要因素之一，严重阻碍了道路运输业的可持续发展，并引起了社会各界的广泛关注以及党和政府的高度重视，“更加注重社会建设，着力保障和改善民生”“坚持安全发展，强化安全生产管理和监督，有效遏制重特大安全事故”以及“完善突发事件应急管理机制”等是党和国家的重大战略。2009年，科学技术部、公安部、交通运输部共同开展了“国家道路交通安全科技行动计划”，其中由国家科技支撑计划支持设立了“营运车辆安全保障技术开发及大范围集成应用”课题，针对我国营运车辆交通事故及重特大交通事故的主要原因，结合国外道路交通安全发展的经验，用现代科学和技术的手段，通过技术创新系统地从车辆技术、运行管理、从业人员技能素质等方面开展营运车辆安全保障技术开发研究和集成应用，形成了一系列运行安全保障技术及标准，构建了营运车辆运行安全保障技术体系，有效遏制了营运车辆交通事故的发生、促进了道路运输业又好又快地发展。

主要成果

在科技部和交通运输部的组织、推动下，交通运输部公路科学研究所联合清华大学等多家产、学、研单位，历时3年多，从车辆、管理、人员三个方面研究形成了营运车辆运行安全性能评价与检测、安全性能技术状况保持、运行过程安全监管以及驾驶人执业安全技能培训考核与评估等成套技术，构建了包括车辆安全技术性能源头保障、安全运行全过程有效监控、驾驶人的安全技能素质持续提升的完整营运车辆运行安全保障技术体系。主要技术创新点有：

1. 针对车辆碰撞事故形态特点，构建了车辆安全性能综合评价指标体系及客车骨架等效结构安全性检测方法和量化指标，研制出客车结构安全性仿真评价软件及营运车辆结构安全性检测装置，有效提升了车身结构对人身安全的保护，降低了检测、开发成本。

2. 针对车辆电子安全控制装置性能难于判定的难题，创建了基于ECU、传感器等功能部件工作状态辨识的ABS、EBD性能检测评价方法，据此研制出的检测设备实现了对ABS、EBD性能快速检测。

3. 针对汽车列车多轴制动性能检测难题，创建了制动时序、整车动态制动力、制动过程差和协调时间等参数检测方法，据此研制出的汽车列车制动性能检测装置首次实现对在用汽车列车多轴制动性能的快速检测。

4. 创建了车辆侧翻、侧滑、车道偏离和前撞等行驶危险状态辨识方法与预警技术，据此研制出的基于 CAN 总线的车辆运行状态监控终端及创建的综合管理信息平台和企业安全评价系统，实现了车辆运行全过程的主动安全监控与预警。

5. 针对驾驶员的生理、心理变化特点，创建了一种驾驶员职业技能素质和适宜性检测评价指标体系及评价方法，据此研制出的驾驶员的全方位培训技术装备和适宜性甄别系列装备，为提升驾驶员风险感知和应急处置能力提供了技术依据与支撑。

6. 针对营运车辆不足维护及过度维护现状，创建了一种基于固有可靠性及使用可靠性的营运车辆可靠性评价方法，据此提出的基于营运车辆可靠性特征的各级维护周期及技术要求，实现了以最低成本保持车辆的正常技术状态。

7. 构建了一种基于高速稳态圆周道路试验的大型营运车辆高速行驶抗侧翻稳定性试验和评价方法，提升了车辆抗侧翻的能力。

8. 创建了汽车列车铰接角测量新方法，据此开发的营运车辆操纵和行驶稳定性检测装置，解决了当前国内难以对半挂汽车列车等铰接车辆横向稳定性检测和评价的问题。

9. 针对汽车维修企业难以有效进行车辆转向机构故障诊断问题，集成开发的在用营运车辆转向机构故障诊断设备实现了在不解体状态下将车辆转向机构隐性损伤诊断由定性检查提升为定量检测。

10. 集成开发的大型车辆倾覆后的快速救援技术及装备，集起复、拖拽、起吊、撑涨、破拆等多项功能，实现对道路交通事故的快速清障救援，及时恢复交通。

项目体系结构如图。

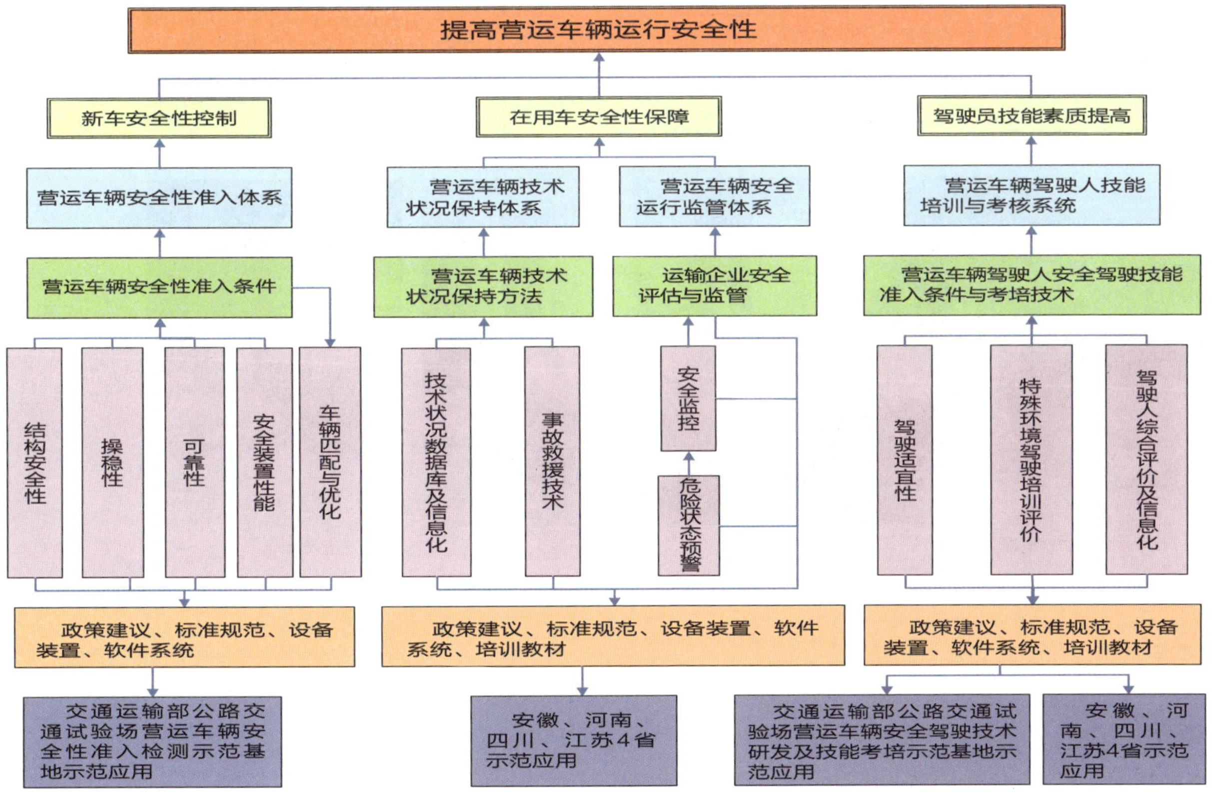

■ 项目体系结构

a）营运车辆 ABS 等电子控制装置性能检测装备

b）汽车列车制动性能检测装备

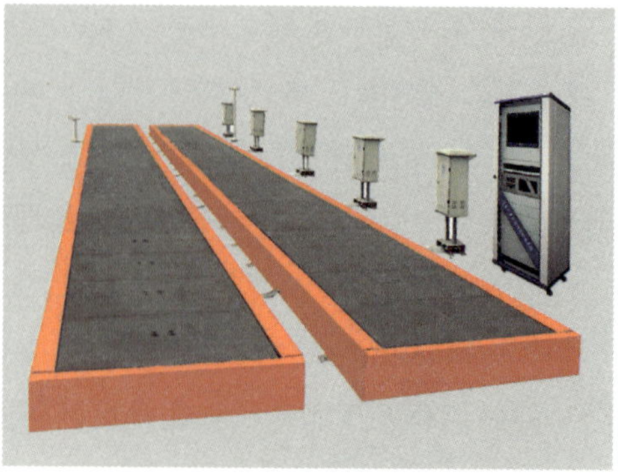

c）汽车列车制动性能检测装备组合图

■ 汽车列车制动性能检测

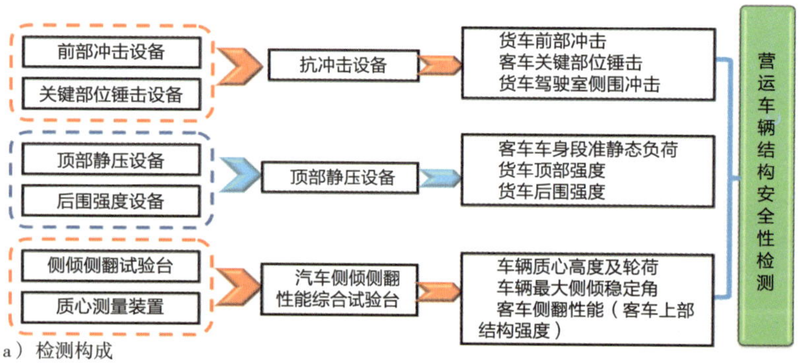

a）检测构成

b）顶部静压设备

c）汽车侧倾侧翻性能综合试验台

d）抗冲击设备

■ 营运车辆结构安全性检测装备

■ 企业级车辆安全监控管理信息系统功能示范

■ 营运车辆事故救援集成装备总体图

成果应用

项目研制的10种设备、10套软件系统已在全国应用，累计销售额达到18673万元，特别是营运车辆行驶危险状态预警集成化装置和营运车辆主动安全性装置检测装置已有规模化产业；制修订的12项国家和行业标准已发布、报批；出版的12套教材累计发行332462册，销售额达1052.5万元；营运车辆安全性准入与退出机制等3项技术政策建议被管理部门采纳；建成的营运车辆安全性准入检测示范基地和驾驶人安全驾驶技术研发及技能考培示范基地运行良好。

成果构建了包括车辆安全技术性能源头保障、驾驶人的安全技能素质持续提升、安全运行全过程有效监控的完整的营运车辆运行安全保障技术体系，对有效减少营运车辆交通事故发生率并降低事故的危害程度、遏制群死群伤重特大交通事故发生具有重大的促进作用，社会意义巨大。

完成人简介

蔡凤田，研究员，国家能源专家咨询委员会专家，国家质检总局缺陷产品管理中心汽车缺陷调查与鉴定专家，交通运输行业优秀科技人员等。现任交通运输部公路科学研究院汽车运输技术研究中心主任，兼任全国道路运输标准化技术委员会委员兼秘书长、全国汽车维修标准化技术委员会委员兼秘书长、中国交通企业管理协会交通能源管理委员会副理事长兼秘

书长、中国节能协会交通运输节能专业委员会副主任理事等。

长期从事汽车节能及排放控制、运行安全等汽车运用工程研究，主持了国家道路交通安全科技行动计划暨科技支撑计划项目“营运车辆安全保障技术开发及大范围集成应用”、交通运输部“在用汽车维修检测诊断系列标准研究”“营业性车辆燃料消耗准入与退出专项行动计划”等50余项科研项目及标准的研究，获得中国公路学会科学技术一等奖、二等奖、三等奖，交通部科技进步三等奖，中国标准创新贡献二等和三等奖、第六届安全生产科技成果一等奖、中国节能协会科技进步二等奖等；出版《汽车节能与环保实用技术》《汽车排放污染物控制实用技术》《交通运输行业标准JT/T807-2011〈汽车驾驶节能操作规范〉释义》等专著。

在本获奖项目中负责搭建课题总体框架，协调和分割16个专题和15家主要研究单位的任务，在课题申报、实施、验收、鉴定全过程中，负责研究进度和质量、经费执行的总体把关，组织编写可研报告、申报书、实施方案、任务书、验收报告等一系列技术文件，并负责初审，课题重要活动的策划、组织和协调。专题12负责人之一，深入参与专题1、2、5、7、8、9、11、13、14等研究。发表论文3篇，获得6项实用新型专利，参与编写4部论著。

温拌沥青混合料应用技术研究

中国公路学会科学技术奖　一等奖

研究背景

目前，我国公路和城市道路的路面80%以上为沥青路面。在这些沥青路面中，95%以上采用热拌沥青混合料。热拌沥青混合料施工时其温度一般为160~180℃，橡胶沥青和部分改性沥青的拌和温度甚至高达190℃以上。这不仅需要耗费大量的加热燃油，而且会产生大量的温室气体和沥青烟等有害、有毒物质。

温拌沥青混合料是一类拌和温度介于热拌沥青混合料（150～180℃）和冷拌（常温）（10～40℃）沥青混合料之间，性能达到（或接近）热拌沥青混合料的新型沥青混合料。与热拌沥青混合料相比，温拌沥青混合料的拌和温度一般可降低30℃以上。它符合节能、环保、可持续发展和“绿色施工”的理念，可显著减少能耗和温室气体以及有毒物质排放；可改善现场压实，有利于延长施工季节；可改善工人作业条件。

主要成果

本项目依托交通运输部西部项目“温拌沥青混合料应用技术研究”和国家国际科技合作项目“沥青路面绿色制造技术合作研究”，开展了温拌沥青混合料的应用技术研究，研究开发了国产温拌剂和温拌沥青。

1. 系统评价了温拌沥青结合料的流变特性和温拌沥青混合料的抗水损性能、抗车辙性能、抗疲劳性能和动态模量特性，建立了基于流变特性的温拌沥青及其混合料的性能评价指标体系。提出了采用低应力蠕变试验中的蠕变柔量评价温拌沥青结合料的高温性能，采用50%G*的荷载作用次数（N50）评价温拌沥青结合料的抗疲劳性能，采用改进劲度模量主曲线（CAM）模型评价温拌沥青混合料的老化程度。

2. 系统评价了温拌沥青混合料拌和和压实过程的和易性，提出了基于拌和阻尼和压实能指数评价温拌沥青混合料和易性的方法。

3. 系统评价了摊铺厚度、施工温度、环境温度、风速、云量（晴天或阴天）对沥青混合料的降温规律的影响，提出了温拌沥青混合料低温施工的临界环境条件。

4. 使用造纸废液提取物妥尔油为主要原材料，开发了环保型表面活性剂型温拌剂，并进行了批量生产和工程应用。

5. 自主研发出降温效果显著（可降温30~40℃）、满足路用性能要求的成品温拌沥青。

6. 研究分析了温拌沥青混合料的社会、经济和环境效益。测试表明，与热拌沥青混合料相比，温拌沥青混合料拌和过程中CO_2、NO_x等温室气体排放分别下降60%和73%；摊铺过程中沥青烟、苯可溶物及苯并[a]芘等有毒气体排放都减少80%以上。与热拌沥青混合料相比，改性温拌沥青混合料可节省燃料油28%，普通温拌沥青混合料可节省燃料油22%。

项目成果达到国际先进水平，部分成果达到国际领先水平。

成果应用

在北京、上海、河北、辽宁、青海、山西、甘肃等十多个省（市、区）铺筑了100多条包括高速公路、城市快速干线在内的试验路和实体工程，累计里程超过500km，并对已经使用5~7年的部分温拌沥青路面进行了长期性能评价，实践证明温拌沥青混合料技术的应用效果良好。

与地方有关单位合作，编写了北京等六省份的温拌沥青混合料技术地方规范。研究成果也将纳入正在修订中的交通运输部《沥青路面施工技术规范》。

研究成果取得了显著的社会、经济和环境效益，成熟度较高，可广泛应用于公路和城市道路沥青路面的建设和维修养护工程。研究成果有利于加速温拌沥青技术在国内的应用和推广，促进绿色交通的发展。

■ 排放效果对比（左侧照片为温拌沥青排放，右侧照片为热拌沥青排放）

■ 2005年9月 中国第一条试验路 · 北京

■ 2006年9月 全球第一条SMA试验路 · 北京

■ 2007 年 9 月 通久路 · 北京

■ 2008 年 5 月 奥运工程中一路 · 北京

■ 2008 年 12 月 采石路 · 北京

■ 2007 年 9 月 A4 高速公路 · 上海

■ 2007 年 9 月 逸仙高架 · 上海

■ 2008 年 6 月 长江越江工程 · 上海

■ 2009 年 8 月 长安街施工现场和施工后现场 · 北京

■ 2008 年 11 月 德令哈 · 青海

■ 2010 年 10 月 康临高速 · 甘肃

■ 2011 年 11 月 · 邯郸

完成人简介

徐剑，现任交通运输部公路科学研究院交通公路工程研究中心副主任（主持工作）。交通运输部交通青年科技英才，获中国公路学会第九届中国公路青年科技奖，中国公路学会第五届中国公路百名优秀工程师，中国公路学会第二届全国公路十佳科技工作者，中国循环经济协会全国循环经济科技工作先进个人，中国循环经济协会公路工程材料循环利用分会秘书长，交通运输部科技司公路网智能养护技术及系统创新平台理事，交通运输部安监司公路工程质量安全督查专家，科技部国家公路绿色建造与安全运营示范型国际科技合作基地技术负责人，科技部国际科技合作计划项目评价专家，中国工程院材料延寿与可持续发展战略研究专家组成员，世界银行项目咨询专家，国际沥青路面协会冷再生委员会(ISAP-WG2)委员。

主要从事沥青路面维修养护技术研究，是我国微表处养护的主要技术奠基者和推广学者之一，也是国内最早开展并持续从事沥青路面再生技术、温拌沥青技术、预防性养护技术研究与推广的学者之一，是交通运输部《公路沥青路面再生技术规范》《微表处和稀浆封层技术指南》乳化沥青技术标准等的主要起草人，获省部级科技奖项八项，发明专利三项，实用新型专利八项，软件著作权一项，发表学术论文五十余篇，出版《改性乳化沥青和微表处技术》，《高等级公路沥青路面再生技术》，《沥青路面预防性养护理念与技术》，《材料延寿与可持续发展战略研究》（公路基础设施篇），《公路全寿命周期能耗分析与节能策略》五部学术专著。

黄颂昌，交通运输部公路科学研究院交通公路工程研究中心首席工程师。中国公路学会理事，中国公路学会专家委员会委员，中国工程建设标准化协会理事，全国石油沥青分技术委员会副主任，国际稀浆罩面协会（ISSA）亚洲委员会主任，国际沥青路面协会冷再生委员会（ISAP-WG2）委员。

长期从事公路沥青路面技术研究和工程技术标准及科技管理工作。近十年，主要从事沥青路面维修养护技术和绿色公路技术的研究和推广工作，重点研究沥青路面再生技术、温拌沥青技术、预防性养护技术和绿色公路技术等，是交通运输部《公路沥青路面再生技术规范》、《公路工程技术标准》（2003版）、《公路工程沥青及沥青混合料试验规程》等多部行业标准规范的主要起草人，获省部级科技一等奖6项、二等奖5项。

道路缺陷视频图像快速检测识别技术及路网级应用

湖北省科技进步奖 二等奖

研究背景

本获奖项目依托国家自然科学基金项目“路面破损实时三维加速度振动监测和图像识别的复合处理方法研究”（编号 61305039)、交通运输部标准计量及质量研究项目“基于图像的路面病害视频检测系统计量标准技术研究”和中央级公益性科研所基本科研业务费专项资金“路面损坏检测设备量值准确性保障技术研究”，同时得到了企业技术创新项目“路面病害图像识别算法研制”（编号 010038)、“路面车辙激光图像识别算法研制”(编号200810321164)、“桥梁裂缝图像检测算法研制”（编号 010365）等项目的资助。

目前，我国公路养护调查技术已经部分实现了自动化，尤其是路面缺陷视频图像数据的采集，自动化程度较高，但后期数据处理和分析工作还需要投入大量的人力和物力。人工处理方式效率低、投资大、准确性差，是制约目前道路缺陷自动化检测技术路网级应用的瓶颈。

本项目针对道路缺陷视频图像快速检测识别技术路网级应用中所存在的瓶颈问题，重点开展了专题研究工作，从数据采集技术装置、道路缺陷识别技术（包括桥梁、路面裂缝及车辙）、海量数据处理与评价技术等方面开展了技术攻关。

主要成果

1. 路面线激光车辙检测与识别方法及处理系统，申请号：201410102675.7. 武汉工程大学。发明人：洪汉玉，章秀华，李良成，荆根强。（发明专利）

2. 基于凹性测度的道路裂缝病害提取与测评方法，申请号：201410125302.1. 武汉工程大学。发明人：洪汉玉，章秀华，荆根强。（发明专利）

3. 国家标准《GB/T 26769—2011 路面损坏视频检测方法》，编写人：张全升，荆根强等。（国家标准）

4. 计量检定规程《JJG（交通）077—2015 车载式路面损坏视频检测系统》，编写人：荆根强等。（交通运输部门计量检定规程）

5. 洪汉玉著：现代图像图形处理与分析. 武汉：中国地质大学出版社，2011

6. 荆根强：路面图像动态实时采集软件，V1.0，中国。登记号：2010SR030041。分类号：62000-5300.2010-06-22。

7. 荆根强：多算法分级迭代的路面破损并行处理软件，V3.0，中国。登记号：2010SR030043，分类号 :69900-5300.2010-06-22。

8. 一种基于激光补光技术的新型路面损坏检测系统，申请号：201120325609.8，发明人：谷乾龙，

肖建彬，徐欣欣。（实用新型）

9. 目标探测多谱图像的通用复原方法，申请号：201210197707.7，发明人：洪汉玉，张天序，章秀华，李良成。（发明专利）

10. 华澳融通（北京）科技有限公司：路面状况分析报表系统，V2.2，中国。登记号：2011SR056135，分类号：30211-0000.2011-08-09。

成果一：基于共面补光技术的视频图像全天时采集系统

根据车载式应用环境的特点，我们采用了共面结构激光照明方式，研制出激光辅助照明系统，从根本上解决了成像阴影及夜间工作的难题。图为采用工作面结构激光照明技术研发的道路视频图像采集系统。

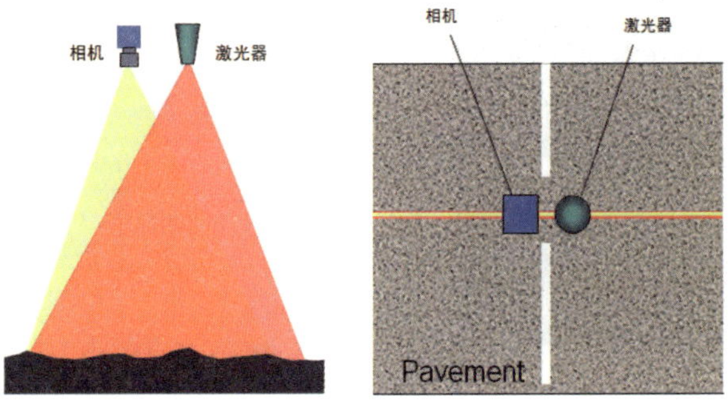

a) 后视图　　b) 俯视图

■ 共面结构激光照明成像系统示意图

■ 全天时路面视频图像采集系统

表1为传统的LED灯光辅助照明和共面结构激光照明技术性能对比。同时，系统配备了增强型安全装置，可自动感应车速及车后方人员距离，当车速低于设置阈值，或后方近距离内有人员活动时，自动关闭激光，确保安全。

表1　LED灯光辅助照明和共面结构激光照明技术性能对比表

参数	LED 灯光辅助照明	共面结构激光照明
照明宽度	一般为 2 ~ 3m	4m
均匀度	不均匀	均匀
功率	>1kW	<50W
安全性	易损坏	防护等级 IP65

道路全景回放软件可将采集到的路面车辙剖面图、前方景观图、路面裂缝图像、道路缺陷处理结果等按里程位置实时再现。从图中可以看出，数据采集到K835+883位置时，天色已晚，但采用共面结构激光照明的路面图像采集系统仍可清晰成像。

成果二：基于脊性特征的路面线激光车辙识别算法

根据线激光车辙图像的特征提出了基于脊性特征连续性的车辙剖面检测算法，在脊性特征强度图中，每列像素灰度值在数值上都会呈现为波形曲线，每条曲线上会有一个或多个波形峰值点，这些峰值点为激光线车辙上点（称为脊点）的候选点，利用峰值连续性逐个寻找每列像素灰度值波形的脊点来确定车辙激光线。（专利号：201410102675.7）

大量测试实验表明，我们提出的车辙激光线提取算法能准确地提取车辙线，具有很强的鲁棒性。车辙激光线识别精度达到亚像素级，标线影响排除率≥95%，阴影影响排除率≥98%。

成果三：基于凹性测度的路面病害识别算法

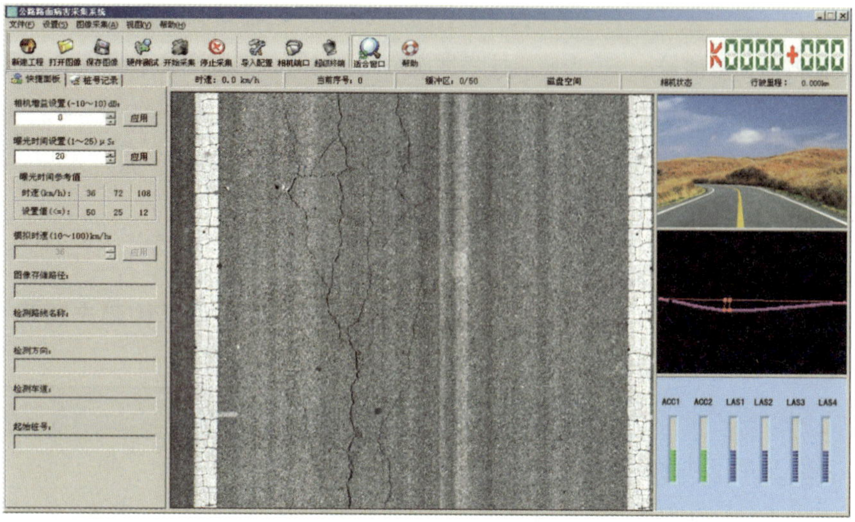

■ 道路缺陷全天时采集软件

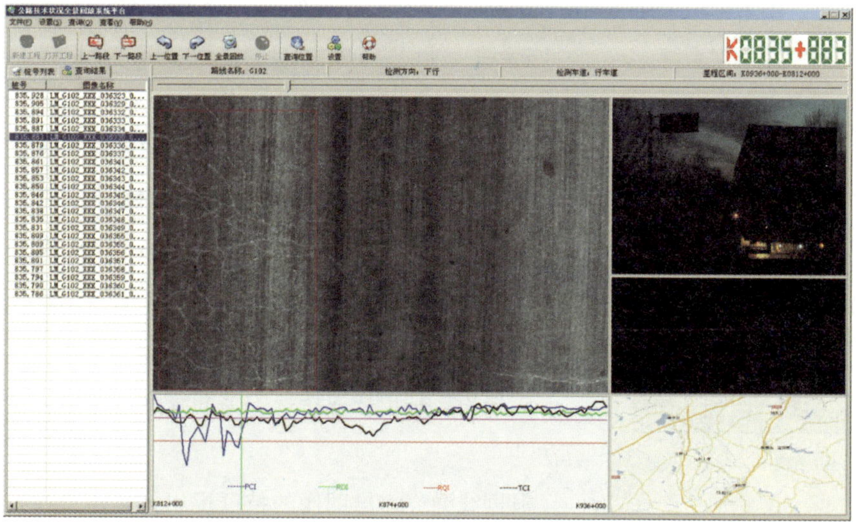

■ 全景回放软件

本项目结合激光共面补光的特点，提出了基于凹性非负测度的路面损坏检测算法。该算法利用凹性特征、对比度特征和纹理特征，快速准确地提取出所有裂缝目标特征（专利号：201410125302.1）。对病害图像特征提取，主要从其线性特征出发，探讨了长宽比、矩形度、密集度等指标，以此为依据准确的判别裂缝病害类型。

1. 凹性测度特征：与周围的非裂缝像素相比，裂缝处的像素灰度值表现出明显低于附近背景像素灰度值，这种特征我们称之为凹性测度特征。

2. 对比度特征：裂缝像素与其周围的非裂缝区域存在明显的对比度关系，我们在非负性的基础上将裂缝对比度定义为：

$$C=\frac{(\sum V_g-V_{\max}-V_{\min})/(N-2)-\overline{V_b}}{(\sum V_g-V_{\max}-V_{\min})/(N-2)}$$

式中，$\overline{V_b}$ 为连续的裂缝像素区域灰度平均值，V_g、$V_{\max}$ 和 $V_{\min}$ 为其邻域非裂缝像素区域灰值及最大、最小灰度值，N 为邻域非裂缝区域像素个数，C 为裂缝区域与非裂缝区域的对比度。

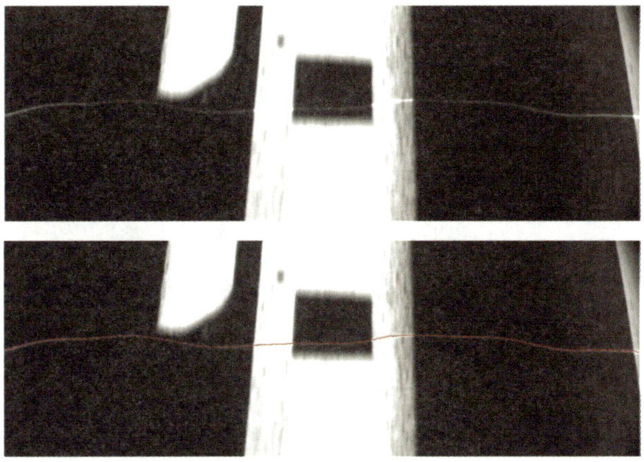

■ 算法具备较强的抗干扰能力

成果应用

本项目成果已在我国多省份取得了实际应用，主要包括：

1. 道路质量综合检测应用。本成果被十堰市康路工程测试有限公司、中交第二公路勘察设计研究院、湖北通鑫公路工程监理咨询有限公司、四川省交通运输厅公路规划勘察设计研究院、山东高速工程检测有限公司、中交路桥（北京）科技有限公司等采用，在常规道路检测、公路工程、隧道工程和公路交、竣工验收中应用，用于沥青路面质量、车辙、缺陷、平整度等检测及评价工作。

2. 路面视频图像快速采集系统及检测装备整体转让。陕西省榆林公路局（2007）、山东高速集团（2008）、北京首发集团（2009）、河北道桥检测中心（2009）、江西省公路管理局（2010）、山西省高速公路管理局（2010）等以设备及软件采购的形式长期应用了本项目研究成果。

3. 路面病害检测识别技术的应用推广。路面裂缝识别算法用于车载式路面损坏视频检测系统计量标准装置研制中，用作路面标准损坏模型的定量测量和量值溯源，已形成相关计量检定规程的标准算法。

完成人简介

洪汉玉，武汉工程大学二级教授，博士，博导，2004 年毕业于华中科技大学图像识别与人工智能研究所，获模式识别与智能系统博士学位。国务院政府特殊津贴专家，湖北省有突出贡献中青年专家，中国宇航学会光电技术委员会委员，武汉工程大学教学名师，湖北省科研创新群体项目“目标检测多谱图像统一复原算法及机载专用芯片研究”责任教授。2008 年 10 月至 2009 年 4 月澳大利亚 Deakin University 高级访问学者，2009 年 5 月至 2010 年 10 月在韩国 Inha University 研究教授。主持国家自然科学基金面上项目 3 项，承担国家自然科学基金重点项目“高速飞行器光学成像末制导目标实时识别方法与关键技术”（2015.01-2019.12）。2013 年，2014 年连续两年以第一单位、第一完成人获湖北省科技进步二等奖 2 项。在《Optics Communication》(荷兰),《Optical Engineering》(美国）《自动化学报》《计算机学报》《红外与毫米波学报》《宇航学报》等发表了学术论文 80 多篇，其中 12 篇被 SCI 收录，46 篇被 EI 核心版收录，应邀在国际学术会议上做特邀报告 2 次，主持国际学术会议 2 次，获国家授权发明专利 4 项。2011 年出版《现代图像图形处理分析》专著一部，2014 年出版《气动光学效应校正》专著一部。

主要研究方向：目标检测，图像处理，模式识别，导航与精确制导，智能控制系统，机器视觉。

荆根强，任职于国家道路与桥梁工程检测设备计量站，工学硕士，博士（在读），成绩优异的高级工程师，国家注册一级计量师，计量检定员，计算机信息系统集成项目管理师，公路工程试验检测工程师，工业和信息化部信息系统集成项目经理。

2001 年毕业于华中科技大学动力工程系，获工学学士学位；2004 年毕业于华中科技大学图像识别与人工智能研究所，获工学硕士学位；2015 年至今，在读天津大学仪器科学与技术专业，同等学力博士。

2004 年至今，一直从事公路智能检测系统的研究与开发工作，先后主持完成路面损坏视频检测系统、激光三维变形检测系统、道路景观综合管理系统、公路技术状况分析报表系统等多个道路检测应用系统。2012 年进入国家道路与桥梁工程检测设备计量站工作，从事公路工程测试计量技术及仪器相关研究工作。主要研究方向：机器视觉测量技术、精密仪器及软件、高速并行数据分析技术、远程在线计量技术等。

橡塑合金沥青改性剂及其路用关键技术研究

河北省科技进步奖　二等奖

研究背景

本项目属于材料科学和道路工程技术领域。近年来，我国公路建设规模大，对沥青路面提出的要求高，需要使用大量的改性沥青。SBS 改性沥青材料在我国得到了普遍应用，但是 SBS 生产制备会消耗百万吨级的石油资源；目前虽然进行了废旧胶粉改性沥青的研究，但废旧胶粉与 SBS 材料性能有差距，改性沥青还未达到 SBS 沥青的性能。我国废橡塑材料资源极其丰富，“白色污染”和“黑色污染”日益严重，但是还没有得到高附加值应用。通过科学研究，可以开发以废橡塑材料为基材的橡塑合金改性沥青材料，用于路面工程，其意义重大。

本项目依托交通运输部科技课题，系统地开展了的橡塑合金沥青改性剂材料开发及其路用关键技术研究。

■ TPE 粒子双螺杆挤出设备

■ TPE 粒子

主要成果

1. 基于废旧塑料和废旧橡胶的红外光谱和分子相结构研究，设计了橡塑合金热塑性弹性体材料结构；发明了以深度动态脱硫的橡胶为软段区域，以聚烯烃作为硬段区域的新型热塑性弹性体材料（ZL201010166308.5）。

2. 研究提出了高低温性能兼顾的橡塑合金改性沥青制备技术（ZL201110308526.2），突破了废橡塑改性沥青储存稳定性和高性能化的技术难题。

3. 研究提出了橡塑合金改性沥青及其混合料技术性能标准、施工工艺和质量控制方法等。

主要技术经济指标：

①采用美国 SHRP PG 分级评价橡塑合金改性沥青，达到 PG76-22 以上技术水平；

②橡塑合金改性沥青混合料高温稳定性、低温开裂性及水稳性能显著提高，与 SBS 改性沥青性能水平持平，路用性能明显改善。

③橡塑合金沥青改性剂可替代传统技术和材料，技术成本比传统材料降低 10% 以上。

■ 三抚线迁安段改扩建项目摊铺碾压现场

■ 河北邢汾高速公路

成果应用

本项目以发明的橡塑合金沥青路面新材料及其制备技术为基础，依托两家企业进行了产业化转化。转化企业中路高科交通科技集团有限公司和中路高科（北京）公路技术有限公司为交通运输部公路科学研究院下属的高新技术企业。其中，中路高科交通科技集团有限公司近2年在沥青路面工程项目中使用本技术发明取得产值约1700万元。迁安市交通局和河北省高速公路邢汾筹建处作为应用单位，分别在三抚线迁安段和邢汾高速应用了本技术材料，通过应用本技术材料，比采用传统SBS材料节约建设费用550万元，延长了道路车辙维修周期2倍。

项目成果已授权专利3项，软件著作权1项，发表论文10余篇，承担编制行业标准1项。经专家委员会鉴定，总体上达到国际先进水平。

■ TPE加工现场

■ 河北省交通运输厅2010年度重点科技项目大纲评审会议

■ 路面渗水系数测试

■ 路面压实度测试

■ TPE改性沥青成品储罐

完成人简介

曹东伟，交通运输部公路科学研究院交通公路工程研究中心副主任，研究员，主要研究方向为沥青新材料、改性技术与路面新结构等。主持国家自然科学基金项目、国家重点新产品项目、交通运输部等课题10余项，负责重大工程技术咨询、科技示范工程和科技成果转化应用项目等20余项，开发了适用重交通道路高模量沥青、大空隙排水路面沥青、废橡塑复合TPE沥青、温拌与低温施工沥青、干法环氧沥青、热解生物质沥青、煤基新型沥青、地毯式预制路面沥青、沥青指纹识别技术等，开发了排水沥青路面、地毯式预制沥青路面、钢桥面铺装等新结构与施工技术，相关科研成果申报和获得专利授权50余项，获得国家技术发明奖二等奖1项、省部级科技奖励16项，发表论文70多篇，出版《排水沥青路面》专著1部，制定行业标准10余项，获得国家“万人”计划、中青年科技创新领军人才、中国青年科技奖、全国先进工作者等荣誉称号。

大型公共设施行人交通感知与运营服务智能化成套技术

北京市科学技术奖　二等奖

研究背景

"大型公共设施行人交通感知与运营服务智能化成套技术"项目属于交通管理控制理论与信息技术相融合的新型研究方向。该项目围绕行人交通感知、行人交通行为特性辨识、行人交通流状态实时监测、客流组织优化以及综合交通枢纽运营服务智能化集成等技术进行了深入的研究，形成了行人交通机理和运营服务智能化系统性科技成果。在理论层面，发现了大型公共设施中行人交通流机理和规律，建立了行人行为选择模型及智能化协同优化理论体系；在实证环境上，建立了行人交通多元感知与交互式仿真验证平台；在应用技术方面，研发了行人交通智能感知、行人微观仿真建模、步行人流优化、枢纽协同调度与动态诱导、人群应急疏散与评估等关键技术；在系统研发方面，开发了自主知识产权的行人交通信息感知设备与监测系统，构建了适合于我国综合交通枢纽特点的运营服务智能化系统框架结构和功能规范，开发了国内首个面向行人的综合交通枢纽服务管理智能化系统，为我国大型公共设施行人交通智能感知及运营服务提供了基础理论、关键技术及开放性的科研环境支撑，为有效增强综合交通枢纽运营管理效率、提升行人交通服务水平、提高应急响应能力提供了有力的理论支撑和综合保障。

项目获得国家发明专利 1 项，取得了国家计算机软件著作权 7 项，撰写中文专著 1 本，英文专著 1 章，在国内外学术期刊和国际学术会议上发表学术论文共计 53 篇，其中 SCI 检索 10 篇，EI 检索 22 篇，中文核心期刊 12 篇、会议论文 9 篇。在人才培养方面培养博士研究生和硕士研究生 10 余人，其中重要的博士论文 3 篇，硕士论文 2 篇，10 余人的专业技术职称得到晋升。

研究创新点

"大型公共设施行人交通感知与运营服务智能化成套技术"揭示了大型公共设施中行人交通流机理和行人行为特性，系统性解决了行人交通机理和感知领域的学科发展的关键问题，提出的多项行人交通组织管理的体系性科技成果对推动大型公共设施内以及所有与行人有关的环境和行人设施规划、设计、组织和管理具有重要的支撑和导向作用。

1. 创新提出了行人流演化近似结构和拟合规则，首次系统解析了高密度行人流的压缩、扩展和激波等现象机理。

2. 首次提出了行人精确微观参数多模态感知技术，设计了基于突变理论的 McMaster 客流拥挤自动辨识算法及基于改进社会力模型的仿真验证平台。

3. 提出了一种行人交通行为半实体仿真实证平

台的构建技术，实现了复杂场景下行人仿真模型参数校正、模型验证和评估以及大型公共设施协同、可控客流优化设计方法和评价体系的实证测试，开创性地实现了客流设计的定量化、科学化评估。

4. 提出基于系统熵的数据包络非均一模型的大型公共设施系统状态评估方法，构建基于相对位置染色体结构设计的大型公共设施客流组织优化技术。

5. 提出了基于多源感知的综合交通枢纽运营服务智能化集成技术，结合我国综合交通枢纽特点构建了功能规范高契合度枢纽智能化应用平台。

项目研究取得的发明专利、软件著作权、搭建的开放式实验环境和模型验证平台等成果从基础理论研究和技术创新应用等角度保障了大型公共设施内行人出行的安全、舒适、便捷，减少延误和不必要

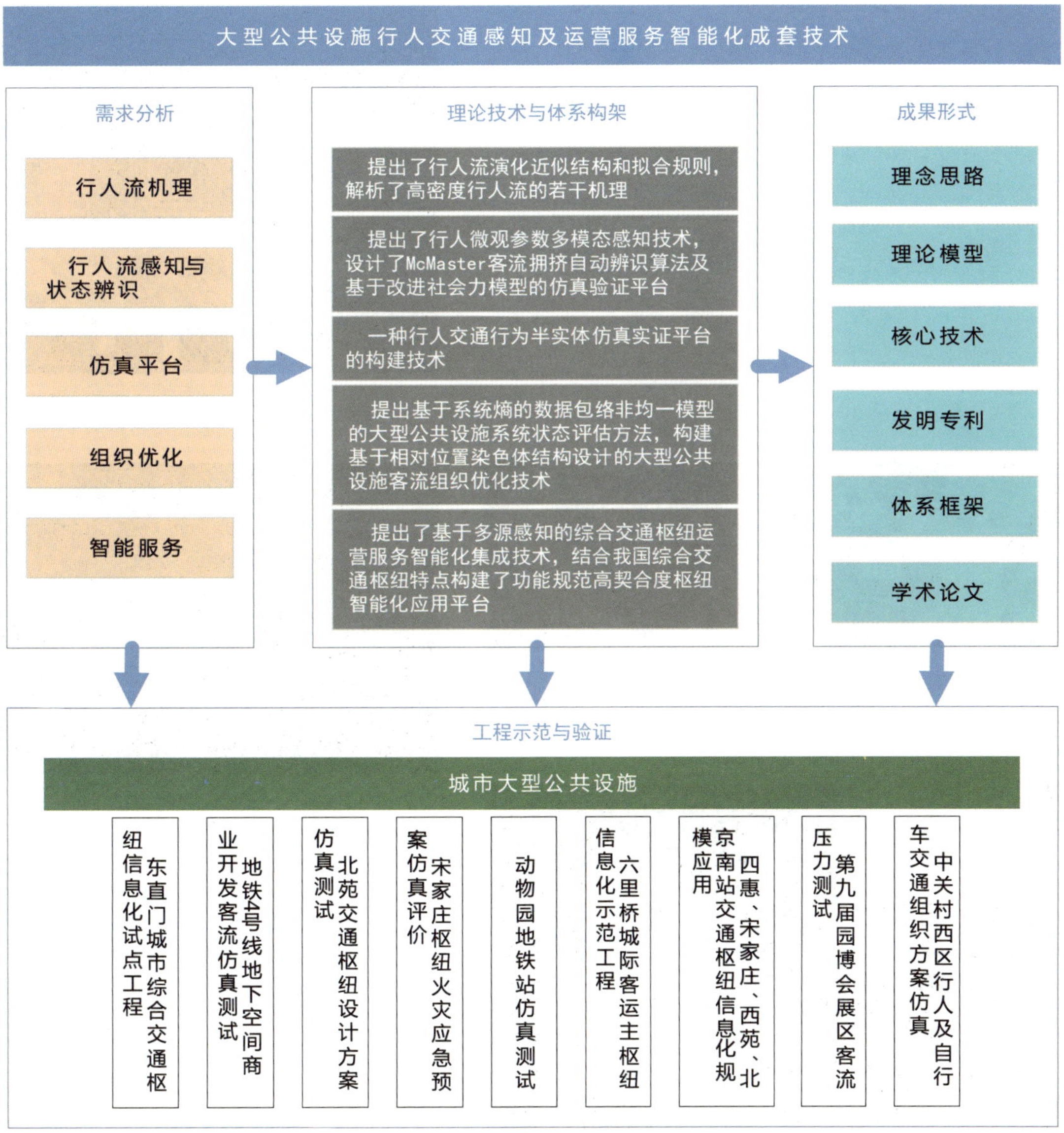

■ 项目总体技术路线图

换乘，保障公众出行安全，社会环境效益显著。项目的成果对支持本领域的发展也具有重要的作用。

成果应用

本项目研究成果被广泛应用于2008年奥运会行人流组织优化管理，是国家体育场、五棵松场馆群、工人体育场、北京工业大学羽毛球馆、奥林匹克公园等多个奥运比赛场馆（群）的行人交通流评估、行人诱导与应急疏散、交通运营管理等方案制定提供了重要技术支撑，实践证明了研究成果的有效性，得到了奥组委的一致肯定。

另外，该研究成果率先应用于交通运输部首个城际客运主枢纽信息化的示范工程——北京六里桥客运枢纽，随后在北京市东直门综合运输枢纽、北京四惠、宋家庄、西苑、北京南站等一大批综合交通枢纽都得到了规模化应用，为北京市乃至全国综合交通枢纽的建设提供技术指导与成功经验。

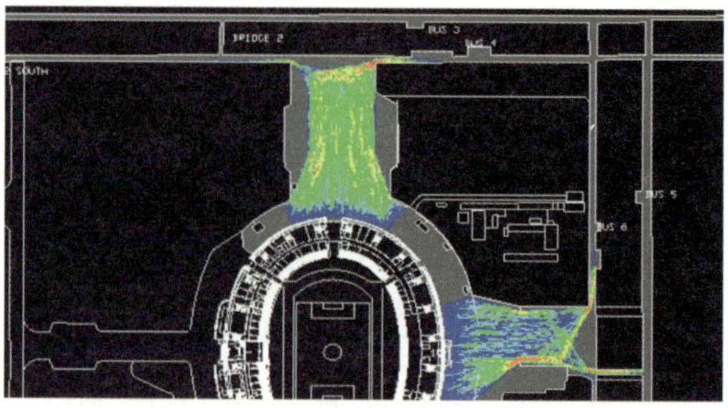

■ 工人体育场观众组织与疏散效果图

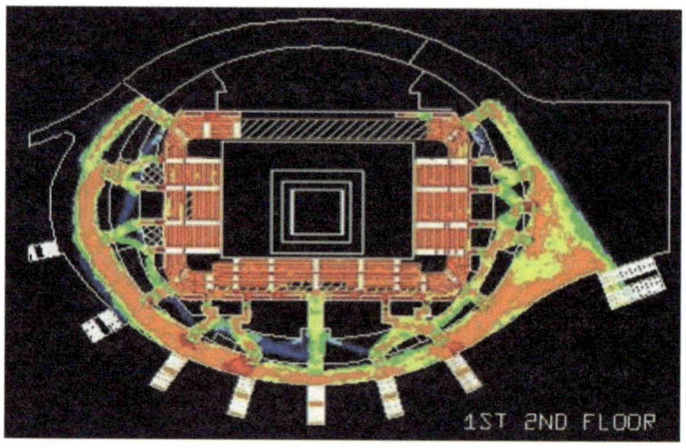

■ 北京工业大学羽毛球场馆观众组织与疏散效果图

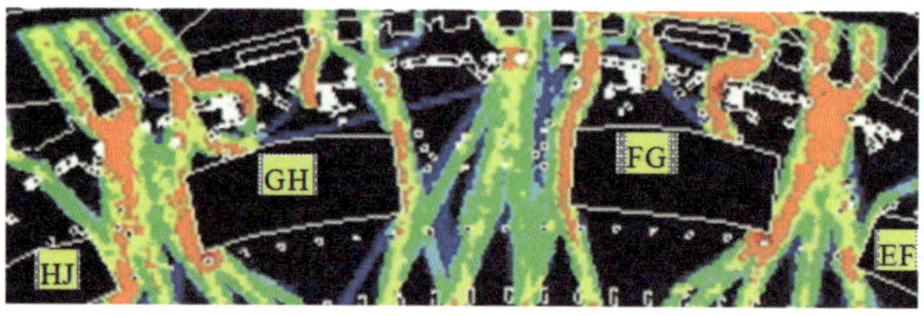

■ 鸟巢观众组织与疏散效果图

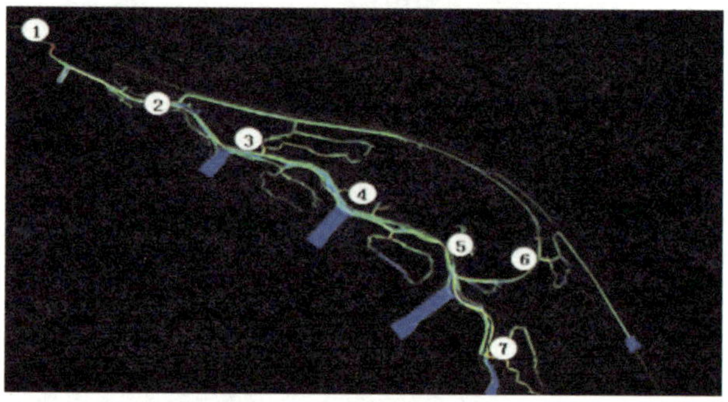

■ 北京园博园观众组织与疏散效果图

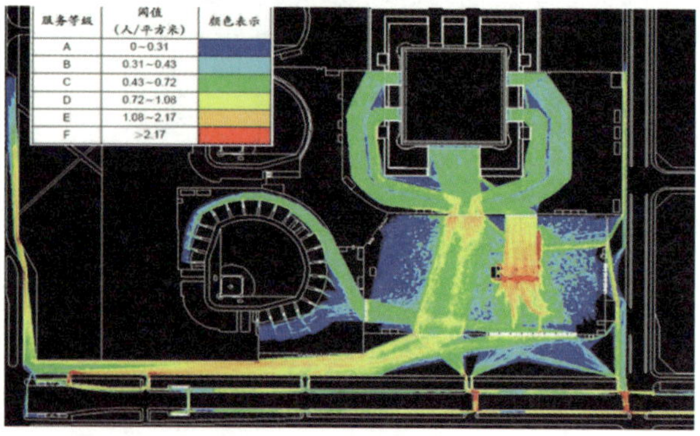

■ 五棵松场馆群观众组织与疏散效果图

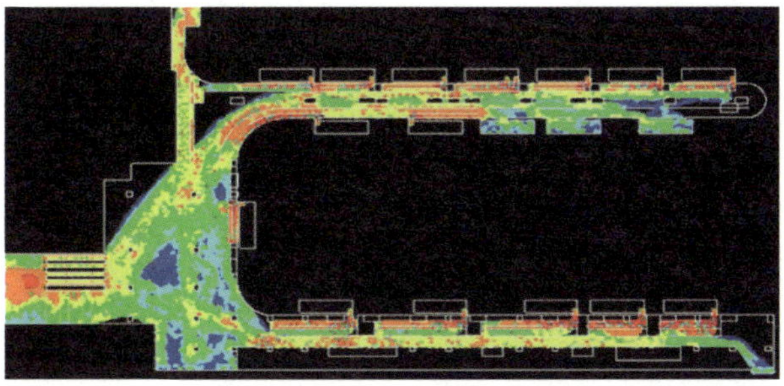

■ 东直门交通枢纽优化方案行人仿真效果图

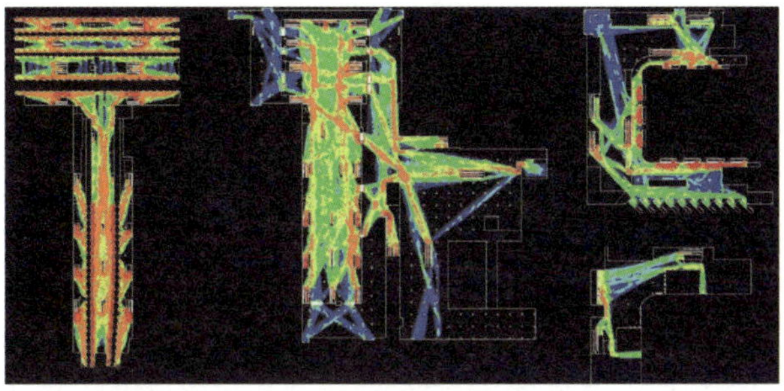

■ 宋家庄客运枢纽优化方案行人仿真效果图

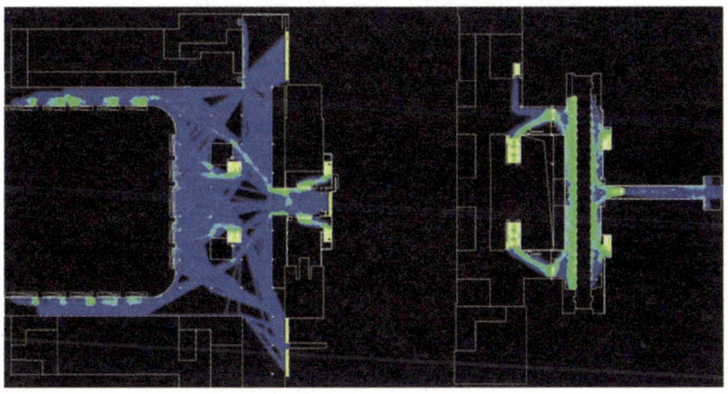

■ 北苑北交通枢纽优化方案行人仿真效果图

完成人简介

张海林，工学博士，曾任交通智能运输系统工程研究中心副研究员，世界银行综合客运枢纽信息化专家，主要研究方向为智能交通，综合客运枢纽信息化咨询设计、交通运输规划与管理、行人微观交通流理论、应急疏散仿真与管理等。作为项目负责人主持项目8项，作为项目主要完成人员参与国家级和省部级科研项目23项，包括“十一五”国家科技支撑计划、863项目、交通运输部西部项目、交通运输部基础科研项目以及其他省部级项目，获中国公路学会科技进步一等奖3项，北京市科学技术二等奖1项，在国内核心期刊论文发表20余篇，其中EI检索8篇；获国家发明专利4项，软件著作权7项等，主编及参编交通运输行业标准规范6项。

在役桥梁快速检测评估与维护改造关键技术研发及应用

北京市科学技术奖　二等奖

研究背景

我国现有公路桥梁69万余座，系世界第一桥梁大国。桥梁作为咽喉工程在公路运输中发挥着节点性关键作用，保证其耐久安全使用是公路养护管理部门面临的重大技术问题。北京市现有桥梁5059座/377593延米，且多处于交通繁忙的国、省道干线公路上。长期的荷载和环境作用，势必造成桥梁使用性能衰退、安全与耐久性降低。近年来，各地桥梁已发生多起突发损坏事件，不仅造成了直接经济损失，而且带来了不良的社会影响。北京市对桥梁安全提出了更高的要求。通过提升检测评估与维修加固技术手段，确保桥梁安全、路网畅通，对北京有着尤为重要的现实意义。

目前桥梁检测鉴定改造标准还很不完善。以前的桥梁检测评估方法需要花费大量人力物力，而且时间较长；一旦进行维护改造将中断交通，对正常通行影响较大；北方城市冬季撒盐除冰带来的混凝土桥梁耐久性劣化状况无法评定；缺少可靠性好、准确性高、兼容性好、远距离测控的桥梁无线检测、监测技术和装备。作为全国重要的交通枢纽城市，北京的公路桥梁具有交通量大、社会关注度高、政治意义强等显著特征，桥梁养护过程中的快速检测评定、不中断交通的维修加固和信息化监测手段等技术的需求迫切，保障桥梁安全耐久使用意义重大。因此，有必要建立一套“针对地区、针对桥型、针对实际问题、具有可操作性”的北京地区旧桥检测评估与维修改造技术。

本项目旨在紧密结合北京市公路桥梁养护的实际需求，根据北京公路桥梁的地域、环境、交通等自身特点，研究分析桥梁病害和产生机理，通过理论和实体工程试验研究，提出方便实用、快捷有效的桥梁检测评估与维修改造技术，使北京市桥梁检测评估与维护工作有标准可依、有方法可循，提升北京市公路桥梁养护管理技术水平，解决长期困扰桥梁养护工作者的技术难题，为北京市交通基础设施养护和管理提供有力的技术支撑。

主要成果

1. 提出了服役桥梁快速检测技术方法，研发了具有自主知识产权的桥梁监测系统装置；

2. 提出了基于“图形标杆”的混凝土梁式桥损伤评估技术，建立了立足于检测、侧重于检算的桥梁承载能力快速评定方法体系；

3. 提出了除冰盐环境下混凝土桥梁耐久性评定方法；

4. 研发了服役桥梁不中断交通条件下的加固维修成套技术。

检测密云密古路清水河桥

成果应用

桥梁检测评估与维护改造技术自2007年开始在北京地区便开始应用推广。2007—2012年，共有290项旧桥维护改造项目采用了该技术，12000延米，总投资10.77亿元。具体完成情况为：2007年66项，3570延米，投资额1.69亿元；2008年53项，3221延米，投资额1.85亿元；2009年69项，2982延米，投资额1.57亿元；2010年55项，2631延米，投资额1.57亿元；2011年30项，1422.6延米，投资额2.26亿元；2012年17项，925.3延米，投资额0.69亿元。针对北京公路旧桥特点，应用基于“图形标杆”的混凝土梁式桥损伤评估技术，对全市大量公路旧桥进行了承载力评定。成功指导完成了2008年7月奥运前《北京市交通基础设施安全评价研究》检测桥梁5657座，八达岭高速公路出京方向大修改造板桥36座。后期应用本项目基于可靠性理论的耐久性维护设计方法，提高了本市桥梁维护费用的使用效率。

采用项目快速桥梁检测技术，对市属重点桥梁进行了评定，如“亚洲第一三塔矮塔斜拉桥”——潮白河特大桥、国内首座三角悬吊钢梁桥——房山涞宝路五渡桥、主跨230米不等跨上地斜拉桥等。国内著名桥梁检测也采用了该技术成果，如苏通大桥，第一跨海大桥——杭州湾跨海大桥等。本项目研发的桥梁群监测系统已成功应用于北京市14座大桥、特大桥的试验研究和中小桥梁在线监测，可使北京桥梁的使用状况、荷载情况等重要信息实时采集上传，大大缩短桥梁养护数据库的更新周期，及时发现异常情况。

项目成果重点推广应用后，培训全市桥梁工程师等技术骨干200多人，主要成果被纳入《公路桥梁技术状况评定标准》《公路桥梁承载能力检测评定规程》及《公路养护工程质量检验评定标准》《城市桥梁检测与评定技术规范》（送审稿）等交通运输部、住建部行业标准规范，并编制发布了《北京市桥梁检测鉴定技术指南》和《北京市桥梁维护改造技术指南》。相关规范标准已成熟应用于北京桥梁检测评定、后期养护、实时监测工作，并已成为国内行业重要理论支撑。

完成人简介

主要完成人
周绪利

周绪利，北京市道路工程质量监督站站长、党支部书记，享受国务院特殊津贴。现任中国公路建设行业协会专家委员会副主任、中国交通建设监理协会试验检测委员会副主任、北京智能交通协会监事长、北京公路学会专家委员会副主任。中国公路百名优秀工程师、金桥奖、交通运输部“十一五”科技创新“优秀科技人员”。2013年获得首都文明建设奖，2014年获得全国公路优秀科技工作者，2014年“在役桥梁快速检测评估与维护改造关键技术研发及应用”获得北京市科技进步二等奖。

主要从事公路工程建设和科学研究，作为工程质量监督、检测负责人参加了北京所有高速公路项目建设管理，2011年起被聘任为教授级高工（专业技术二级），近几年获省部级科技奖7项，为北京市公路科技创新、工程质量安全保障和路况水平位居全国前列做出突出贡献。

李万恒，研究员，现任交通运输部公路科学研究院桥梁技术研究中心主任。

主要从事公路在用桥梁检测评定与维修加固技术研究和技术咨询服务工作。作为主要负责人，完成了西部交通建设科技项目："公路旧桥检测评定与加固技术研究及推广应用"的研究工作；主持完成了西部交通建设科技项目："混凝土梁式桥梁损伤评估与安全可靠性评价技术研究"；协助主持了国家科技支撑计划"多塔连跨悬索结构及工程示范"、西部交通建设科技项目重大专项："桥梁耐久性关键技术研究"，北京市科技攻关课题"桥梁结构安全监测与养护管理技术研究"等的研究工作。

发表论文和专著40余篇（部），获国家科技进步二等奖1项，省部级一等奖4项、二等奖6项。北京市科学技术二等奖1项。2011年获中国公路青年科技奖；2012年被评为交通科技英才，对我国公路在用桥梁的检测评定与维修加固技术体系的建立做出了重要贡献。

拱形钢塔斜拉桥建设养护关键技术研究与工程示范

中国公路学会科学技术奖　一等奖

研究背景

本项目由浙江省交通运输厅立项（2011H17），是浙江省之江大桥工程配套科研项目。之江大桥桥跨布置为 3×60+（116+246+116）+60+11×86+60（m），主桥为拱形钢塔斜拉桥，塔高 95m，主梁为钢箱梁，主跨设计为 246m；引桥为变截面预应力混凝土连续箱梁桥。针对拱形钢塔导致的斜拉桥设计、施工和养护中有针对性的技术问题以及在特大型桥梁工程中普遍存在的隐蔽工程难以检测的技术难题，对斜拉桥空间索面效应计算方法、拱形钢塔高精度线形控制、统筹施工与运营的健康监测、隐蔽工程检测与可视化等开展了相关技术研究。

主要成果

经过 3 年多的“产、学、研、用”联合攻关，取得发明专利 2 项、实用新型专利 13 项、软件著作

钢混结合段张拉过程中的现场测试

ERS 钢桥面铺装性能试验：进行钢箱梁节段结构与铺装一体化 ALF 试验

液压门式提升系统具有三向位移调整功能，适合于拱形等曲线形轴线的钢塔节段吊装

权 4 项、工法 1 项、应用手册和指南 6 部，发表技术论文 93 篇，多项关键技术达到国内外领先水平，研究成果有效地支撑了之江大桥的建设，推动了公路桥梁技术进步。

研究创新点

1. 建立了以腐蚀电阻测试技术为基础的拉索锚固处拉索锈蚀、基于光纤传感的正交异性钢桥面板受力、以磁弹效应为基础的体内预应力钢束的有效应力分布状态、以超声测试技术为基础的竖向预应力钢筋有效预应力、以应变为基础的混凝土收缩徐变实测分离的测试方法，并研发了相关设备。

2. 提出了拱塔斜拉桥钢拱塔形态与拉索空间分布之间的受力匹配性设计方法和空间索力作用下钢桥面板构造细节疲劳设计方法，完善了拱形钢塔斜拉桥设计计算理论；建立了拱形钢塔构造适宜性评价标准；开发了适用于空间索面带阻尼辅助索的拉索减振系统。

3. 研发了液压门式同步提升系统、施工期间渡强风的装置和圆孔蜂窝状空心钢沉箱式水下阻尼器，建立了拱形钢塔加工、吊装和安装施工全过程的高精度线形控制技术。

4. 研发了拱形钢塔后张锚固式钢 - 混结合段长螺杆定位装置，建立了基于超声测试技术的钢拱塔板底压浆效果检验方法。

5. 进行了钢桥面铺装及结构结合体的疲劳性能试验，建立了车辆荷载与环境温湿度等多因素复合作用下桥面铺装的节段足尺模型疲劳试验方法，完善了 ERS 树脂沥青钢桥面铺装技术体系。

6. 开发了网络化工程建设安全监管系统和建设项目数字化管理系统。

7. 提出了桥梁寿命周期基于动态阈值的智能监控方法，建立了统筹施工与运营、养护的桥梁结构智能监控系统。

成果应用

项目研究成果已在示范工程——浙江杭州之江大桥进行了很好的应用。编制的拱形钢塔斜拉桥设计方法优化了之江大桥设计方案；发明的传力杆定位装置提升了之江大桥钢塔和钢混结合段施工质量；研发的液压门式系统和网络化工程建设安全监管系统、建设项目数字化管理系统提高了之江大桥大型桥梁

■ 之江大桥模型试验：塔高、无索区长度

a) 索锚结合部观察窗　b) 预应力监测装置

c) 竖向预应力测试装置　d) 无应力桶

■ 部分研发的装置

示范工程——浙江省杭州市之江大桥

施工项目管理信息化水平和施工过程的安全性；ERS树脂沥青钢桥面铺装技术体系直接支撑了之江大桥钢桥面铺装的设计与施工；研发的竖向预应力钢筋有效预应力等检测设备改进了引桥混凝土箱梁预应力施工技术工艺；统筹施工与运营、养护的桥梁结构智能监控系统已经用于之江大桥桥梁健康检测系统。这些成果有力支撑了之江大桥的工程建设和运营养护管理。

同时，项目研究成果还在浙江温州瓯江大桥、浙江嘉绍大桥等工程中进行了推广应用，全面提升了我国拱形钢塔钢箱斜拉桥的设计、施工、科研水平，以及预应力混凝土梁桥隐蔽工程的检测和监测技术。

完成人简介

主要完成人
朱明敏

朱明敏，现任杭州市交通投资集团副总经理。作为项目主要负责人，先后参与了沪杭高速公路连接线石大线工程、杭州绕城南线工程、沪杭甬高速公路德胜互通工程、杭新景高速公路延伸线（之江大桥）工程、杭州绕城下沙互通至江东大桥高速公路工程、杭州萧山机场公路改建项目西兴互通工程等项目的建设管理工作，先后主持和参与了多项省级课题的研究，先后在国内核心期刊上发表论文数篇。

张劲泉，研究员。1984年毕业于同济大学桥梁工程专业，历任交通部公路科学研究所桥梁室副主任、道路桥梁部副主任、道路桥梁部主任、公路院副院长。现任交通部公路科学研究院院长兼党委副书记。中国公路学会桥梁与结构工程学会副理事长，国际桥梁与结构学会（IADSE）会员。交通青年科技英才，交通运输部专家委员会委员。全国优秀科技工作者，享受政府特殊津贴。主要研究方向桥梁检测评定与维修加固、桥梁结构监测与安全评估、桥梁耐久性。主要研究方向桥梁检测评定与维修加固、桥梁结构监测与安全评估、桥梁耐久性。曾参与“公路桥梁使用功能评定方法研究”“虎门大桥成套技术研究”“桥梁检测与试验设备”“公路桥梁使用功能评定方法”“虎门悬索桥钢箱梁架设与拼接程序研究”“虎门悬索桥竣工验收试验与评价”等项目。曾主持“虎门悬索桥上部结构施工监控技术研究”“虎门悬索桥钢箱梁架设与拼接程序研究”“虎门悬索桥竣工验收试验与评价”“公路桥梁承载力检测评定规程”“公路旧桥检测评定与加固技术研究及其推广应用”的研究工作。主持公路桥梁质量检测、试验评定与加固维修的技术开发与技术服务工作。完成近百座公路桥梁的质量检测、试验评定与加固维修。参与“虎门大桥工程”系列丛书的编写。重要科研成果有：桥梁使用功能评定方法、虎门悬索桥施工监测与控制、大跨悬索桥竣工验收试验方法、桥梁健康监测与安全评价技术、桥梁承载能力检测评定方法、公路桥梁维修加固成套技术、桥梁耐久性关键技术等。主持了国家科技支撑计划“多塔连跨悬索结构及工程示范”、交通部重大专项“桥梁耐久性关键技术研究”、以及交通部西部交通建设科技项目“公路旧桥检测评定与加固技术研究及推广应用”等十余项重大项目的研究工作。为行业的技术进步做出了突出贡献。研究成果获国家科技进步二等奖2项，省部级科技进步特等奖1项、一等奖2项、二等奖1项。出版学术专著7部，发表学术论文40余篇。

大雾条件下高速公路运营安全保障技术研究

中国公路学会科学技术奖　一等奖

研究背景

《大雾条件下高速公路运营安全保障技术研究》于2011年在安徽省交通运输厅立项，项目承担单位为安徽省高速公路控股集团有限公司，参加单位为交通运输部公路科学研究所和北京中交华安科技有限公司，项目于2013年完成验收，并于2014年获得了中国公路学会科学技术奖一等奖。

项目针对大雾低能见度交通高影响天气，以提高大雾条件下高速公路交通安全保障能力与管理水平为目标，围绕公路沿线雾情新型综合监测技术、雾天等低能见度下的行车安全主动引导技术、雾天在途驾驶员信息智能化联动发布技术、特殊场景下高速公路交通安全设施综合运用和交通控制策略有效应对技术，以及雾条件下高速公路交通安全监控与管理支持系统解决方案等方面进行系统研究，取得了多项创新成果，为雾天等特殊环境下的公路运营安全保障提供了技术与方法支撑。

降低雾天追尾事故及二次事故的发生，属于国内外首创；取得了1项发明专利，产品通过了第三方检测；编制了《雾天公路行车安全诱导装置》交通行业标准，为在国内推广雾天行车安全智能诱导技术与产品奠定了基础。

■ 雾天公路行车安全智能诱导装置

检 测 报 告

■ 产品检测报告

JT

中华人民共和国交通运输行业标准

雾天公路行车安全诱导装置

■ 雾天公路行车安全诱导装置行业标准

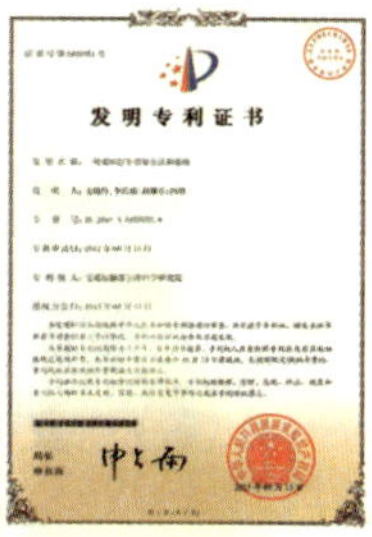

发 明 专 利 证 书

■ 技术发明专利

主要成果

1. 研制了雾天等低能见度条件下在途车辆行车安全智能引导设施与系统，在特殊条件下的交通事故主动预防技术方面实现了技术突破，有效预防和

2. 基于双亮度差法技术原理，首次提出了适用于公路沿线能见度检测的视频能见度系统技术方案，给出了能见度提取的关键图形处理算法，突破了现有

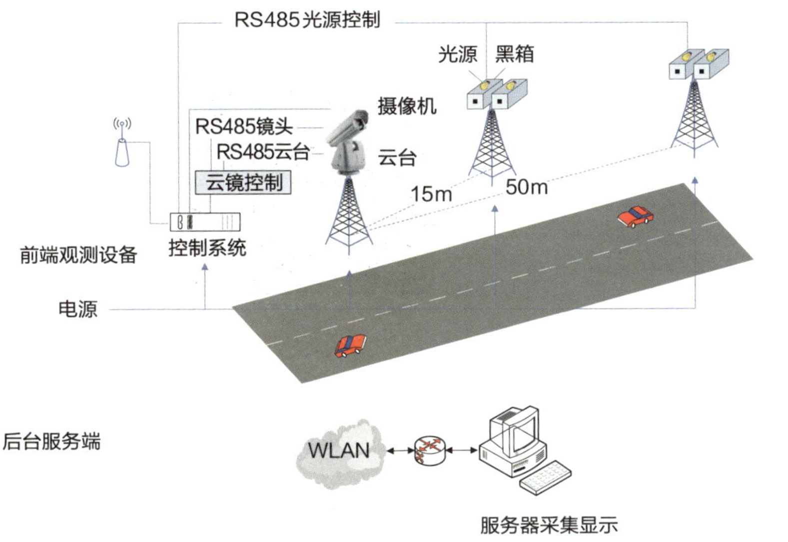

■ 技术原理与系统架构

视频能见度检测技术在全天候检测和检测值高精度连续输出方面的局限，研制了设备样机。为与路段监控摄像机结合，实现高密度、低成本能见度检测提供了技术方案。

3. 构建了全面的雾天低能见度条件下交通运营安全保障实用技术体系：①提出了雾事件下高速公路拥堵空间影响范围预测模型和基于可变情报板的信息联动策略，提高了信息发布的及时性、有效性、一致性；②研制了雾天

■ 外场长期观测实验

■ 雾模拟实验室实验

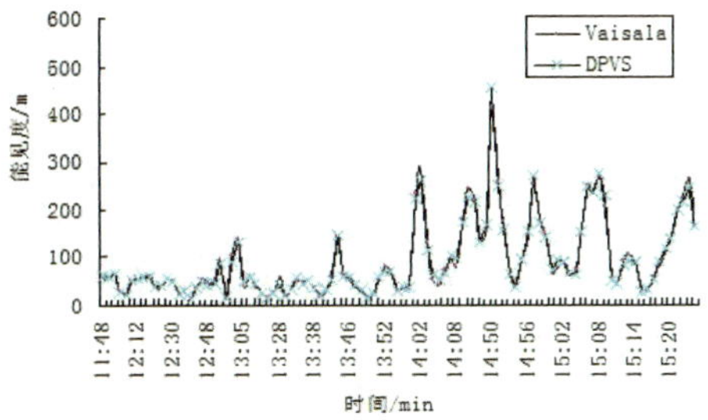

■ 与前向散射能见度仪观测结果对比

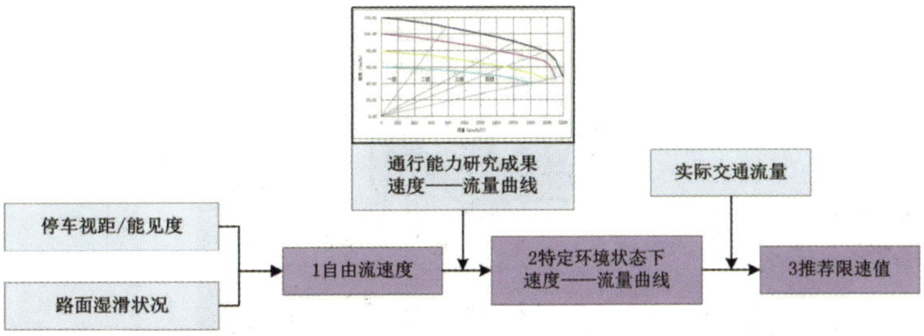

■ 建议限制速度值确定方法流程图

新型信息发布警示标志，具有针对性强、警示效果好、成本低的优点，取得了1项实用新型专利；③建立了综合能见度和实时交通流量等因素的雾天可变限速值确定方法，考虑了时变交通流影响，且简单易用，可用于实现特殊条件下可变限速控制；④编制了《雾条件下高速公路安全通行保障技术指南》，为优化交通工程设施设计、提升雾天高速公路交通安全提供了好经验好做法。

■ 适用于恶劣天气条件下的一种新型交通标志设计

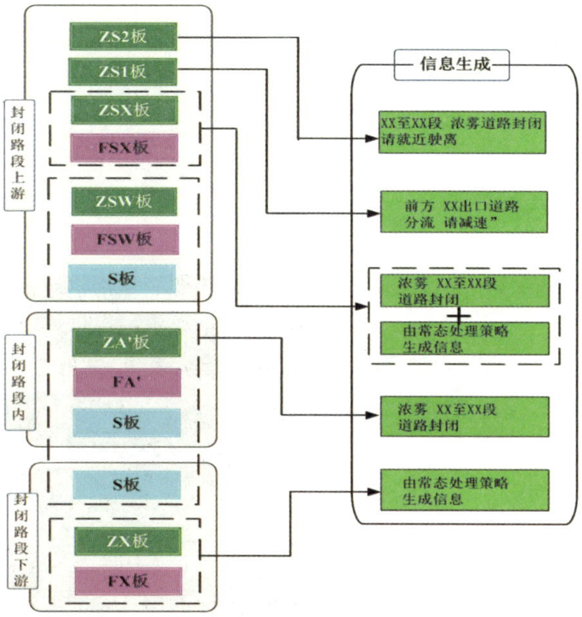

■ 雾天局部路段封闭条件下基于VMS分类的信息辅助生成策略

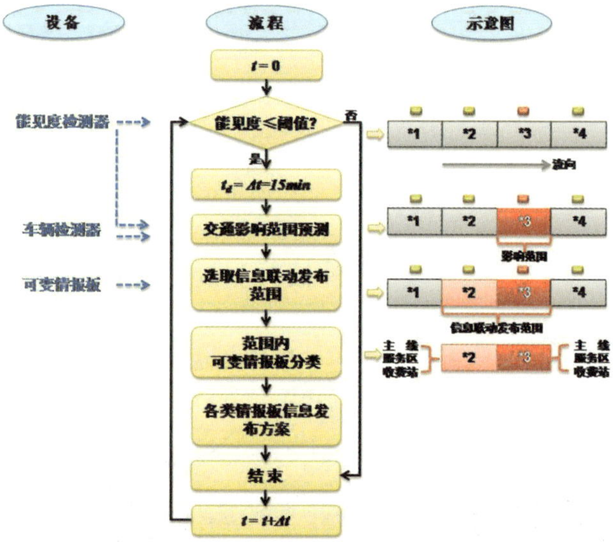

■ 高速公路信息联动发布策略处理流程

■ 适用于恶劣天气的新型交通标志示范应用

■ 雾天公路行车安全智能诱导设施示范应用

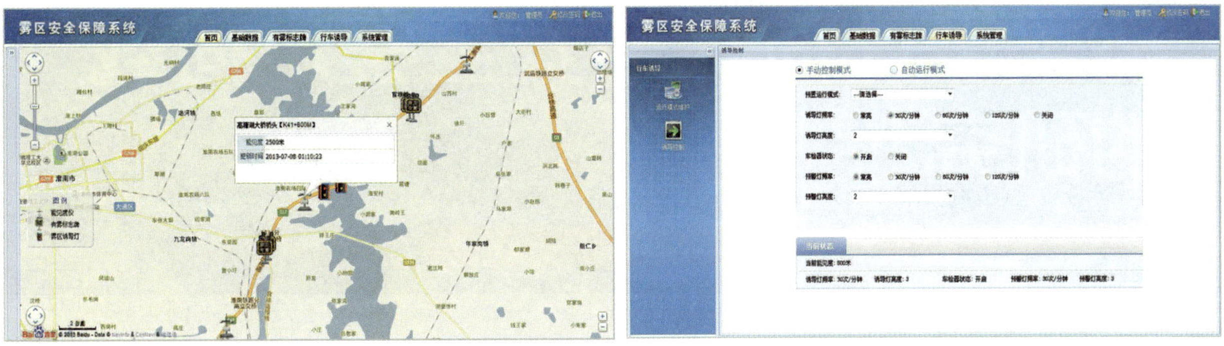

■ 蚌淮高速公路大雾条件下高速公路安全监控与管理支持系统

4. 研发了大雾条件下高速公路安全监控与管理支持系统，实现了雾情监测预警、管控措施实施、外场管理设备协同响应、信息联动发布等一体化功能，提高了雾天交通安全管理与服务水平，获得了1项软件著作权。

5. 项目成果已成功应用于安徽省蚌（埠）淮（南）和在溧（阳）广（德）高速公路依托工程中，示范效果良好。

项目核心成果构成了大雾条件下高速公路安全保障成套实用技术，可有效解决高速公路大雾条件下安全行车问题。研究成果具有创新性，获得了相关知识产权，部分成果纳入交通运输部的行业标准规范。研究成果鉴定为总体达到国际先进水平，社会、经济效益显著，在交通行业具有广阔的应用推广前景。

完成人简介

李长城，工学博士，副研究员，任职于交通运输部公路科学研究院公路交通安全工程研究中心，专业方向为公路交通气象，院交通气象方向带头人。主持和参与国家级与省部级科研项目10余项，出版专著2本，制定标准规范6项，获得中国公路学会科技进步一等奖3项、三等奖3项。

桥梁设计荷载与安全鉴定荷载的研究

中国公路学会科学技术奖　一等奖

研究背景

"桥梁设计荷载与安全鉴定荷载的研究"属于西部交通建设科技项目，交通运输部公路科学研究院主要承担了安全鉴定荷载的研究工作。安全鉴定荷载的提出旨在通过该荷载体现荷载运营水平，又兼顾桥梁结构安全，为桥梁养护管理工作提供技术支持。

随着我国经济建设的迅速发展，以及煤炭、矿产等重载运输的发展需要，道路桥梁的交通流量逐年增多，桥梁超载现象日益严重。其中，大型货运车辆如运煤车辆、运沙车辆以及港口的大型集装箱，其超载幅度甚至达到额定载重量的数倍。严重的超载运输不但影响桥梁结构的安全运营，而且也影响到桥梁结构的耐久性，是导致公路桥梁结构损伤的主要原因。

目前桥梁运营荷载往往超过了桥梁的设计荷载或所在道路的运营限定荷载，在此运营状态下，桥梁结构或构件经常会出现各种不同程度的损伤病害，从而使得桥梁使用寿命缩短，通行能力降低，严重的甚至会产生结构性破坏，形成危桥，影响所在道路交通的安全运营，使人民的生命安全和社会财产得不到有效保障。

鉴于此，国家投入大量的人力物力，采取强有力的措施来改善道路桥梁车辆超载状况。计重收费是采用经济手段对非法超载加以约束或限制，但在收取相应费用的情况下允许超载车辆继续通行，相对于标准设计荷载而言，这无疑使桥梁所承受的汽车荷载模型发生改变，同时也对公路桥梁承载能力提出了更高的要求。

为了适应不断出现的运输车辆超载现象，国内一些省份和地区纷纷提高公路桥梁荷载标准，河南省在高速公路设计技术要求中明确规定：高速公路和特大桥梁、特殊桥梁的车道荷载和车辆荷载按公路Ⅰ级的1.3倍设计；山西、内蒙古等地在一些重载路段的桥梁设计中突破了现行荷载规范，并提出建设重载交通和运煤专用通道；同时针对目前我国的汽车荷载状况及其面临的一些主要问题，诸如我国的汽车荷载水平是否满足现在和未来发展的需要、治超成本是否过大、我国的汽车荷载标准是否大大低于国际上主要国家的水平等，国内外一些行业专家进行了广泛的讨论。

汽车荷载标准是否合理，直接影响到桥梁结构的安全性、经济性与耐久性，世界各国的桥梁设计活载（汽车荷载）都是虚构荷载，它是桥梁设计基准期内最大的预估荷载而非实际荷载，该虚构荷载作用的大小、形式及以其为基础的汽车荷载标准都应与本国公路的交通运输状况、交通量大小及交通流特性相适应，并能保证满足今后一定时间内的发展趋势。

随着交通运输的迅猛发展以及公路交通量和重载车数量的激增，我国交通流特性发生了根本性的变化。由此而引发的是，当前实际运营车辆荷载与我国公路桥梁设计汽车荷载不相适应的矛盾日益突出。同时，大量跨江、跨海特大跨径桥梁的建设，也对桥梁荷载的模式提出了新的要求，于是开展关于公路桥梁设计汽车荷载的研究来解决实际需要就显得尤为重要。而对于已建桥梁结构，则往往需要对其运营期是否能够满足当前及未来一段时间内的交通状况进行评估，以确保桥梁结构在使用期内的运营安全。

在实践过程中，我国现行的桥梁设计汽车荷载标准采用均布荷载加集中力的形式，而运营期桥梁的鉴定试验一般采用内力等效的原则来确定试验汽车荷载。但现行的荷载试验在试验控制中仅仅考虑了基本可变荷载的影响，未考虑其他可变荷载，使得试验结果不能很好地反映桥梁在车辆运行期间的长期性能。特别地，对于一些正在运营且具有特殊意义的特大桥梁，由于其跨越重要的江河通道，交通流量大、大型集装箱等重载车辆所占的比例相对较大，而且超载现象屡见不鲜，使得实际运营荷载与设计荷载存在较大差异。以往对其进行安全鉴定时，主要以设计荷载为依据对结构的安全性进行评价，但由于实际运营荷载与设计荷载之间的差异，从而在一定程度上给桥梁结构的鉴定、评估带来了一定的困难。为了评价桥梁结构是否满足当前以及未来一段时间的交通发展需要，开展了安全鉴定荷载的研究工作。

主要成果

首次提出了既有桥梁安全鉴定荷载模型、桥梁运营期汽车荷载安全状态评价方法。

1. 安全鉴定荷载模型（表 1）

表 1　安全鉴定汽车荷载模型

主要技术指标	单位	安全鉴定特级				安全鉴定 I 级				安全鉴定 II 级			
		A 型		B 型		A 型		B 型		A 型		B 型	
		主车	重车	主车	重车	主车	重车	主车	重车	主车	重车	主车	重车
一辆汽车总重	kN	760		570	760	310	610	250	490	310	490	250	420
车队中重车数	辆		0		1		1		1		1		1
各轴重力分配	kN	70 150 150 130 130 130		70 140 120 120 120	70 150 150 130 130 130	65 65 90 90	70 120 120 100 100 100	70 90 90	70 120 100 100 100	65 65 90 90	70 90 90 80 80 80	70 90 90	65 115 80 80 80
轴距	m	3.2 1.4 6.5 1.3 1.3		3.5 6.5 1.3 1.3	3.2 1.4 6.5 1.3 1.3	1.5 5.1 1.4	3.2 1.4 6.5 1.3 1.3	3.8 1.4	3.5 6.5 1.3 1.3	1.5 5.1 1.4	3.2 1.4 6.5 1.3 1.3	3.8 1.4	3.5 6.5 1.3 1.3

安全鉴定荷载模型如表1所示，表中详细列出了各级安全鉴定汽车荷载中主车和重车的总重、车队中重车的数量、轴荷的分配以及轴距的各项指标。安全鉴定荷载以汽车车队的形式表示，分为安全鉴定特级、安全鉴定Ⅰ级、安全鉴定Ⅱ级三个等级，其中每一级别安全鉴定荷载又分别包含A型和B型两种类型。

2. 桥梁运营期汽车荷载安全状态评价方法（表2）

对于高速公路、一级公路，当汽车荷载影响修正系数 ζ_q 介于1.0～1.05之间时，取用安全鉴定Ⅰ级荷载；当 ζ_q 介于1.05～1.25之间时，评估荷载取用安全鉴定Ⅰ级与 ζ_q 的乘积；当 ζ_q 介于1.25～1.36之间时，评估荷载取用安全鉴定特级荷载。

对于二级公路、三级公路、四级公路，当汽车荷载影响修正系数 ζ_q 介于1.0～1.05之间时，取用安全鉴定Ⅱ级荷载；当 ζ_q 介于1.05～1.25之间时，评估荷载取用安全鉴定Ⅱ级与 ζ_q 的乘积；当 ζ_q 介于1.25～1.36之间时，评估荷载取用安全鉴定Ⅰ级荷载。

表2　各级公路桥涵的汽车荷载安全状态评估标准

公路等级			高速公路	一级公路	二级公路	三级公路	四级公路
评估荷载	ζ_q	1.0～1.05	安全鉴定Ⅰ级	安全鉴定Ⅰ级	安全鉴定Ⅱ级	安全鉴定Ⅱ级	安全鉴定Ⅱ级
		1.05～1.25	安全鉴定Ⅰ级 * ζ_q	安全鉴定Ⅰ级 * ζ_q	安全鉴定Ⅱ级 * ζ_q	安全鉴定Ⅱ级 * ζ_q	安全鉴定Ⅱ级 * ζ_q
		1.25～1.36	安全鉴定特级	安全鉴定特级	安全鉴定Ⅰ级	安全鉴定Ⅰ级	安全鉴定Ⅰ级

成果应用

安全鉴定荷载的研究成果，拟在《公路桥梁承载能力检测评定规程》（JTG/T J21—2011）修编中引入，有助于提升桥梁承载能力检测评定的准确性和可靠性。

完成人简介

张劲泉，研究员，博士生导师，交通青年科技英才，交通运输部专家委员会委员，现任交通运输

部公路科学研究院院长。全国优秀科技工作者，享受政府特殊津贴。2013年获“有突出贡献中青年专家”荣誉称号，入选国家百千万人才工程，是“桥梁结构安全技术国家工程实验室”和科技部重点领域创新团队“桥梁结构长期性能与安全可靠性研究团队”的负责人。主要研究方向为桥梁检测评定与维修加固、桥梁长期性能与安全可靠性、桥梁结构监测与健康诊断。近十年获国家科技进步二等奖2项，省部级科技进步特等奖3项、一等奖8项，出版专著13部，发表论文30余篇，取得发明专利13项。

高寒高海拔地区新藏公路修筑关键技术及应用研究

中国公路学会科学技术奖 一等奖

研究背景

新藏公路（G219 线）位于世界屋脊，沿线穿越昆仑山、冈底斯山、喜马拉雅山脉，平均海拔 4500m 以上（青藏公路海拔约 4000m），极限气温 - 40℃，全线几乎所有路段均为高寒缺氧的无人区。目前世界上均未在如此条件下进行过等级公路的修筑，不仅对新藏公路建设者的身心提出了非常严峻的考验，同时也对公路低温修筑关键技术提出了挑战。

在高原永久性冻土路基处治方面，目前青藏公路应用过 XPS 隔热板、热棒、通风管路基以及块片石路基等处治措施，然而工程应用显示：XPS 隔热板、热棒、通风管路基技术效果均不理想。

在水泥稳定基层方面，新藏公路全线采用半刚性基层，而沿线气候常年低温，基层强度增长缓慢，抗温缩和干缩能力较差；同时作为特殊战略地位和阿里地区唯一的生活物质运输通道，施工中无法封闭交通，加之道路布线多为高山越岭线和高原平台，无法修筑便道，水泥稳定基层需要尽快形成强度以提供通车车道。因此，如何使水泥稳定基层在低温下能够在较短的时间内达到设计强度并具有很好的抗开裂能力是个关键技术难题。

在沥青路面低温施工方面，由于新藏公路沿线常年处于负温气候，沥青混合料在摊铺运输过程中热散失快，摊铺碾压时温度往往远低于技术规范要求的最低允许温度，路面难以压实，容易形成的较大空隙，严重影响沥青路面质量。所以在高寒高海拔地区沥青

■ 冻土挖方施工

■ 冻土开挖

混合料热散失过快情况下，如何保证沥青路面的压实度，是项目组攻坚的另一个技术难题。

为此，本项目开展了新藏公路改扩建工程修筑过程中高原永久性冻土路基、水稳基层以及沥青路面的低温修筑技术的系统科研攻关。

■ 水稳基层摊铺

主要成果

1. 研制出适合块片石路基压实的新型强夯装备，冲击能量 110kJ，有效压实深度高达 2.5m，解决了重型与冲击压路机有效压实深度较浅（冲击压路机冲击能量 36kJ，有效压实深度 0.6m），难以压实块片石路基的难题。

■ 水稳基层覆盖养生

2. 新型强夯装备可自动实时测试块片石路基夯实过程的夯层量，并建立了夯沉量与孔隙率关系式，实现了孔隙率自动检测新技术，填补了块片石路基压实效果检测的空白。

3. 开发出 - 5℃以上可降低冰点的、促进水泥水化和提高水泥稳定碎石抗裂性能的低温早强抗裂剂，提出了高海拔高寒区 5℃以下水泥稳定基层中的低温早强抗裂剂最佳含量为 16%，其低温下养生 3 天强度超过规范要求的常温养生 7 天设计强度，解决了低温环境下水泥稳定基层难以成型的技术难题。

■ 保温养生

4. 在高海拔高寒地区（ - 5~0℃），“热拌温压”沥青路面低温施工技术，保证了路面压实度，解决了高寒负温下的沥青路面施工技术难题。

5. 基于沥青黏温变化特性、瞬态热传导理论，结合实体工程混合料热散失温度变化规律，得出了高寒负温气候下热拌温压沥青混合料的拌和、摊铺、碾压各施工工序的温度控制指标值，有效指导了热拌温压沥青混合料施工，保证了低温气候下施工的沥青路面压实度。

■ 热棒施工

■ 温拌剂添加

6. 通过新型重夯装备的研制（原始创新）、低温早强抗裂剂的研发（原始创新）、“热拌温压”沥青路面低温施工技术的提出（引进吸收再创新），集成得出的高寒高海拔地区公路修筑关键技术成果（集成创新），保障了世界上最高海拔（平均海拔 4500m 以上、最高点 5300m）等级公路建设的顺利完成。

成果应用

目前我国高寒高海拔地区等级公路的修筑可借鉴的经验很少，仅青藏公路的部分路段在高寒高海拔地区。本项目研究依托新藏公路改扩建工程，丰富了高寒高海拔地区等级公路修筑技术成果，有力支撑了工程建设，确保公路质量，节约了工程投资，缩短了工程建设周期。在新藏公路工程中，块片石路基施工技术应用于 100km 路段，工程量为 1125000m^3；低温早强抗裂剂应用于 200km 水泥稳定基层路段，工程量为 270000m^3；热拌温压技术在新藏公路绝大部分高海拔地区均进行了应用，使用了 655000t 沥青混合料。

新疆维吾尔自治区科学技术进步奖

奖励证书

为表彰在科学技术进步中做出突出贡献的单位或集体，特颁发自治区科学技术进步奖，以资鼓励。

获奖成果：高寒高海拔地区新藏公路修筑关键技术及应用研究
主要完成单位：交通运输部公路科学研究院
奖励等级：二等奖
奖励年度：2014 年度

2015 年 月 28 日

■ 新疆科学进步奖

南疆地区即将开建红其拉甫—塔图鲁沟、康西瓦—和田、宁丰—克里亚山口等约 1000km 的公路工程，本项目成果将为包括上述工程的类似地区等级公路建设提供技术保障，全面提升了我国高寒高海拔地区等级公路的设计、施工、科研水平。

■ 路基超厚段处理

■ 路基 XPS 隔热板施工

■ 沥青混凝土摊铺

完成人简介

钟科，博士、副研究员，交通运输部公路科学研究院交通公路工程研究中心智慧铺面研发部负责人，主要研究道路工程结构与材料、智慧铺面技术、路面施工新技术等，主持或作为主要研究人员参与国家自然科学基金项目4项、交通运输部科技项目8项、标准编制6项、负责其他省市科研及工程咨询项目10余项，获得省部级科技进步奖5项，获得国家发明专利6项，发表科技论文20余篇、EI收入多篇，出版交通运输行业标准规范4部。

道路路面综合检测关键技术及成套装备研究

中国公路学会科学技术奖　一等奖

研究背景

道路路面综合检测关键技术及成套装备研究项目属于测绘科学与技术领域工程测量学科，是测绘科学新技术与工程力学技术在道路工程领域应用中的集成创新。本项目解决了道路设计与养护中所涉及的快速检测核心技术，一是攻克了道路弯沉快速测量的世界性难题，解决了传统道路弯沉动态测量速度慢、效率低、安全性差等瓶颈，实现正常交通速度条件下道路弯沉快速测量；二是突破了路面病害自动识别技术瓶颈，解决了裂缝自动识别效率低与可靠性差的难题，实现了路面病害的自动识别与分类，数据处理效率提高 20 倍以上；三是突破了道路平整度测量速度相关性大的技术难题，实现了任意速度下匀变速测量；四是突破了线结构光车辙测量精度局限瓶颈，实现了车道全断面车辙测量并达到检测规程一级指标要求；五是研制了具有完全自主知识产权，正常交通速度条件下的道路技术状况指标路面损坏、车辙、平整度、弯沉、沿线设施、纹理等多指标的系列检测装备，在国家交通事业发展中发挥了重要作用，产生了显著的经济和社会效益。

主要成果

1. 新测量方法方面，提出了一种基于路面变形速度的弯沉测量方法，攻克了道路弯沉快速测量的世

■ 公路检测设备

■ 公路检测车 1

■ 公路检测车 2

界性难题。该方法利用欧拉－伯努利方程对路面进行弹性力学分析与建模，根据路面在标准荷载作用下的变形速度反演路面弯沉，实现了道路弯沉非接触高速检测。

2.综合检测方法方面，提出了集路面损坏、平整度、车辙、弯沉及沿线设施的路面技术状况指标综合检测方法，实现了路面技术状况指标多源数据在车载正常运动状态下的同步控制与统一时空基准下的高速检测与采集。

3.数据处理算法方面，提出检测载体相对姿态的动态测量方法，解决了基于线结构光的车辙检测参考基准面不确定及平整度检测精度受检测速度变化影响大的技术问题，满足国家最高检测精度标准；提出一种逐步求精的路面裂缝识别方法，解决了裂缝自动识别效率低与可靠性差的难题，数据处理效率提高20倍以上。

4.产品研制方面，研制了具有完全自主知识产权的系列道路检测重大装备，获得“国家重点新产品”称号，实现在正常交通速度下路面技术状况指标在统一时空基准下的连续、无损、动态测量与检测，具有国际领先技术水平，填补国内空白。

5.性能指标方面，路面综合检测装备能在0～120km/h速度范围内正常工作，测量幅宽覆盖完整车道；平整度、车辙测量精度达到一级指标；裂缝自动识别准确率达到90%以上；快速弯沉检测装备能在15～90km/h范围内正常工作，弯沉值重复性达到95%以上，与FWD、贝克曼梁相关性达到90%以上。

经科技成果鉴定，项目研究成果整体达到国际领先水平，填补了国内在该领域的空白。项目成果已在全国30多个省（自治区、直辖市）的50余家公路与市政道路养护管理单位进行应用，累计检测里程超过百万千米。

成果应用

本成果的推广应用，对于完善我国公路路基路面设计规范，提升公路预养护科学决策水平，保持公路性能，提高公路使用质量及效率，延长公路服务寿命，降低公路养护和维修成本等方面发挥重要作用，为经济发展和社会进步提供了强有力的交通运输保障。

完成人简介

常成利，中公高科养护科技股份有限公司副总经理，研究员，工学博士。主要从事道路工程基础科学、公路检测与养护技术、检测设备计量技术、道路通行能力等方面研究以及行业标准/规程的制修订。国家注册安全工程师、交通运输部试验检测专家、国家实验室资质评审员、国家实验室认可（CNAS）评审员、全国振动冲击转速计量技术委员会委员、全国交通工程设施（公路）标准化技术委员会公路工程材料及仪器设备专业标准化工作组委员。主要科技成果先后获得国家科技进步二等奖、中国公路学会一等奖、二等奖和三等奖。

马鞍山长江公路大桥施工安全控制与管理成套技术研究

中国公路学会科学技术奖 一等奖

研究背景

本项目属于特大型桥梁施工安全控制与管理技术研发领域，依托马鞍山长江公路大桥建设工程，针对国内外桥梁建设工程中有效的施工安全控制与管理技术支撑不足、群死群伤的安全事故频发和后果严重的现状，研发了施工安全控制与管理成套技术。该成套技术主要解决了5个方面的技术问题：第一，桥梁工程施工组织设计安全风险评价方法；第二，桥梁施工现场安全风险源辨识与管理方法；第三，桥梁施工特定状态安全风险评估及监测技术；第四，桥梁施工作业区智能监控与系统集成技术；第五，公路工程安全生产监管制度体系。

主要成果

1. 研究提出了改进的人力资本法和LQI法，计算桥梁施工风险事件中人的生命价值，建立适合我国国情的桥梁施工风险损失分级原则，研发了桥梁工程施工组织设计安全风险评价方法。

2. 基于现代工程管理理论和全面质量安全管理，探索了本质安全在桥梁工程施工现场的实现路径；从本质安全原理出发，基于事前预案、过程预控和现场预警，研究提出了三阶段安全风险分析与预防方法。

3. 基于矛盾分析方法和工程风险事态分析评估研究理论，提出了对桥梁施工安全生产最具影响的“特定状态”概念；针对不同特定状态评估出其显著风险事态，研究提出了各显著风险事态对应的监测技术与防控措施、适应范围及使用条件。

4. 运用动态频谱感知、选择与窄带干扰规避技术、网络监控摄像机实时视频数据采集及计算机视觉分析技术，集成了桥梁施工作业区智能监控系统。

5. 基于系统安全工程原理，提出了“过程管理全要素”的公路工程安全监管制度体系构建方法，从开工条件、组织管理、人员培训、经费使用、隐患排查和考核评价等方面，实现了省级政府行政管理层面的公路工程安全监管制度顶层设计。

成果应用

2011—2013年，安徽省交通建设工程交工项目43个，其中实现“零伤亡”交工项目40个。如泗许高速公路淮北段、新桥机场高速公路、蚌淮高速公路等多个应用本项目研究成果的安徽省重点公路建设项目，均取得了施工人员“零伤亡”的显著效果，项目成果的有效性也得到了进一步验证。

安徽省黄山至祁门高速公路建设工程应用三阶段安全风险分析与预防方法、单元预警法等安全管理方法，解决了施工现场科学管理、安全管理的问题，

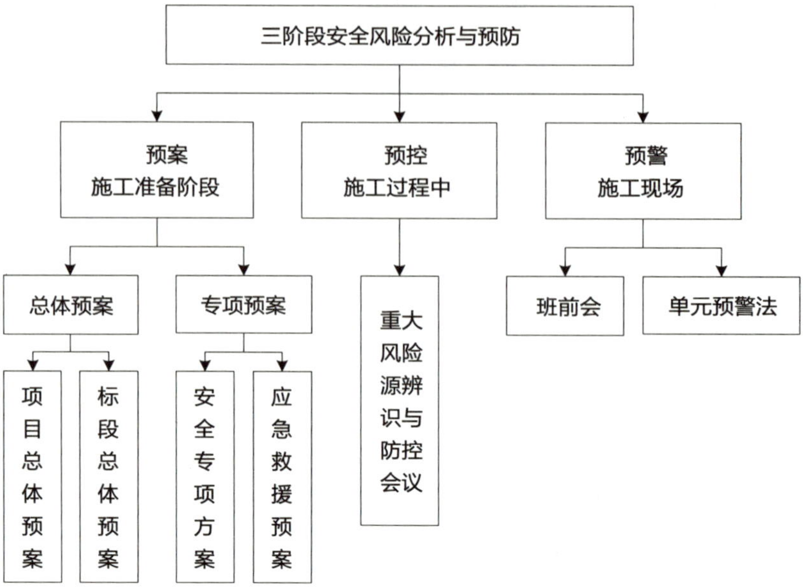

■ 三阶段安全风险源分析方法

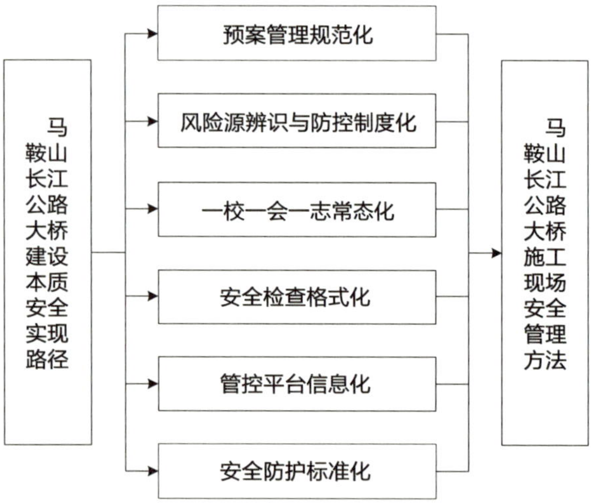

■ 本质安全在马鞍山长江公路大桥中的实现路径

2014 年 2 月获得了交通运输部质监局和安全监管总局监管联合冠名的 2013 年度公路水运建设项目“平安工程”奖。

江西省吉安市公路局于 2012 年在其交通建设项目上推行了本项目“一校、一会、一志”工程施工管理制度，目前“一校、一会、一志”举措在全局取得了安全实效。

其后，江西省交通运输厅在瑞金至寻乌高速公路建设项目上，推广了安徽省公路桥梁工程公司依据《安徽省公路水运重点工程建设项目安全生产管理指南》实施的“三阶段风险分析与预防”“单元预警法”等安全管理方法，对整个项目安全管理水平的提升起到了重要作用。

2014 年初，在浙江交通运输厅温州绕城高速公路西南线工程第十一次安全例会上，提出了 2014 年将推行“单元预警法”对施工现场进行安全管理。

总之，项目研究成果立足于桥梁施工全过程中关键工序和成套管控技术，以重大桥梁建设工程安全生产管控为主要内容，注重预防性、普适性和通用性，能为安徽省、外省市、本行业、其他行业和领域的重大建设工程安全生产工作提供借鉴和技术支撑，对当前和今后我国重大建设工程安全生产形势好转具有积极的促进作用。

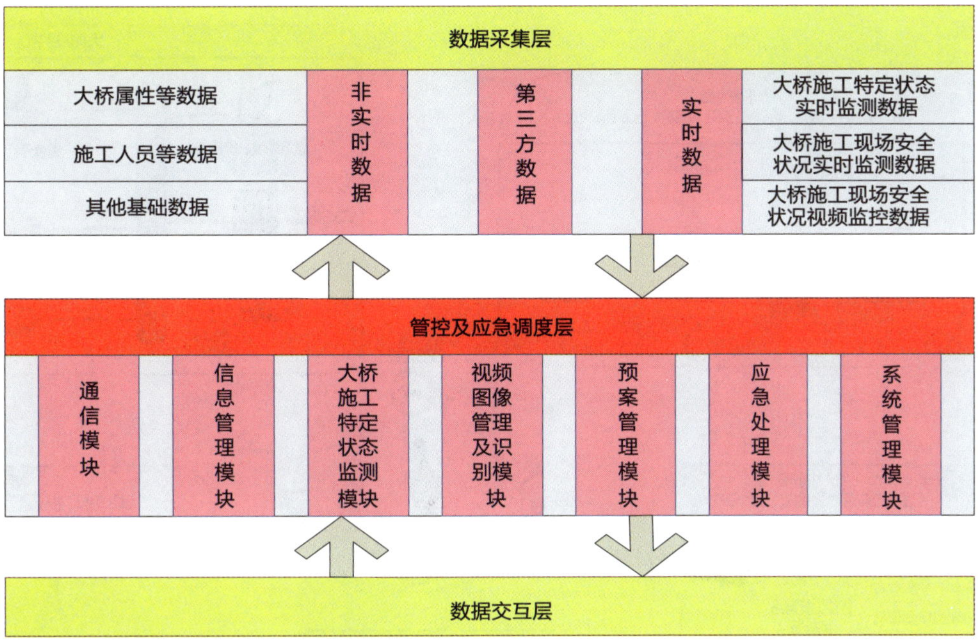

■ 桥梁施工安全风险管控平台构成图

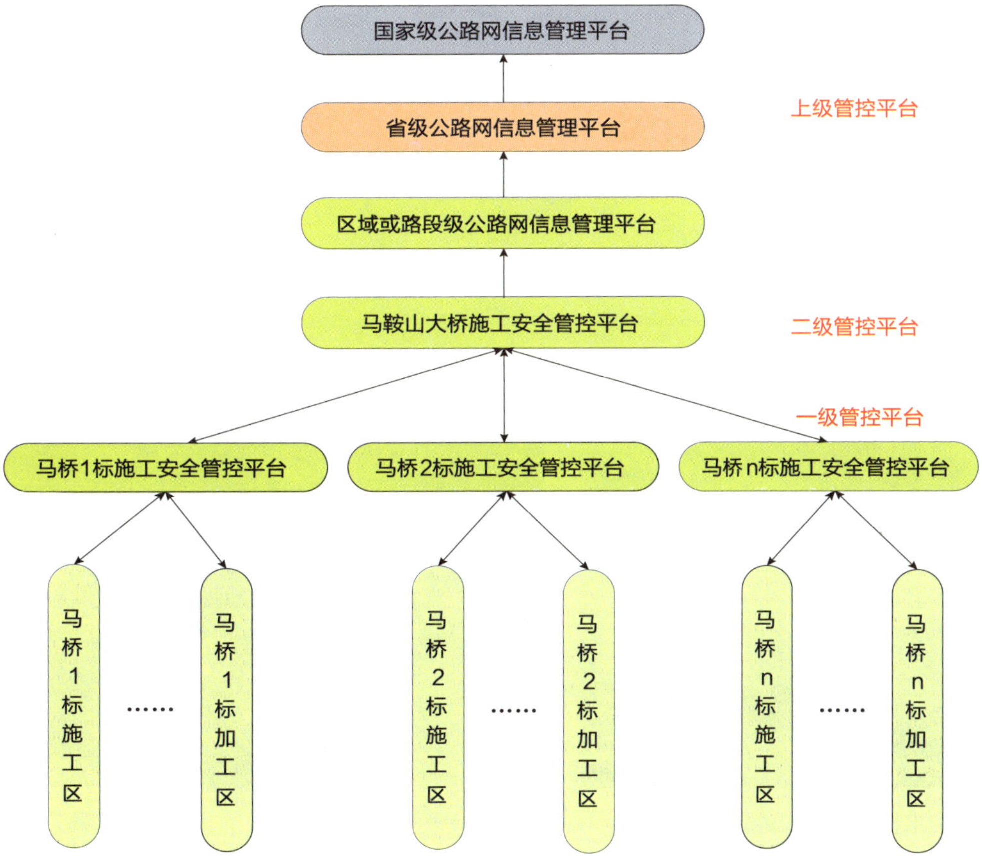

■ 施工安全分级管控流程图

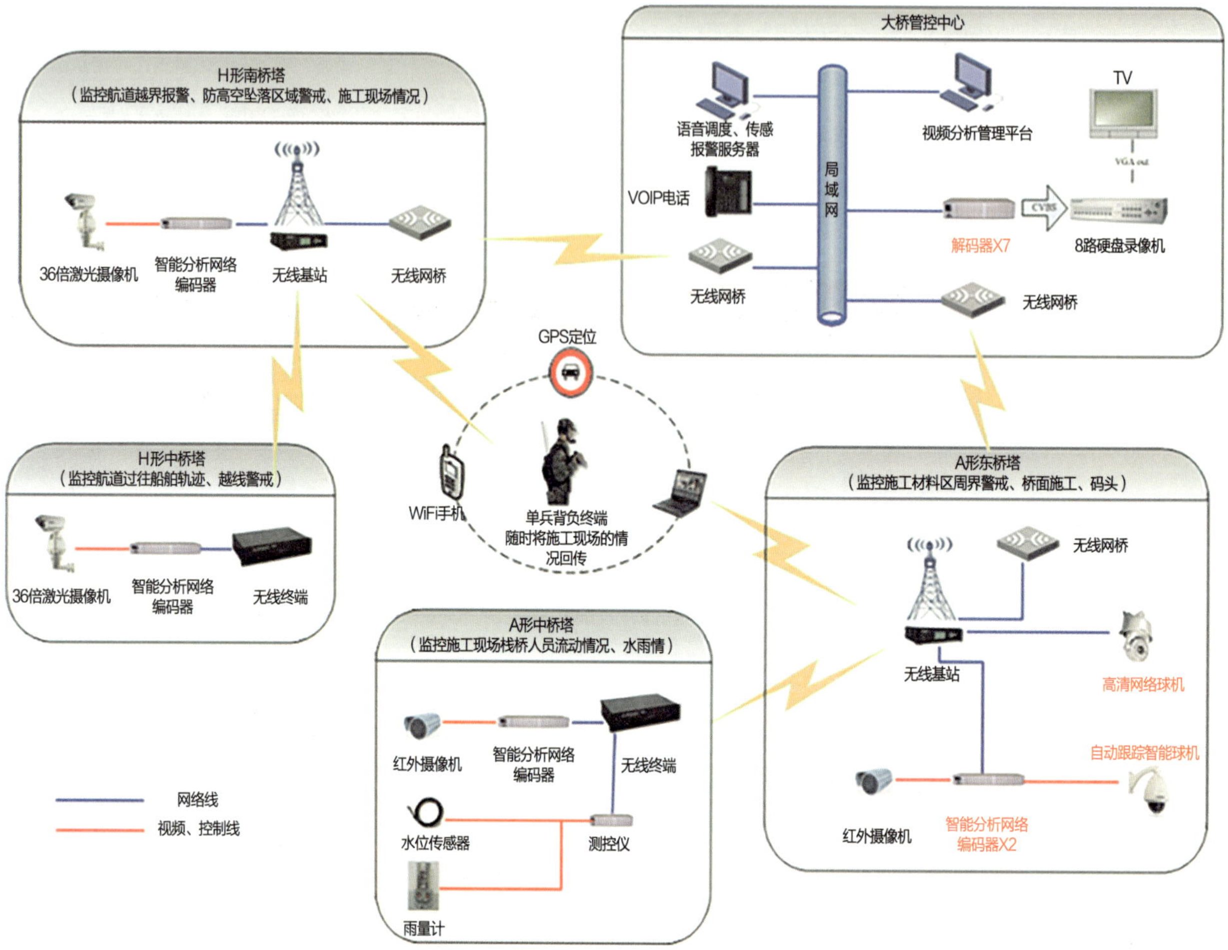

■ 大桥无线视频监控管理系统拓扑图

■ 高空吊物掠空预警系统现场整体示意图

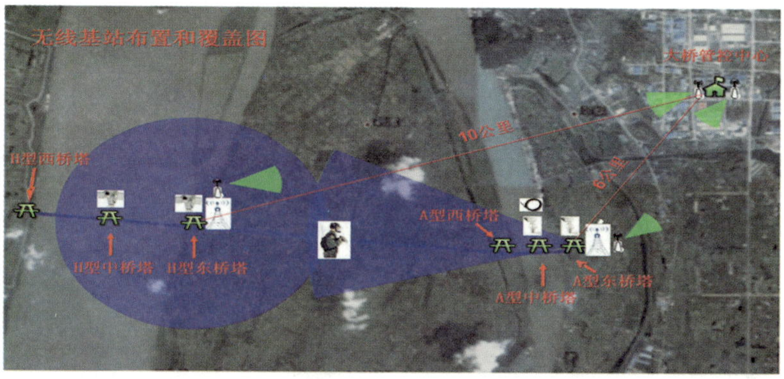

■ 无线基站布置图

■ 施工区佩戴安全帽自动检测识别

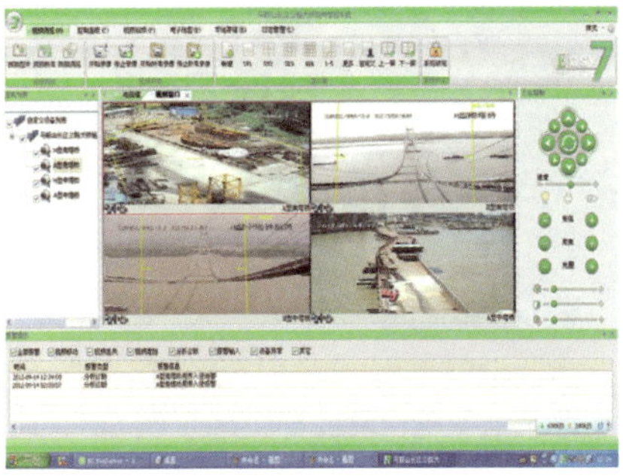

■ 进入警戒区人员、船只等自动检测识别

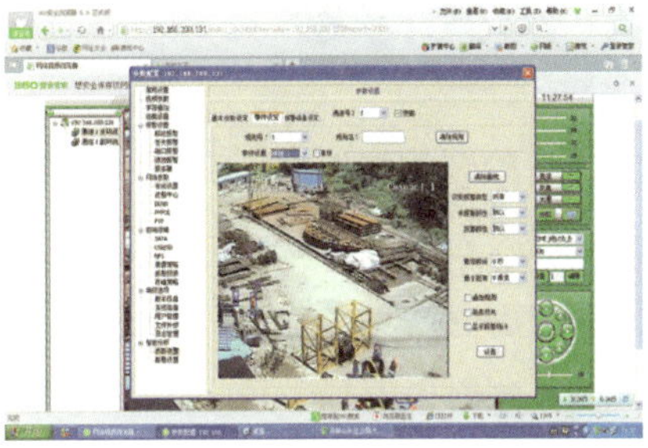

■ 进入施工区人员数量自动统计

完成人简介

刘恒权，高级工程师，国家一级安全评价师、国家注册安全工程师、交通运输部试验检测工程师、司法鉴定人、国家实验室认可评审员、国家检查机构评审员，并受聘为江苏省科技咨询专家、中国安全生产协会安全评价师职业培训教师、公路水运工程试验检测人员培训教师。

天津大学应用化学专业博士毕业，清华大学材料科学与工程专业博士后出站。

现任国家交通安全设施质量监督检验中心研测一室副主任、北京中交华安科技有限公司甲级安全评价机构技术负责人。

主要从事交通安全科研、交通安全设施新材料研发、交通基本建设工程安全生产科研、交安设施产品与工程检测、咨询及标准制修订工作。

《公路护栏安全性能评价标准》制修订

中国公路学会科学技术奖　一等奖

研究背景

《公路护栏安全性能评价标准》制修订项目基于“以人为本，珍视生命，重视安全”的安全理念，充分考虑道路使用者日益增长的安全出行需求，结合我国经济增长和道路实际使用状况，确定了交通安全防护设施全面覆盖各等级公路的体系化安全和技术提升安全的思路，将护栏等级的适用范围由高速公路延伸到了公路，彻底解决了等级公路护栏设施体系和标准缺失，从源头上提升了道路被动防护的安全水平，有效遏制近年来公路恶性交通事故高发频发的态势，最大程度降低事故的严重程度和减少人民生命和财产损失。

本次修订充分考虑到公路护栏设施的实际使用类型和连续无断链的防护的需求，提出了“路侧无缝连接防护”理念，首次规定了护栏标准段、护栏过渡段、中央分隔带开口护栏、护栏端头和防撞垫的防护等级和评价指标；实现了公路路侧防护的“无缝连接防护体系”。

主要成果

1. 基于“以人为本，珍视生命，重视安全”的安全理念，确定了交通安全防护设施全面覆盖各等级公路的体系化安全和技术提升安全的思路，将护栏防护等级扩展到八个等级，适用范围由高速公路延伸到了公路，其设计防护能量最高值已高于国外标准，最低防护等级满足国内低等级公路实际需求，达到国际领先水平。

2. 基于“路侧防护无缝连接”理念，本评价标准除了护栏标准段的安全性能评价外，还增加了过渡段、中分带开口护栏、护栏端头及防撞垫的安全性能评价，达到同期国际先进水平。

3. 本标准规定了护栏实车足尺碰撞验证试验应采用的标准车型及车型主要技术参数要求，不仅考虑了国内的实际情况，还与国际接轨，达到了同期国际先进水平。

4. 考虑到道路使用者的安全需求，完善了护栏缓冲功能及导向功能两项安全性能评价指标，达到同期国际先进水平。

成果应用

1. 本标准经修订，增加了护栏的防护等级、严格了护栏安全评价指标要求，并升级了该规范的施行标准——由推荐规范上升为强制施行规范。

2. 本标准的实施，推动国内路侧护栏的安全性能改造。山西省太旧高速公路率先对路侧护栏进行了改造研究：

(1) 经改造后，护栏的安全性能能够达到新的安全性能评价标准；

(2) 使用新研发的护栏改造方案，不但能够满足新的安全性能评价标准，还能够充分利用原有的旧护栏部件；

(3) 经改造后，高速公路的路侧行车安全性有所提高，在使用期间，未发生过严重交通事故，且事故中未造成人员伤亡，能够有效保障道路的行车安全。

3. 2014年2月，广东省交通运输厅就《公路护栏安全性能评价标准》在省内的贯彻落实召开了专门的研讨会议，并将在广乐高速公路等项目中落实本标准。

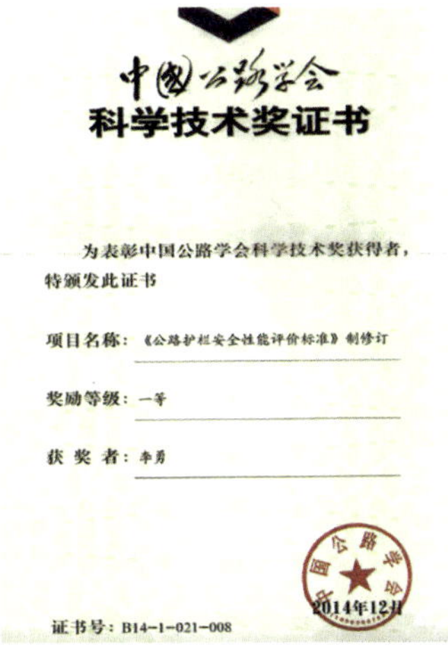
中国公路学会
科学技术奖证书
为表彰中国公路学会科学技术奖获得者，
特颁发此证书
项目名称：《公路护栏安全性能评价标准》制修订
奖励等级：一等
获 奖 者：李勇
证书号：B14-1-021-008
2014年12月

■ 中国公路学会科学技术奖证书

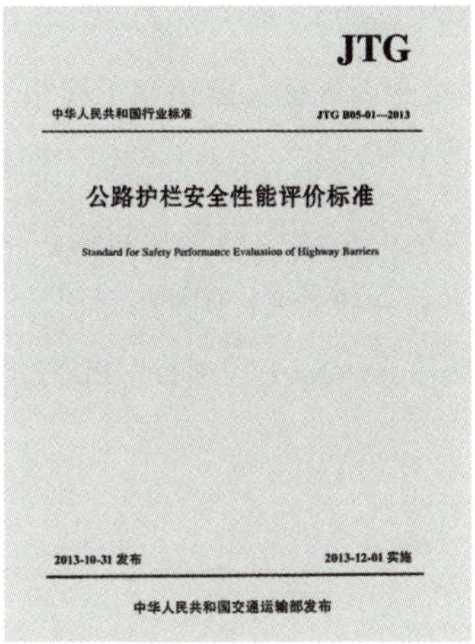
JTG
中华人民共和国行业标准 JTG B05-01—2013
公路护栏安全性能评价标准
Standard for Safety Performance Evaluation of Highway Barriers
2013-10-31 发布 2013-12-01 实施
中华人民共和国交通运输部发布

■ 公路护栏安全性能评价标准

4. 目前本标准已经全面应用到了我国公路护栏的相关检测工作中，不仅指导鼓励本行业新型设施的创新研发，还提供了检测的依据，规范了市场。

完成人简介

李勇，2004年6月毕业于北京大学后，一直在交通运输部公路科学研究院公路交通安全工程研究中心工作，于2006年10月取得工程师专业技术职务任职资格，2010年10月取得高级工程师专业技术职务任职资格，受聘至今。

李勇任职以来，一直在公路交通安全工程研究中心从事交通安全科研工作，先后取得国家注册安全工程师、安全评价师、试验检测工程师等职业资格证书，独立或参与完成了多项国家标准和交通安全科研和咨询工作。作为项目主要负责人和参与人，目前已经完成国家科技支撑项目《山区公路网安全保障技术体系研究与示范工程》《国家高速公路安全和服务技术开发与工程应用示范》西部交通建设科技项目《公路交通安全数据库技术研究》《公路安全防护设施试验验证及开发研究》《北京市二环中央隔离带改造模拟试验》《南京至太仓高速公路（南京至常州段）桥梁外侧防撞护栏创新设计》《汽车碰撞条件下公路钢护栏立柱的结构特性研究》（清华大学开放基金）、《北京市交通安全设施技术指南（含事故分析和对策研究）》公路院青年创新基金项目《公路安全设施碰撞模拟技术及应用》《北京市交通标志适应性评价》《京石高速公路水泥混凝土护栏加高方案模拟验证》《山东日照日东大桥护栏改造方案研究》《新型PVC组合护栏的开发》《浙江省农村公路安全设施技术指南》《梅大高速公路中央分隔带护栏设计开发》《杭金衢高速公路拓宽工程路基段中央分隔带护栏改造》《江苏一级路高路缘石防撞特性研究》等项目。先后多次在国内核心刊物和会议上发表论文，任职之后共获得14项国家专利。作为参与人的“中国公路安全保障工程项目”2007年获得国际道路联合会（International Road Federation）欧洲道路安全奖（European Road Safety Award)二等奖。2014年《公路护栏安全性能评价标准》制修订项目获得中国公路学会一等奖，《高速公路施工作业区交通组织和安全保障技术》获得中国公路学会二等奖和第六届安全生产科技成果奖二等奖。

春华秋实

交通运输部公路科学研究院“十二五”优秀科技成果

2015年

优秀科技成果

废轮胎修筑高性能沥青路面关键技术及工程应用

国家科学技术进步奖　二等奖

研究背景

废轮胎中含有丰富的天然橡胶、合成橡胶、抗老化剂等可再生资源，将其加工成具有一定粒度的废胎胶粉（以下简称“胶粉”），可作为优质筑路改性材料。据统计，标准的四车道公路，铺设5cm厚的橡胶沥青混凝土，相当于每公里消耗6000余条（约50吨）废轮胎。据《橡胶沥青市场分析报告》（2014版）统计，2013年，我国橡胶沥青的使用量已达到80万吨/年以上，相当于每年消耗约3000万条废轮胎，占我国每年产生的废轮胎8%左右。为了提升沥青路面使用性能，实现废轮胎无害化的再生利用，交通运输部公路科学研究院的项目组自2001年起开展了废轮胎修筑沥青路面的技术攻关与实践验证。

研究成果

项目围绕废轮胎修筑高性能沥青路面的关键技术问题，依托国家及行业的科研及技术推广项目，历经10余年，开展多单位的协作攻关，通过理论分析、工程验证、材料研发、设备研制、推广应用、标准制订等途径，以揭示胶粉与沥青之间黏度互逆反应机理和胶粉在矿料结构中的高弹尺度效应为核心突破，提出了制备稳定型橡胶沥青的技术对策和橡胶沥青混凝土变形相容设计方法；进一步研发了多种不同功能的高性能橡胶沥青混凝土路面结构，以及橡胶沥青工业化生产装备；制订了我国首批废轮胎修筑沥青路面的技术标准、指南和工法；形成了适应于我国公路建设与养护需求的集材料、结构、装备、工艺为一体的废轮胎修筑沥青路面的成套技术体系。摆脱了国外垄断，填补了国内空白，促进了我国绿色交通建设的发展。

该项目是国内首次系统、大规模研究废轮胎修筑沥青路面技术，提出的设计方法，制订的技术标准在国内具有开创性，处于领先地位。与当前国际上应用橡胶沥青技术先进的美国、南非和澳大利亚等国家相比，具有如下主要特点：

生产的橡胶沥青与国外同类技术相比：废胎胶粉的粒度控制范围适当减小，橡胶沥青黏度的变异范围减小40%，稳定时间延长1~2倍。增加了橡胶沥青的低温性能控制指标（5℃延度指标），完善了橡胶沥青指标体系。

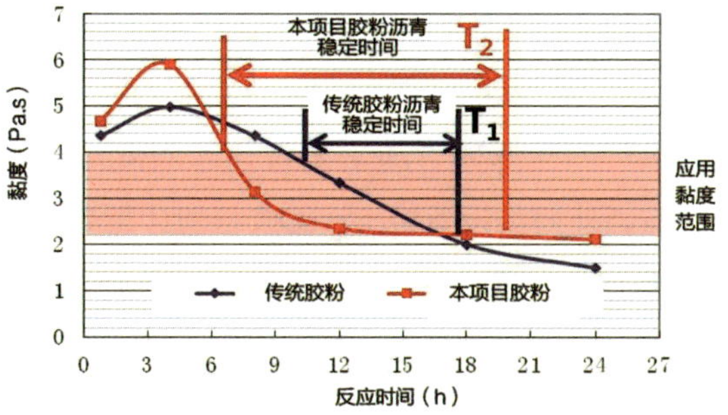

■ 本项目胶粉沥青稳定时间

橡胶沥青混凝土不仅性能完全满足我国现行规范的技术要求，而且比目前工程常用的 SBS 改性沥青降低材料造价 10%。与国外橡胶沥青混凝土技术相比：①增加了压实回弹控制指标，回弹变形率由 3% 左右降低到 1% 以下，保证了压实稳定性；②设计空隙率由 7% 以上降低到 4% 左右，提高了密实性；③高温稳定性提高 2 倍以上，水稳定性提高 20%，抗疲劳性能提高 30%；④与美国技术相比，橡胶沥青用量降低 15% 左右，节约工程造价 10% 以上。

研发的四种功能型橡胶沥青混凝土路面：①在降低噪声方面达到国外同类技术水平，与国内传统技术相比，降低路面噪声 3dB 左右，相当于减少约 50% 的交通量；②抗反射裂缝方面与国外技术相当，与国内传统技术相比，裂缝数量减少 50% 以上；③在抗车辙方面具有显著优势，70℃超高温抗剪切变形能力提高 60% 以上；④在预防性养护方面与传统养护技术相比，可延长使用寿命 50%。

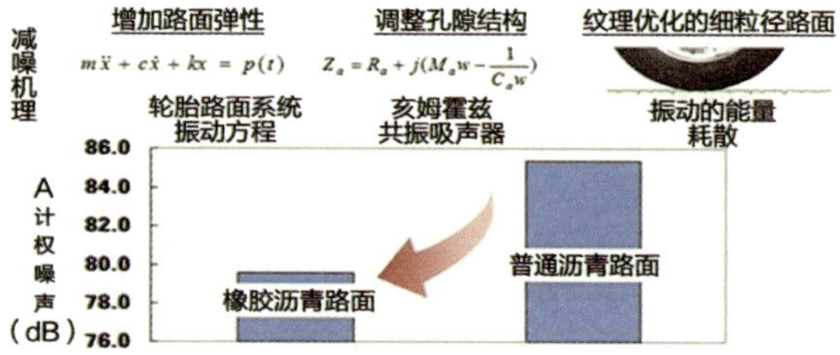

■ 橡胶沥青混凝土路面降噪机理

生产的橡胶沥青加工装备在国内处于领先地位，与国外同类设备相比：①胶粉的计量精度达到 ±0.5% 以内，提升近 3 倍；②橡胶沥青的实际日产能从 80t/d 提升到 250t/d，增加 2 倍以上；③设备售价降低 30%。

项目研究成果获得 2015 年国家科技进步二等奖。

国家科学技术进步奖

证　书

为表彰国家科学技术进步奖获得者，特颁发此证书。

项目名称：废轮胎修筑高性能沥青路面关键技术及工程应用

奖励等级：二等

获 奖 者：交通运输部公路科学研究所

中华人民共和国国务院

2015 年 12 月 16 日

证书号：2015-J-223-2-05-D01

■ 项目成果获奖证书

成果应用

自 2007 年项目成果被交通运输部列为首批“材料节约和循环利用专项行动计划”重点推广应用技术以来，成果获得了大规模应用，先后在北京、山西、广东等 21 个省份的高等级干线公路新建、改建和养护工程中推广应用，总里程超过 1.5 万公里，累计消耗废轮胎近亿条。

项目成熟的技术应用带动了产业升级。目前已形成从废胎胶粉加工到橡胶沥青生产、装备制造的完整产业链，辐射带动了全国 100 多家企业产业升级和发展，目前年产橡胶沥青超过 80 万吨，占我国路用改性沥青消耗量的近 20%，实现了橡胶沥青由技术向产业的成功转化。项目先后取得国家发明专利 16 项，形成 10 余项国家标准、指南、工法等，通过橡胶沥青材料、结构、生产装备研发、工艺质量控制等方面的系统完善，支撑了具有自主知识产权的高性能橡胶沥青应用技术体系的形成。

完成人简介

王旭东，交通运输部公路科学研究院路面专业方向首席研究员，责任工程师，博士生导师，交通运输部青年专家委员会委员，国际道路联合会会员，2003年入选交通部首批“新世纪十百千人才工程”第一层次人选，2006年获得第一届中国公路学会“青年科技奖”，2007年荣获由中组部、人事部和中国科协联合授予的第十届“中国青年科技奖”。

王旭东研究员一直从事沥青路面材料与结构研究以及相关技术的应用和推广工作。先后主持国家级、省部级科研课题20余项，主持编制国家、行业规范、标准10余项。研究成果先后获国家级科技进步二等奖1次，省部级科技进步奖12次，其中一等奖4次，二等奖4次，三等奖4次。取得国家发明专利19项。出版专业著作4部，其中《橡胶沥青及沥青混凝土成套技术》获国家新闻出版总署颁布的“原创著作奖”。

王旭东研究员对沥青混合料设计理论开展了深入研究，提出了基于最紧密嵌挤结构的沥青混合料设计理论，并将该理论应用于多种功能性沥青路面材料的设计，先后开发了桥面铺装沥青混凝土、低噪声沥青混凝土等，填补国内空白，并出版相关专著两部。在注重理论研究的同时，通过大量的工程实践，在路面工程应用技术方面取得了丰硕的成果。主持修订了《公路路面基层施工技术细则》(JTG/T F20—2015）和《公路工程无机结合料稳定材料试验规程》（JTG E51—2009），提升我国半刚性基层路面施工技术水平。

自2000年起，率先在国内大规模、系统地开展橡胶沥青技术研究，经过十余年攻关，带领团队实现了橡胶沥青产业化，并大力推动了该技术在我国高速公路建设中的应用。先后领导团队完成奥运工程、国庆长安街改造工程，交通运输部科技示范工程，国家科技支撑建设工程以及西部省份跨越式发展建设项目等，取得了突出的技术和经济效益，并编制了我国第一套系列橡胶沥青行业技术标准。

近年来，王旭东研究员立足应用基础研究，在长寿命沥青路面技术研究领域开展了大量工作，通过“宽刚度域长寿命沥青路面协调设计模型的研究”“基于足尺结构的道路动态行为数值仿真分析与实验验证技术研究”等基础性研究项目，将路面材料的动态试验方法扩展为材料结构一体化动态试验方法，在国内首次建立了采用全厚式结构模型动态试验方法，获取材料－结构动态响应参数，验证路面设计理论，建立了路面工程跨尺度一体化研究框架。

自2014年起，作为技术负责人参与设计和建造我国第一条足尺试验环道，致力于完善沥青路面设计理论，促进长寿命沥青路面发展。

带领的长寿命沥青路面技术研究团队，现包括研究员1名，副研究员2名，助理研究员3名，以及硕士研究生5名。团队围绕路面结构响应和路面材料微细观开展研究，近五年，团队成员分别主持和参与国家级项目3项，省部级项目3项。

车辆联网感知与智能驾驶服务关键技术及应用

国家科学技术进步奖　二等奖

研究背景

车辆联网感知与智能驾驶服务是新一代智能交通系统发展的重要内容，自主创新、立足国内开发相关技术与装备，是提升我国交通智能化服务水平的重大需求，对推动北斗卫星定位技术产业化、发展交通信息服务产业具有重大意义。项目在国家“863”计划、科技支撑计划等课题的支持下，在联网车辆状态智能感知、云－网－端大数据处理、安全/生态驾驶集成服务等核心技术上取得突破，形成了具有自主知识产权、国际先进水平的成套技术与装备。项目授权国家发明专利26项，获软件著作权45项，制定国家标准5项、行业及地方标准6项。

由我院承担的“863”计划“道路大型营运客车安全性能检测与预警集成技术及装置”课题，重点解决了车辆故障在线诊断、危险状态辨识、驾驶员预警决策等核心技术瓶颈，提升了道路运输车辆动态监管水平。通过研究形成了“卫星定位系统车载终端”的功能框架、技术参数及试验方法，为《道路运输车辆卫星定位系统车载终端技术要求》(JT/T 794—2011)等四项行业标准的制定提供了重要技术支撑，有效推动了车载终端的标准化、规范化，为实现全国重点营运车辆联网联控奠定了基础。标准对“全国重点营运车辆联网联控系统”的实施发挥了不可替代的作用，为近三年全国重大交通事故数下降40%以上做出了主要贡献。

研究创新点

我院承担的“863”计划“道路大型营运客车安全性能检测与预警集成技术及装置”课题取得了以下技术成果及创新点：

1. 突破了实用化的技术瓶颈，研制了考虑驾驶员行为特性的车辆故障在线诊断、极限工况（侧翻、侧滑）辨识、环境感知和预警决策多功能集成式“车载综合信息预警集成装置”，国内外首次实现了对车辆电控单元和非电控关键部件的性能、姿态及运行环境进行全方位的监控和预警。

2. “道路客运车辆预警装置技术要求”标准建议改变了我国道路运输车辆车载监控终端设计、制造无章可循的局面，填补了国内该领域技术性标准的空白。

3. 信息采集方面。针对海格客车、福田客车、安凯客车等多种车型，根据其电控单元协议，研发软件硬件模块，实现了运行状态信息和故障信息提取和数据共享，有效解决了“信息孤岛”问题。提出了基于人－车－路闭环模型的路面信息（附着系数及横、纵向坡度）识别方法、能保证跟踪性和实时性的车辆识别方法、能减少外界干扰和提高处理效率的车道线识别方法；设计了一种可以给驾驶员提供实时的车辆周围全视角图像信息的辅助系统。

4. 故障在线诊断方面。提出了信息冗余或者不完全条件下的故障快速诊断和准确定位方法，国内外首次实现了对制动、传动、转向系统多种故障的综合诊断与报警。

5. 极限工况辨识方面。一是针对侧翻预警问题提出了基于侧向加速度和临界车速的侧翻预警算法。算法中考虑了车辆悬架、动态特性和道路横向坡度、路面附着特性等影响因素，提高了对侧翻预警的准确度。二是针对车辆在低附路面高速行驶经过弯道或变更车道时易发生侧滑而失去控制的问题，提出以横摆角速度为预警指标的车辆侧滑预警算法，增加了路面附着情况的影响，提高了预警的有效性。

6. 预警决策方面。提出了一种营运客车行驶危险状态分类分级方法。根据驾驶员是否能在接收到警告信息后，通过改变自身驾驶行为来消除或减轻危险进行分类。以损失程度、时间为基准，同时考虑了环境因素的影响进行动态分级，减少了驾驶员的决策量。提出了一种基于营运客车典型危险工况的综合预警决策方法，建立了综合预警决策矩阵，对当前是否处于危险工况进行了预判，有效降低了预警误报率。

成果应用

系列创新性成果为提高交通运输安全提供了坚实的理论、方法和工程技术基础。项目核心成果之一“车载综合信息预警集成装置”在苏州金龙、深圳有为、北京伟航、北京汇健恒锐、厦门金龙、苏州智华、惠州华阳通用电子有限公司等企业实现了产业化应

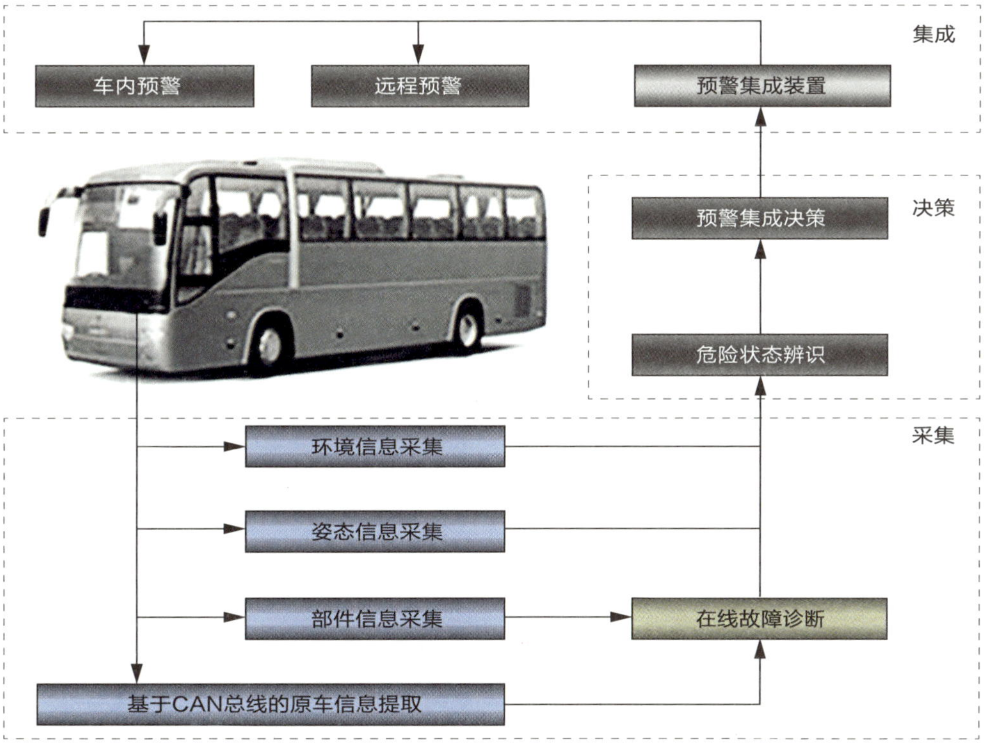

■ 课题结构图

用，新增产值过亿元。在合肥客运等企业进行了技术应用，切实保障了运营安全。

完成人简介

周炜，汽车运输技术研究中心副主任，研究员。国家安全生产专家组成员（道路交通组副组长），国家科技奖励评审专家，中国博士后科学基金评审专家，科技部国际科技合作专家，科技部创新人才推进计划评议专家，交通运输科技项目评审专家，北京市司法局“痕迹与交通事故”司法鉴定专家。中国合格评定国家认可委员会（CNAS）评审技术专家，全国电工电子产品环境条件与环境试验标准化技术委员会机械环境试验分技术委员会（SAC/TC8/SC1）委员，北京市司法局“痕迹与交通事故”司法鉴定专家，中国汽车工程学会（SAE-China）会员，中国机械工业教育协会机械与自动化学科教学委员会车辆工程学科组成员，中国智能交通协会高级个人会员。先后承担 863 项目、国家科技支撑项目、部省级科技项目等 30 余项；完成了 7 项标准的制定修订工作；发表各类科技论文 70 余篇，其中被 EI 检索 30 余篇；编写各类著作 4 部；获得发明专利 4 项，实用新型专利 16 项，软件著作权 4 项。获得了国家科学技术进步奖二等奖 1 项；安全生产科技成果奖一等奖 1 项；中国公路学会科学技术奖一等奖 2 项；安全生产科技成果奖二等奖 1 项；中国公路学会科学技术奖二等奖 1 项；中国节能协会节能减排科技进步奖二等奖 1 项。

马鞍山三塔缆索承重桥成套技术研究

中国公路学会科学技术奖　特等奖

研究背景

在马鞍山长江大桥提出三塔悬索桥之前，世界上多塔悬索桥只限于小跨径，如法国新堡桥、法国Chatillon桥、日本的Konaruto桥（小鸣门桥）和莫桑比克萨韦(Save)河桥。最大跨径是莫桑比克萨韦(Save)河桥210m。之所以采用小跨径是因为增加的中塔与边塔受到的约束不同，中塔的刚度大小对结构整体刚度影响较大，小跨径可以采用水平索、断开锚固和斜吊索等措施来解决，大跨径采用这些措施不行。

自从马鞍山长江大桥提出三塔悬索桥之后，国内先后建成泰州长江公路大桥、马鞍山长江大桥和鹦鹉洲长江公路大桥。泰州大桥主梁为钢箱连续结构，设置弹性索，中间塔采用全钢人字形；鹦鹉洲大桥主梁为钢混组合简支结构，不设置中央扣，中间塔采用钢混叠合柱。马鞍山大桥则采用非漂移体系，主梁与中塔下横梁固结，中间塔采用钢－混叠合方式。三座大桥采用不同方式都较好地解决了“中塔效应”问题。

本项目以马鞍山长江大桥为依托，主要解决以下问题：

1. 桥型与美学：业内对于桥型选择与美学研究不成体系。本项目通过研究给出桥型方案论证方法、美学性评价方法及相应的指标体系。

2. 非漂移体系：马鞍山大桥首次提出了非漂移体系，即加劲梁纵向、竖向位移均受到中间塔的约束。需要解决体系的适用性、合理性及相应的指标参数以及相应的施工问题。

3. 钢－混叠合塔：马鞍山大桥采用非漂移体系选择了钢－混叠合塔，需要解决钢－混叠合塔的合理性及构造与型式、相应的施工问题。

4. 变曲率拱形索塔：马鞍山大桥的右汊采用了多线形组合的拱形索塔，从结构受力、施工线形控制难度更大，因此需要开展受力机制及施工方法的研究。

5. 结构混凝土品质：长期以来混凝土质量通病一直存在，需要从管理和技术两方面开展研究保证混凝土的品质。

6. 建设管理模式：马鞍山大桥由两座特大桥构成，投资规模巨大、技术先进、施工环境恶劣、施工组织与运行管理难度大等特点，传统的管理模式已经无法适应，需要对特大型桥梁的管理模式开展研究。

通过本项目研究，从设计、施工、管理等方面攻克一批多塔连跨悬索桥的关键技术，为马鞍山长江大桥安全、优质建成提供了强有力的技术支撑。本项目的研究成果将提升我国大跨径桥梁建设创新能力和技术竞争。

研究创新点

1. 马鞍山长江大桥结合长江下游桥位河段特点和通航条件，充分论证了采用三塔悬索桥的经济合理

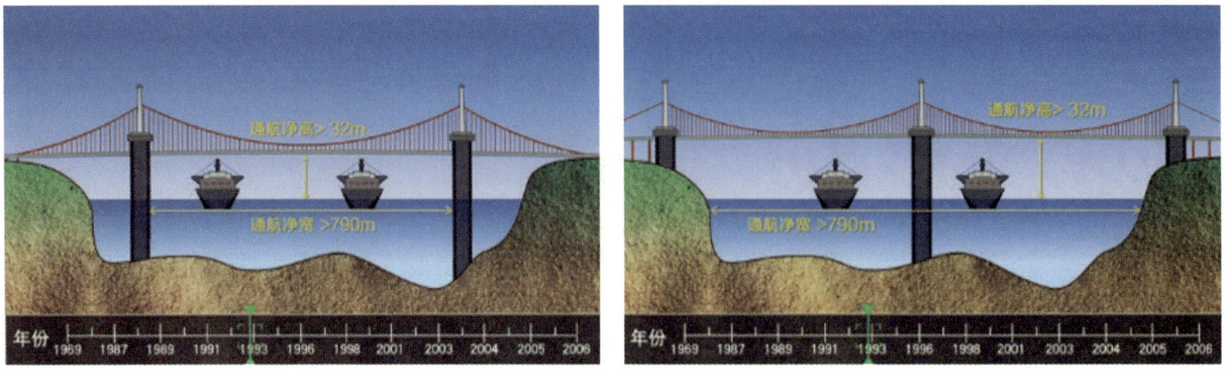

■ 三塔、双塔悬索桥对河床适用性比较

性，建立了深泓摆动河流桥位定性 - 定量综合论证桥型方案的方法及相应的指标体系。

2. 采用符号化设计方法，以经典的桥梁结构和文化传承构建了马鞍山大桥的美学景观造型。

3. 首次提出了三塔悬索桥非漂移结构体系，给出了主要设计参数的取值范围。

4. 通过全桥与塔梁固结段的理论研究与模型试验，成功解决了三塔悬索桥的中塔鞍座抗滑及主跨的刚度问题。

5. 创造性地提出了主梁全断面与塔柱横梁的连接方式及钢 - 混叠合中塔合理结构形式，实现了非漂移结构体系下的中塔合理刚度取值，给出了中间塔钢混结构分界和与加劲梁固结的合理位置及加劲梁截面高度渐变过渡段长度的合理取值。

6. 研发了三塔悬索桥钢 - 混叠合塔施工工艺及装备，包括多接头大断面复杂构造钢塔节段制作、塔梁固结段安装与精确定位技术、大尺寸密闭空间叠合段混凝土施工工艺、D5200 上回转塔机（最大起重力矩达 5200t · m），解决了非漂移结构体系下钢 - 混叠合塔施工关键技术。

7. 从构件制作、架设、监控三方面构建了三塔非漂移体系悬索桥钢箱梁线形综合控制技术，解决了非漂移结构体系下钢加劲梁的施工关键技术。

8. 提出双缠包带法，研发全回转拽拉器连接件

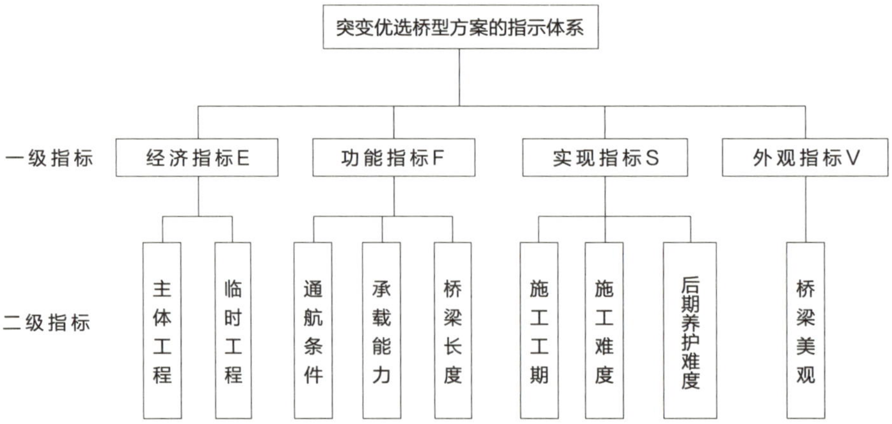

■ 突变优选方法的指标体系

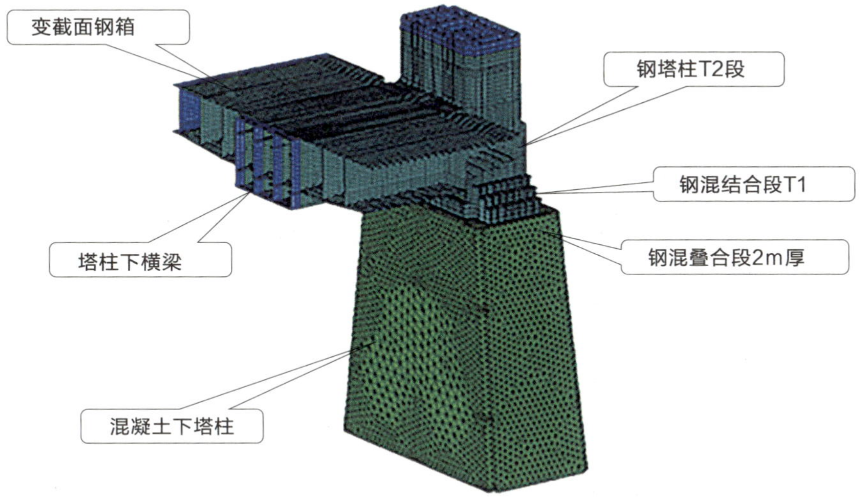

■ 中塔上下塔柱连接、加劲梁与下横梁连接示意图

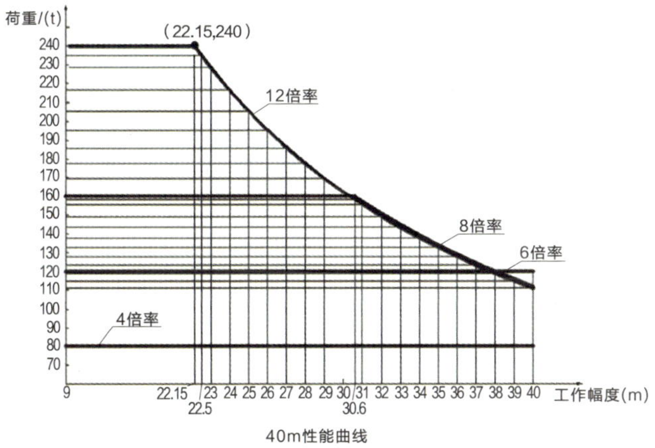

■ D5200 塔吊起重曲线图

1	2
3	4

1. 飞艇牵引先导索过江
2. 全回转锚头连接器
3. 双缠包带
4. 长索牵引自动平衡压力支撑架

■ 悬索桥索股架设新技术

和弹性支撑托滚架，并形成索股防扭转架设新工艺，有效解决了非漂移结构体系下特有的主缆施工关键技术。

9. 建立了基于 EBS 方式和 PIP 技术的业务处理、视频会议、档案管理和视频监控的信息化管理模式并研发了相应系统，建立了特大型建设项目的综合集成管理方法。

成果应用

项目在设计方法、施工工法、施工设备、建设管理模式、高品质混凝土技术五个方面的研究成果已经在马鞍山大桥上成功应用，有力地支撑了工程建设，确保大桥安全、优质、高效建成，节约了工程投资。

其中，项目提出的三塔悬索桥非漂移体系设计

■ DD5200 吊装标准节段

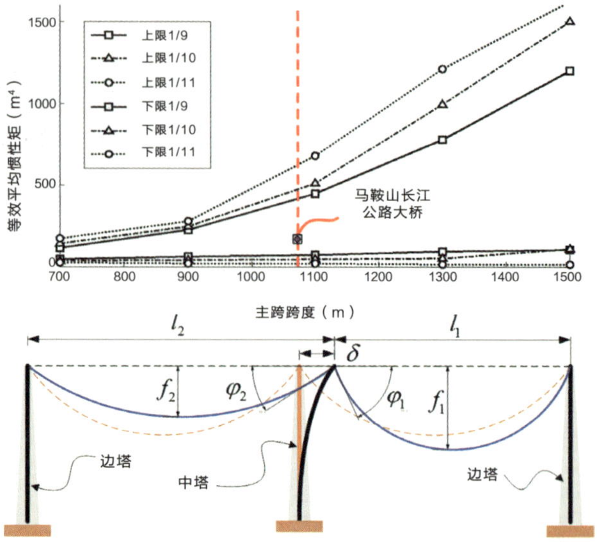

■ 非漂移结构体系中塔适宜等效平均惯性矩取值范围及数值模型

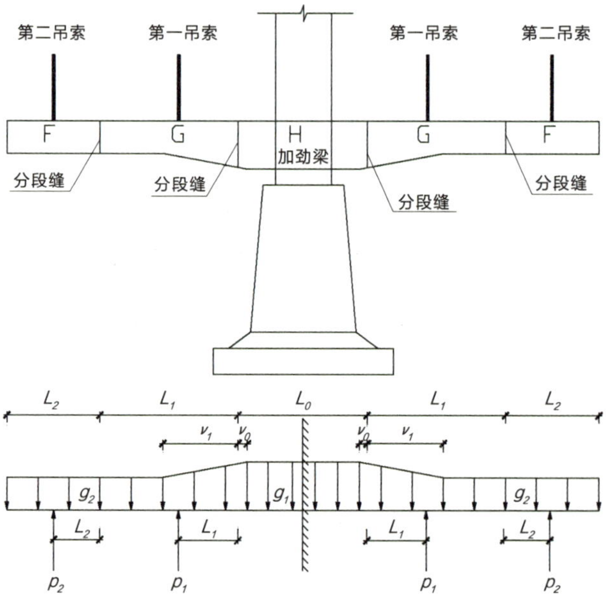

■ 第一吊索索力与固端弯矩的关系与计算简图

方法为多塔悬索桥提供了一种新的体系；提出的钢－混叠合塔、主缆索股防扭转架设、超高钢筋混凝土塔柱、变曲率拱形索塔等系列新施工工法、新技术已经在望东桥、芜湖二桥、鹦鹉洲大桥等进行推广应用；研制的 D5200 水平臂上回转自升塔式起重机等大型设备，已经超越了国内外的技术水平，在鹦鹉洲大桥得到应用；提出的“高品质”为导向的混凝土结构标准化施工技术，形成的《马鞍山大桥混凝土质量标准化手册》，为国内多座桥梁已经提供了借鉴；项目提出的大桥建管养一体化模式、综合管理技术，各省通过技术交流的方式，不同程度的借鉴了马桥的管理经验。

■ 马鞍山长江大桥管理集成系统

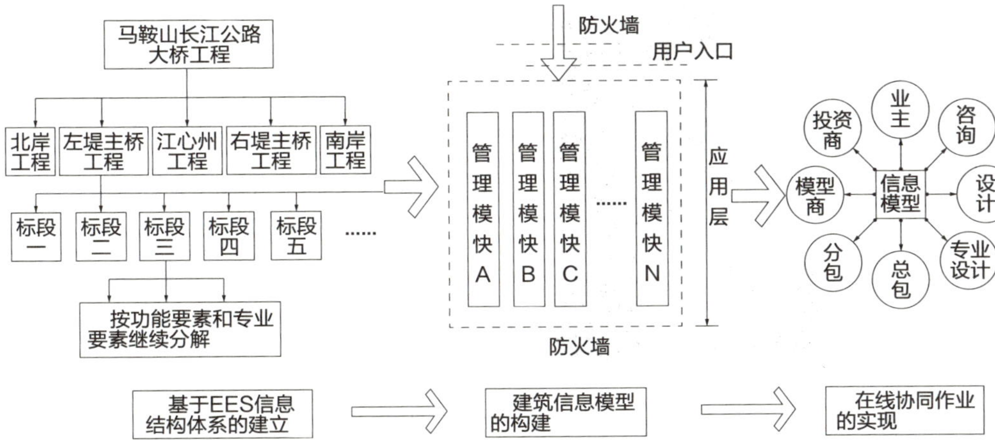

■ 基于 EBS 的建筑信息模型构建流程

完成人简介

殷永高，合肥工业大学桥梁专业毕业，长期从事桥梁建设管理工作，现任安徽高速公路控股集团有限公司大桥建设部部长，教授级高工，分管建设管理与科研管理工作。马鞍山长江公路大桥、望东长江公路大桥现场指挥部总工，同时负责安庆长江公路大桥养护技术管理工作。在 2009 年、2010 年两次部省联合技术专家组会议上，马鞍山大桥已取得的科研、建设成果，获得专家与省部领导的高度评价。1996—1997 年，获安徽省设计一等奖、全国优秀工程勘察设计评选委员会银奖。2006—2009 年，分别荣获安徽省科技进步二等奖、安徽省自然科学优秀学术论文三等奖、安徽省科学技术奖二等奖、安徽省公路学会交通科技进步奖特等奖、中国公路学会科学技术奖、安徽省公路学会交通科技进步奖三等奖、第四届全国公路科技创新高层论坛优秀论文奖和“第五届中国公路百名优秀工程师”荣誉称号。科研期间申请了多个专利，分别为根式基础与锚碇的根键止水装置、小直径自平衡根键式钻孔灌注桩施工装置、根式基础及其施工方法、根键式钻孔灌注桩施工装置、根式基础及锚碇顶推施工成套装置、根式基础及锚碇、梁板组合式连续桥、一种轻质复合圆管涵、干振复合桩等。另有 2 项发明专利已审核通过。在中外核心期刊上发表了根式基础及其施工方法、根式锚碇及其施工方法、根式基础及锚碇顶推施工成套装置、根式基础及锚碇根式基础等 12 篇论文。

徐宏光，同济大学桥梁专业毕业，长期从事桥梁建设管理工作，现任安徽省交通规划设计研究院有限公司总经理，教授级高工。2005 年 7 月 ~ 2009 年 12 月，任左汊为 2×1080m 具有国际领先水平的三塔两跨悬索桥，右汊为 2×260m 具有国内领先水平的三塔六跨拱形塔斜拉桥，跨江桥梁全长为 11km 的马鞍山长江公路大桥预、工可研报告编制，初步设计、技术设计、施工图设计项目负责人，率项目组和协作单位进行现场设计和参与大量科学研究。2009 年 12 月大桥施工以来，作为后续服务负责人，除每月到现场进行技术服务外，还作为指挥部成员参与关键施工技术方案的审查。目前大桥正在顺利施工中，其设计与施工的质量、科研、安全等得到了行业的赞誉。

张强，毕业于西南交通大学桥梁专业，2006 年取得华中科技大学结构工程博士学位，教授级高级工程师，中铁大桥勘测设计院集团有限公司副总经理，国际桥梁协会会员，西南交通大学、中南大学、福州大学兼职教授。张强同志从事桥梁设计工作 25 年，理论功底扎实，实践经验丰富，曾参与和主持了武汉长江二桥、广东汕头礐石大桥、福州青洲路闽江大桥、孟加拉国 Parksey 桥、浙江温州瓯南开启桥、芜湖长江大桥、泉州晋江大桥、温州鳌江开启桥、信阳狮河大桥、福州浦上大桥、厦门同安湾大桥、安庆长江铁路大桥、马鞍山长江大桥、湛江海湾大桥、澳门西湾大桥、重庆寸滩长江大桥、万州长江三桥、港珠澳大桥等三十余座特大桥的设计和咨询工作，解决了多项桥梁设计和施工中的关键技术，研究、开发、创新、推广了多种新材料、新结构、新工艺，使设计建成的诸多桥梁工程均达到同期的国内领先或国际先进水平。先后获得国家科学技术进步奖二项、省部级科学技术进步奖三项、省部级优秀工程设计奖四项。在《桥梁建设》《世界桥梁》《Bridge Design & Engineering》等业界知名的杂志上发表了十多篇专业论著，并获得七项国家发明专利。

近年的主要研究方向为：大跨度公路、铁路桥梁设计，钢 - 混凝土组合桥梁设计等。

杨昀，硕士，研究员。交通运输部公路科学研究院桥梁技术研究中心副主任，主管科研。中国土木工

程学会混凝土及预应力混凝土分科学会理事（三、四、五届）。中国交通建设行业协会专家委员会专家委员。2005年中国公路百优工程师。北京建工学院兼职教授。勘察设计注册土木工程师（道路工程）。获交通部科技进步三等奖1次，福建省优秀设计一等奖1次，中国公路学会一等奖1次，二等奖1次。发表论文二十多篇。出版一部专著“弯桥与高墩”。

服役混凝土桥梁内部缺损无损可视化检测技术及装备研发

中国公路学会科学技术奖　一等奖

研究背景

混凝土桥梁是公路桥梁中数量最多的桥梁，由于设计、施工、运营等因素以及混凝土本身的需浇筑成型的性质，不可避免地会在结构内部存在或产生缺损，典型的包括混凝土桥梁内部空洞（含预应力管道灌浆空洞）、混凝土不密实、裂隙、钢筋锈蚀、拉（吊）索（杆）锚固区缺损、钢筋（含预应力束）偏位等，这些内部缺陷的严重程度随时间和环境不断增长，对结构物的安全性和耐久性形成巨大威胁，因此对服役混凝土桥梁进行周期性的无损检测是非常有必要的。但是目前我国对桥梁内部缺损的检测手段及其配套的评估技术仍然非常有限，且大多数的桥梁检测仍然基于表观检查和人员经验，内部缺损的检测与评估从技术手段到适用评价标准基本上还未形成体系，甚至是空白，这使得公路系统有效保障在役混凝土桥梁长期安全运营方面的能力还较弱，开展针对混凝土桥梁内部缺损的先进无损检测技术与评定标准研究，对于提高公路行业混凝土桥梁安全保障能力，促进公路交通科技发展具有重要意义。

2011 年交通部设立“服役混凝土桥梁内部缺损无损可视化检测技术及装备研发”项目，由交通运输部公路科学研究所、重庆交通大学，柳州 OVM 机械股份有限公司等 8 家单位共同承担。以实现对混凝土桥内部缺损实施高精度无损检测为目的，开展混凝土内部缺损的可视化快速检测、内部钢筋［含预应力筋（束）］定位可视化检测、钢筋锈蚀定量化检测、拉（吊）索锚固系统检测等方面的技术与集成装备研究，并制定相应技术标准，为行业工程检测技术能力的提升与发展提供支撑。

研究创新点

1. 国内外首次系统的对高频雷达用于混凝土桥梁钢筋（含深层预应力筋）高精度定位（定位误差 <0.5 倍钢筋直径）提出了一套有效的方法。包括考虑表层钢筋屏蔽效应的深层钢筋可测指标范围、直达波截取标准、测线间距的选取规则，增强深层钢筋反射信号的方法、基于钢筋雷达图像特征属性筛选与 SVM 算法分类识别的雷达图像中钢筋自动识别与定位方法，雷达识别 8 ~ 32mm 钢筋位置的误差范围、钢筋位置三维可视化显示软件等具有原始创新性。

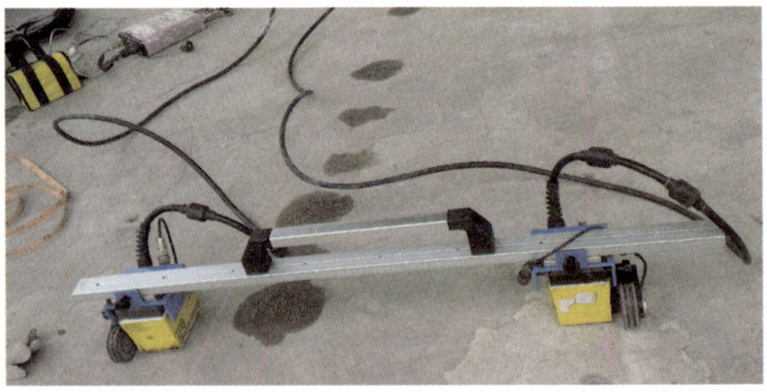

■ 适用于深层叠加法的双天线雷达协同装置

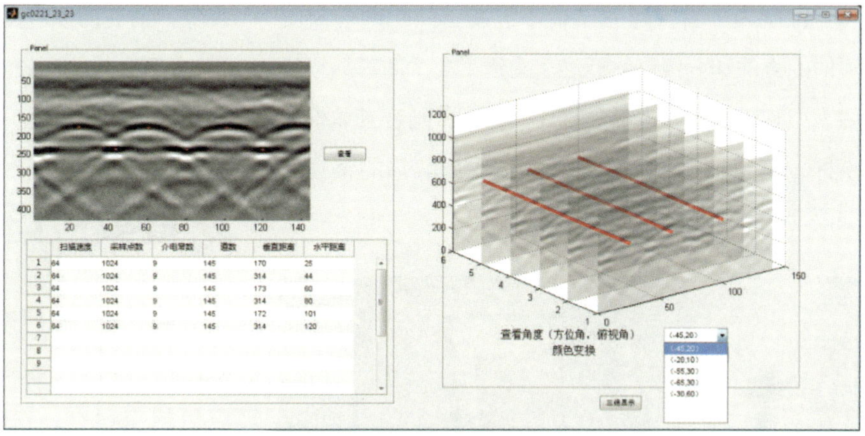

■ 钢筋位置自动识别与三维可视化显示软件

2. 国内外首次建立了涡流加热的混凝土表面最高温度与钢筋锈蚀程度的关系，实现了对锈胀开裂前混凝土表层钢筋锈蚀度的直接检测。研制的软硬件系统是此类设备首次研制成功，较高的平均识别准确性（>90%）开创了钢筋锈蚀度检测技术的新途径。

3. 建立了以弹性力学和断裂力学为理论基础、利用混凝土结构表观裂缝特征预测混凝土中钢筋锈蚀度的计算模型，考虑了由于钢筋锈胀裂缝而导致的混凝土保护层刚度折减效应以及混凝土结构中箍筋的影响，较高的识别准确性，使得该模型在国内外同类模型中具有显著新颖性。

4. 创新研制了机架式（视频/射线）、伸缩杆式（视频）检测装置，适合在拉吊索狭小锚固区套筒内进行锚固段索体检测，是国内外此类检测中性能优良的新型产品。

5. 国内外首次研制了高功率自动温控平板主动热激励检测系统，解决了人工热激励均匀性和快速形成大温度梯度的难题，配合建立的最大温差与缺陷深度的理论关系，创新多功能红外热像时序分析软件系统，在避免混凝土热损伤和保证检测效率的前提下，实现了混凝土表层 10cm 厚度内，尺度 5cm 以上空洞缺陷的高精度量化检测。

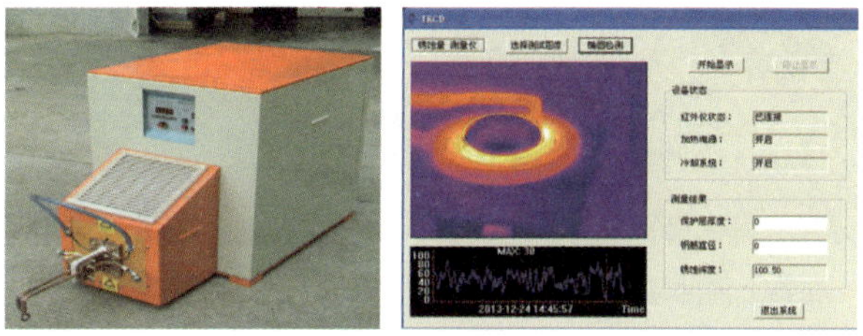

■ 混凝土锈胀开裂前钢筋锈蚀度的电磁涡流红外热像量化检测系统

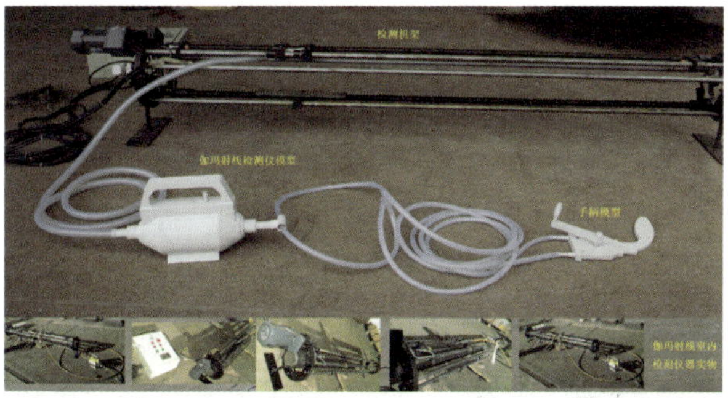

■ 拉索锚固段机架式射线检测仪

■ 吊索锚固段伸缩杆式视频检测仪

6. 国内外首次建立了适于混凝土结构内部缺陷评估的方法和分级评估标准。构建了全桥内部缺损评估模型和单一构件内部缺损评估模型；结合具体检测指标，基于构件层面建立了5类内部缺损的整套底层评定标准及相关指标。

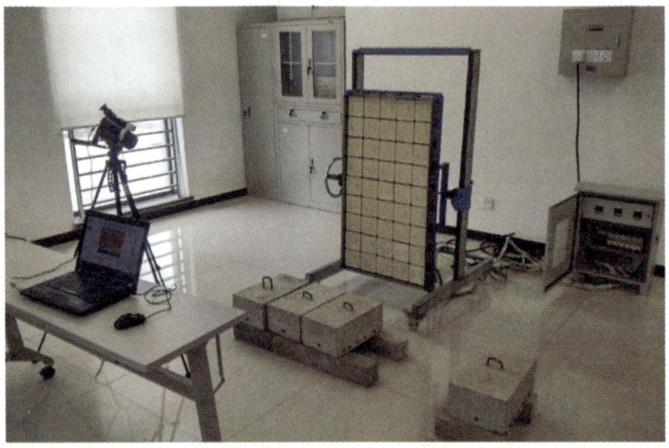

■ 混凝土内部缺损主动多回路热激励时序红外热像量化检测系统

■ 预应力筋管道灌浆密实度的雷达三维检测

7. 国内外首次考虑了公路预应力混凝土桥梁预应力管道可测面与灌浆空洞的特点，利用不同递质对电磁波相位的影响规律，借助工程雷达层切（C scan）显示技术，实现对塑料波纹管灌浆空洞位置的识别检测。

8. 国内外首次系统针对混凝土内部空洞（含预应力管道灌浆空洞、混凝土不密实）、结合面分层、裂隙、钢筋锈蚀、拉（吊）索（杆）锚固区缺损提出了11项有效检测技术与装备应用指南。

成果应用

本项目已将研究成果应用于多省市的十数座桥梁工程，取得了很好的经济效益和社会效益，主要应用的工程有：省道S106线曾家2号桥、滴水1号桥和滴水2号桥、柳州市文惠桥、甘竹滩大桥、黄龙特大桥、国道105京杭运河大桥、万泉河桥、苏州桥和余姚市凤翔桥等。应用的技术包括：电涡流红外热成像混凝土桥梁内部钢筋锈蚀量化检测技术、视频检测系统和混凝土桥梁内部缺陷可视化快速无损检测技术（冲击回声、探地雷达、红外热成像等）。

完成人简介

谢峻，北京公科固桥技术有限公司总工程师，交通运输部公路科学研究院研究员，博士。主要从事桥梁结构分析与设计、工程质量检验评定、桥梁检（监）测技术与装备、桥梁长期性能、桥梁加固设计与咨询等方向的科研、工程与标准修制定工作。

先后主持国家高技术研究发展计划（863计划）《大跨度预应力混凝土连续箱梁桥长期下挠和开裂的控制研究》、交通运输部重大科技专项《新一代公路基础设施维护关键技术、重大装备与示范（一期）》项目《服役混凝土桥梁内部缺损无损可视化检测技术及装备研发》等重点课题2项。作为子项负责人参加国家自然科学基金、交通运输部科技项目、各省级科技项目12项。

发表在《中国公路学报》、IABSE会议论文集等国内外期刊与会议上的学术论文30多篇，其中EI检索8篇，ISTP检索2篇，1篇入选《工程力学》杂志10年间（2001—2011）高引用率论文。获得《一种预应力混凝土收缩徐变的自辨识系统》等国家专利授权3项。主持交通运输行业产品标准编制1项，参编交通运输行业标准1项。主持和参加的项目成果获得中国公路学会科学技术一等奖1项，二等奖2项。

在工程技术方面主持和参加了20多项大型工程的设计、咨询、试验检测、施工质量验收标准等项目的工作，典型包括《矮寨特大悬索桥专项工程质量检验评定标准》《嘉绍大桥专项施工标准》《丫髻沙大桥副航道桥加固设计咨询》《赤石特大桥灾后维修处治工程施工图设计》《东明黄河公路大桥加固工程两阶段设计》《虎门大桥辅航道桥加固设计咨询》《武昆高速西游洞特大桥设计、施工咨询》等。

周建庭，重庆交通大学土木工程学院院长，二级教授，博士后，博士生导师，教育部“长江学者特聘教授”、国家杰出青年、中组部“万人计划”、首批国家中青年科技创新领军人才、全国优秀科技工作者、新世纪百千万人才工程国家级人选、享受国务院政府特殊津贴、教育部新世纪优秀人才、重庆市首届突出贡献中青年专家、重庆市第四届十大杰出青年、第二届中国公路青年科技奖。

承担国家、省部级项目和重大横向课题45项；获国家科技进步二等奖2项（1项排名第一，1项排名第三）、省部级科学技术奖18项（包括主持的重庆市科技进步一等奖2项）；获得国家发明专利授权25项；发表学术论文222篇（三大检索81篇），出版著作7部。首次提出了基于时变可靠性、内力包络和基于统计指标的大型桥梁安全评估理论和技术等，成功应用于26座大型桥梁的健康监测，解决了桥梁安全监测中的关键科学和技术问题。先后研发了多点支承体系加固拱桥、钢筋混凝土套箍封闭主拱圈加固拱桥等10余种旧桥加固创新理论和技术并在全国12个省市成功加固了325座桥梁。

庐山西海高速公路安全绿色交通关键技术研究及工程示范

中国公路学会科学技术奖 一等奖

研究背景

庐山西海高速公路是交通运输部"十二五"期间批准的首个科技示范工程项目。该公路东起福银国家高速公路昌九段，西连大广国家高速公路武吉段，贯穿庐山西海国家级风景名胜区，是江西省首条景区旅游高速公路。庐山西海高速公路有60余公里环绕庐山西海国家级风景名胜区的主体景观和南昌市的备用水源——柘林湖，并多次跨越柘林湖湖汊。从环境特征及建设特点来看，庐山西海高速公路属于典型的湖区高速公路、旅游高速公路，柘林湖水环境保护、湖区路段交通安全保障、旅游景观资源保护及生态保护与恢复问题是制约庐山西海高速公路建设与运营的重大技术难点。

基于上述背景和技术需求，本项目旨在通过理念创新、理论研究、室内外实验、系统开发与集成和工程示范验证等方法，在高速公路水环境安全保障技术、智能公路交通安全保障与应急处置技术、绿色公路建设技术等方面开展科技攻关、集成创新与成果推广应用，从"技术支撑层面"解决庐山西海高速公路设计、建设、运营管理过程中的技术难题和环境、资源约束问题，从"行业理念与技术进步层面"推动绿色公路、平安公路建设理念与技术水平的提升。同时，项目通过理念与理论、技术与方法、工法与指南等方面的创新，对提升交通科技示范工程管理水平、推进安全、绿色的交通运输体系建设具有重要的促进作用和示范意义。

研究创新点

1. 提出了"交通安全与环境安全协同保障，资源节约与环境保护有机结合"的工程建设理念。

2. 从节地、节材、节水、节能、安全与智能、运营与管理六个方面构建了绿色公路的科学评价方法与指标体系。

(1) 基于可持续发展、生态文明和自然辨证等理念，从节地、节材、节水、节能、安全与智能、运营与管理六个方面构建了绿色公路的评价体系。

(2) 构建了高速公路环保示范基地建设的质量控制与评定标准体系。

3. 形成了水环境敏感区高速公路运营期危化品运输事故环境风险防控关键技术。

(1) 采用人工降雨模拟实验，研究提出了路面径流污染物浓度随雨强及降雨历时的衰减关系。

(2) 基于自动控制的危化品运输事故蓄纳设施与路、桥面径流处理设施一体化设计思想，研发了多级串联组合路、桥面雨水径流污染控制技术，开发了公路水环境风险监测预警系统。

4. 形成了高速公路三维模型自动生成技术与雾区行车智能引导技术，集成高密度交通状态监测与预

■ 近自然植被护坡技术实施效果

■ 庐山西海高速公路管理三维系统

■ 可导向防撞垫

■ 雾区行车智能引导系统

■ 雾区安全保障技术应用路段黄昏效果

■ 庐山西海服务区［绿色（低碳）服务区建设技术］

警、路网运行管理与决策支持、交通事故信息管理及预警分析、雾区行车安全保障、公路水环境风险监测预警以及公路应急救援管理等技术，开发了高速公路管理三维系统。

(1) 形成了高速公路三维模型自动生成技术并开发了软件，实现了公路矢量及属性数据的自动提取和公路三维自动建模功能。

(2) 研发了雾区行车智能引导技术，构建了由雾情监测、信息诱导及主动发光诱导等外场设施和雾区安全运行保障综合监控系统组成的雾区安全保障系统。

(3) 开发了集公路运行状态监测与预警、雾区安全保障、水环境安全保障、事故应急救援及公众出行信息服务等功能于一体的高速公路管理三维系统。

5. 形成了基于3S技术的旅游公路景观规划技术。

(1) 从生态层面、旅游文化层面和视觉感知三个层面，建立了旅游公路景观规划技术体系。

(2) 基于无人机与高分遥感数据源，形成了旅游公路生态景观监测与公路影响区景观评价方法。

(3) 开发了基于三维 GIS 的公路弃土场管理系统，并应用系统开展弃土场选址规划及施工。

6. 建立了规模化运用、技术协同应用的科技成果群推广模式，推广应用了交通安全保障、生态旅游公路建设及资源节约型环境友好型公路建设等三大类33 项技术，对推进安全、绿色的交通运输体系建设

■ 路桥面径流收集处理系统

■ 公路水环境风险监测预警系统

■ 排水沥青路面与普通沥青路面对照

■ 振动隆声带

■ 水环境安全保障系统现场照片

具有重要示范意义。

7. 建立了科技示范工程后评价制度，构建了科研先行、咨询保障、后期监测相结合的动态科研管理体系与方法，对提升科技示范工程管理水平具有重要意义。

成果应用

项目成果通过示范工程实施、技术培训与交流、组织推广等形式在全国范围内进行了大规模推广应用。

1. 项目提出了“交通安全与环境安全协同保障，资源节约与环境保护有机结合”的工程建设理念，为庐山西海高速公路“打造江西首个生态旅游典型示范工程”奠定了理论基础；项目技术成果有力支撑、解决了庐山西海高速公路设计、建设、运营管理过程中的技术难题和环境、资源约束问题，并在江西省抚吉、吉莲、井睦及万宜高速公路、甘肃武洛高速公路、云南小磨、保腾及大丽高速公路等项目得到了推广应用。

2. 项目形成了可普遍推广应用的“高速公路水环境安全保障技术指南”等 10 项技术指南、操作手册 12 项，累计召开各类技术培训和宣贯会 10 余次，培训技术人员 1200 余人次。这对于提升交通运输行业的创新能力、造就杰出人才方面发挥了积极作用。

3. 项目配合中国公路学会成功举办了庐山西海高速公路安全绿色交通科技示范工程技术交流会，并通过中国交通报、江西日报及交通运输部网站等媒体多次对项目技术成果进行了专刊报道，极大提高了项目技术成果在交通运输领域的认可度和影响力，为扩大技术应用范围奠定良好基础。

4. 项目构建的绿色公路评价指标体系与方法，取得的水环境敏感区高速公路运营期危化品运输事故环境风险防控关键技术等一批重大科技成果，对推动绿色公路、平安公路建设理念与技术水平的提升起到了重要的推动和引领作用，具有十分广阔的推广应用前景。

完成人简介

张劲泉，研究员。1984 年毕业于同济大学桥梁工程专业，历任交通部公路科学研究所桥梁室副主任、道路桥梁部副主任、道路桥梁部主任、交通运输部公路科学研究院副院长。现任交通运输部公路科学研究院院长兼党委副书记。中国公路学会桥梁与结构工程学会副理事长，国际桥梁与结构学会（IADSE）会员，交通青年科技英才，交通运输部专家委员会委员，全国优秀科技工作者，享受政府特殊津贴。主要研究方向桥梁检测评定与维修加固、桥梁结构监测与安全评估、桥梁耐久性。主要研究方向：桥梁检测评定与维修加固、桥梁结构监测与安全评估、桥梁耐久性。曾参与“公路桥梁使用功能评定方法研究”“虎门大桥成套技术研究”“桥梁检测与试验设备”“公路桥梁使用功能评定方法”“虎门悬索桥钢箱梁架设与拼接程序研究”“虎门悬索桥竣工验收试验与评价”等项目。

曾主持“虎门悬索桥上部结构施工监控技术研究”“虎门悬索桥钢箱梁架设与拼接程序研究”“虎门悬索桥竣工验收试验与评价”“公路桥梁承载力检测评定规程”“公路旧桥检测评定与加固技术研究及其推广应用”的研究工作。主持公路桥梁质量检测、试验评定与加固维修的技术开发与技术服务工作。完成近百座公路桥梁的质量检测、试验评定与加固维修。参与“虎门大桥工程”系列丛书的编写。重要科研成果有：桥梁使用功能评定方法、虎门悬索桥施工监测与控制、大跨悬索桥竣工验收试验方法、桥梁健康监测与安全评价技术、桥梁承载能力检测评定方法、公路桥梁维修加固成套技术、桥梁耐久性关键技术等。主持了国家科技支撑计划“多塔连跨悬索结构及工程示范”、交通部重大专项“桥梁耐久性关键技术研究”、以及交通部西部交通建设科技项目“公路旧桥检测评定与加固技术研究及推广应用”等十余项重大项目的研究工作。为行业的技术进步做出了突出贡献。研究成果获国家科技进步二等奖 2 项，省部级科技进步特等奖 1 项、一等奖 2 项、二等奖 1 项。出版学术专著 7 部，发表学术论文 40 余篇。

胡钊芳，教授级高工，现任江西省交通运输厅总工程师。享受国务院特殊津贴专家，主要从事交通运输科技管理工作。本项目负责人、科技示范工程领导小组副组长，主持项目总体策划、设计、研究与实施工作；负责项目中人员、进度的协调和整体安排，全面推进项目研究工作；负责庐山西海高速公路安全绿色交通科技示范工程实施方案、工作报告的编写；负责项目调研和示范工程的建设和现场交流会的组织工作；提出了“交通安全与环境安全协同保障，资源节约与环境保护有机结合”的工程建设理念，编制了《绿色公路建设技术指南》。获中国公路学会科学技术奖 2 项，获江西省科学技术进步奖 4 项。

沥青路面裂缝处治技术及标准研究

中国公路学会科学技术奖　一等奖

研究背景

裂缝是我国沥青路面的三大病害之一，采用适当的技术措施封闭路面裂缝，防止水渗入路面结构内部，避免裂缝加速发展成为更严重的路面结构性破坏，是国际道路工程界公认的延长路面使用寿命的有效手段。沥青路面的开裂现象在我国十分普遍，裂缝处治是我国公路养护部门日常养护作业的主要工作内容。

然而，长期以来，由于受资金、观念等因素的制约，我国很多地区在裂缝处治材料和处治技术选择上往往比较随意。裂缝处治材料方面，在高等级公路上开始普遍采用橡胶沥青灌缝胶，由于缺乏相关的技术标准，产品质量不能得到保证，特别是材料的低温性能普遍很差，反映在路用性能上，北方地区的材料失效率明显高于南方地区，很多灌缝胶一到冬季即与裂缝壁撕裂，失去了防水的效果。2007 年项目组对 15 种国内外样品进行了抽样检测，合格率仅为 26.7%，

■ 贴缝胶失效现象 1：脱落

■ 贴缝胶失效现象 2：行驶跳车

■ 贴缝胶失效现象 3：粘贴不牢

■ 贴缝胶失效现象 4：边缘撕裂

■ 贴缝胶失效现象 5：中间撕裂

且全部为进口某品牌产品。在裂缝处治技术方面，采用热沥青、乳化沥青直接封缝的传统方式逐步被淘汰，随着大量开槽设备和灌缝材料从国外的引入，开槽灌缝技术逐渐占据了主流地位。随之而来，路面开槽产生的次生病害多、施工效率低、环境影响大等问题。

综上所述，本项目实施以前，我国没有裂缝处治材料技术标准，国产材料性能低劣，高端产品完全依赖进口，价格十分昂贵。由于材料、技术和观念的整体落后，我国沥青路面裂缝修补工程普遍存在材料失效率高、次生病害多等现象，为此，公路养护部门每年都不得不进行反复的裂缝维修作业，浪费了大量的人力与物力，却又收获不到灌缝技术应有的成效。

研究创新点

针对上述问题，本项目在国家自然科学基金、交通运输部行业标准、交通运输部西部科技项目等14项科研课题的支持下，项目组历经十年的产学研联合攻关，围绕行业标准制订、高性能材料研发、技术推广应用等需求，开展了5000km的现场踏勘，进行了数千组的室内材料性能试验，制订了4项交通行业技术标准，开发了3类高性能裂缝处治材料，提出了1套裂缝快速无损处治技术，提升了我国沥青路面裂缝修补技术的整体水平，促进了我国沥青路面预防性养护技术的发展，取得的主要科技成果有：

1. 建立了裂缝处治材料技术标准体系，依托国家道路及桥梁质量监督检验中心陆续承接了56项材料的检测，产品的检测合格率由实施前的26.7%大幅度提升至实施后的82.6%。

2. 开发了高性能裂缝处治材料，产品性能达到进口同类产品水平，价格降低50%以上，与进口同类产品形成了良性竞争市场环境，促使材料价格回归理性。以辽宁省高速公路应急处置中心灌缝胶采购为例：材料中标价由2011年的1.8万/t降至2015年的0.96万/t。

3. 提出了裂缝快速无损处治技术方案，相对于美国SHRP的开槽灌缝技术，次生病害发生率降为零，施工效率提高2~4倍，单位修补费用降低20%以上。

依托本项目研究，主编交通运输行业标准4项；申请发明专利8项（已授权2项），申请实用新型专利12项（已授权10项）；发表学术论文23篇，其中SCI收录3篇、EI收录10篇；出版学术专著《沥青路面裂缝处治材料标准体系》。

■ 灌缝施工第1步：开槽

■ 灌缝施工第2步：清缝

■ 灌缝施工第3步：灌缝

■ 贴缝施工

■ 使用性能良好的贴缝胶：锦州义县 S204

■ 使用性能良好的贴缝胶：京哈德惠段

成果应用

本项目十分注重室内研发和工程应用的结合，在国内广泛开展了灌缝、填缝、贴缝和抗裂贴技术的推广应用工作，裂缝处治工程总量达到了700万延米，折合处治裂缝总里程为7000km，具体包括：

项目组在辽宁省高速公路裂缝修补工程中累计灌缝应用总量达到370万延米，在安徽省境内公路裂缝修补工程中累计填缝应用总量达到100万延米，在长沙、昆明、扬州、南昌等地路面大中修工程中应用抗裂贴总量达到200万延米。项目组在北京、辽宁、吉林、黑龙江、河北、河南、湖北、湖南、福建、广东、云南等近20个省（区、市）开展了贴缝带的试验路和依托工程，使用路段包括了城市主干道、高速公路等在内的各等级城市道路和公路，施工总量超过了30万延米。

跟踪观测路用性能表明，依托工程在经历了多年的夏季高温、雨季和冬季低温的考验后，裂缝处治材料仍然保持了完好的性能，取得了良好的使用效果、经济效益和社会效益。

完成人简介

主要完成人
李　峰

李峰，曾任交通公路工程研究中心副研究员，博士。致力于沥青路面裂缝修补的研究，在裂缝修补技术和修补材料研究方面积累了较为丰富的理论知识和实践经验。先后承担和参加了裂缝修补研究课题十余项：

主持国家自然科学基金项目 2 项：“沥青路面灌缝体系的低温失效模式及性能指标研究”(51008146)、“荷载－环境耦合作用下的沥青路面贴缝结构行为及失效机制研究”（51378242）；主持中央级公益性科研所基本科研业务费专项资金项目 1 项：“聚合物改性沥青密封胶的组分配比研究”（2009—9007）。参加交通运输部西部交通建设科技项目 2 项：“兵团干线公路沥青路面开裂机制与常温灌缝料研究”（2008 318 000 66）（排名第四）；“沥青路面快速维修技术及装备研发”（2011 318 223 410）（子课题五：沥青路面裂缝快速维修技术，负责人）。主编交通行业标准项目 4 项：《路面橡胶沥青灌缝胶》（JT/T 740—2009）、《路面有机硅密封胶》（JT 2011-15）、《路面裂缝压缝带》（JT 2012-34）、《沥青加铺层用高分子聚合物抗裂贴》（JT 2012-35）。

车路协作式高速公路合流区安全预警关键技术研究与应用

中国智能交通协会科学技术奖　一等奖

研究背景

高速公路合流区由于主线加速车道处车辆的合流干扰了主线行车，加之经常出现合流区非法停车现象，在无法及时有效接收交通安全预警信息时容易引起交通混乱，是常见的事故多发区域。在国内外相关研究中，相对于合流区交通运行特征研究而言，合流区行车危险状况判别方面的研究还较为缺乏。尤其在我国，符合高速公路合流区交通运输特点的行车危险状况判别算法和优化技术研究目前还处于空白状态。

另一方面，随着交通运输系统以及信息技术的飞速发展，强调人、车、路等交通要素间智能协作的车路信息交互技术成为国内外交通领域的研究重点。车路协作技术的应用不但可以拓宽驾驶员的视野，加强交通安全；并且能够共享实时交通数据，完成全时空动态交通信息采集和融合；还可以传播娱乐生活信息，使乘客享受优质的乘车服务。

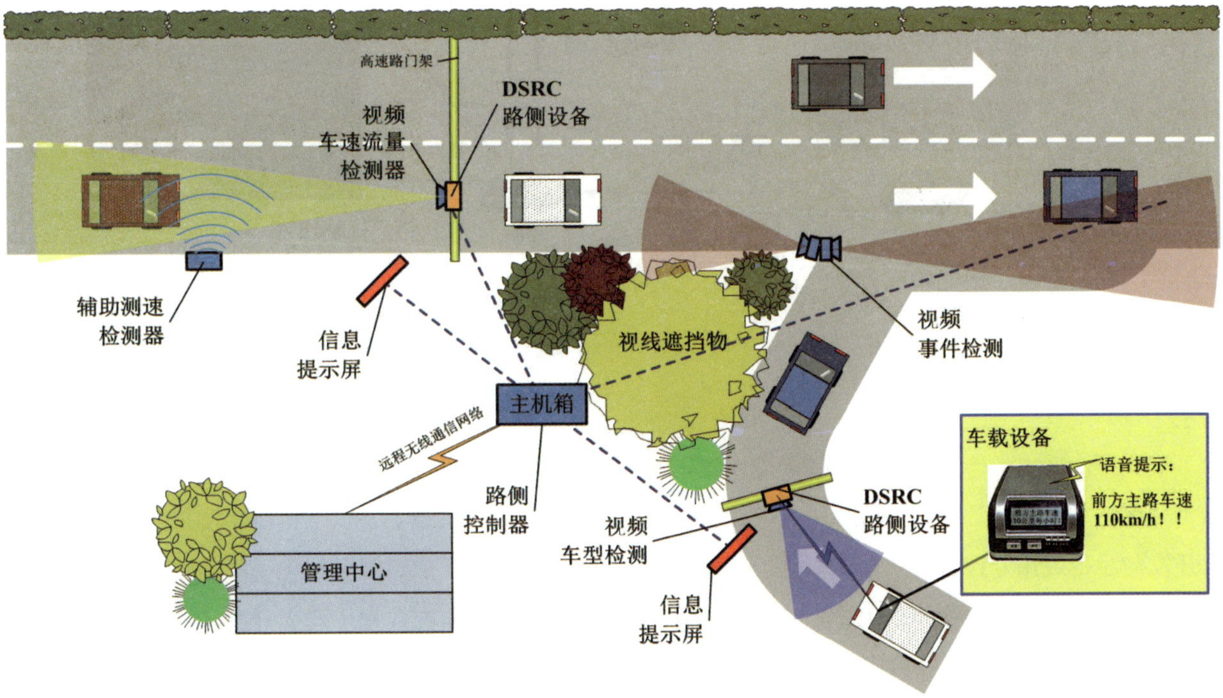

■ 车路协作式高速公路合流区交通安全预警服务系统示意图

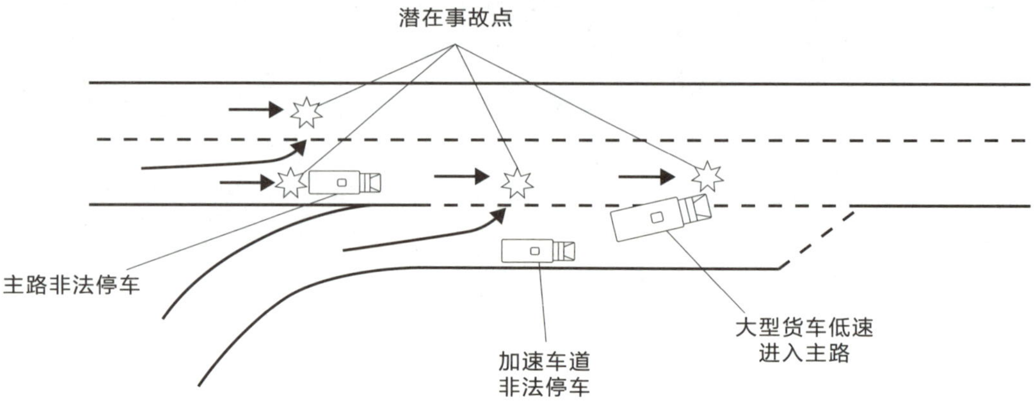

■ 高速公路合流区冲突点

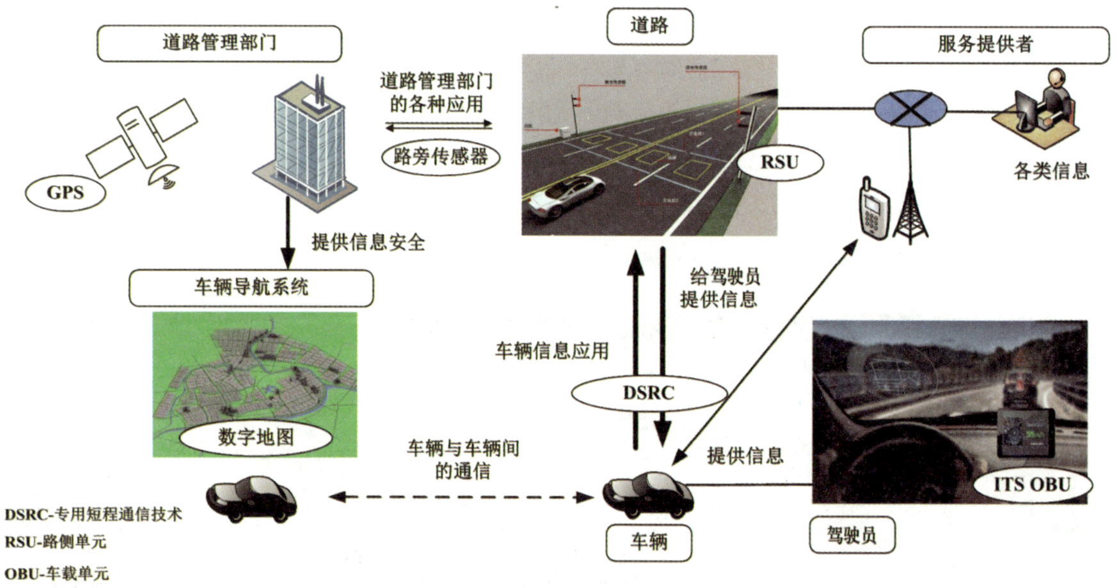

■ 国际智能车路协作系统构成图

本项目依托"十一五"国家科技支撑计划重大项目"重特大道路交通事故综合预防与处置集成技术开发与示范应用"课题三"国家高速公路安全和服务技术开发与工程应用示范"（2009BAG13A03）专题12《高速公路合流区车路协作式安全支持技术试验》研究成果（针对高速公路车辆合流区结构特点和车辆行驶特点，研究了高速公路合流区的行车环境感知技术，集成开发了高速公路入口合流区安全支持试验系统），以及科研院所技术开发研究专项资金项目《信息服务与电子不停车收费一体化技术研究》的研究成果（研究开发了信息服务与电子不停车收费一体化终端及应用系统），应用车路协作理念和技术提升高速公路合流区行车安全水平以及车辆运行效率。

研究创新点

本项目优化了高速公路合流区安全风险状况辨识指标计算方法，创新性地设计了遵从安全隐患优先级别的匝道及主路预警控制算法，并开发了具有自主知识产权的车路协作式合流区交通安全预警服务系统软件及运行决策单元；项目首次提出了适用于我国高速公路合流区交通特性的 DSRC 系统参考架构及关键技术能力指标，并自主研发了功能可扩展的 DSRC 车载设备和路侧设备；项目形成的车路协作式高速公路合流区安全预警服务系统以及制订的合作式智能运输系统专用短程通信技术标准均属国内首次，且总体技术达到国际领先水平。

主要技术创新点包括：

1. 高速公路合流区安全风险状况辨识指标计算方法

本项目对 TTC（Time to Collision）指标进行了改进，第一个改进指标为 TET（Time Exposed Time-to-Collision），TET 弥补了 TTC 只关注两辆车辆的不足，改而关注整个路段所有驾驶员的 TTC，能够更加精确地对路段交通安全做出评价。第二个改进指标为 TIT（Time Integrated Time-to-Collision），TIT 弥补了 TTC 在低值区间精细度不足的问题，能够反映在 TTC 值在很小的时候，车辆的安全状态。

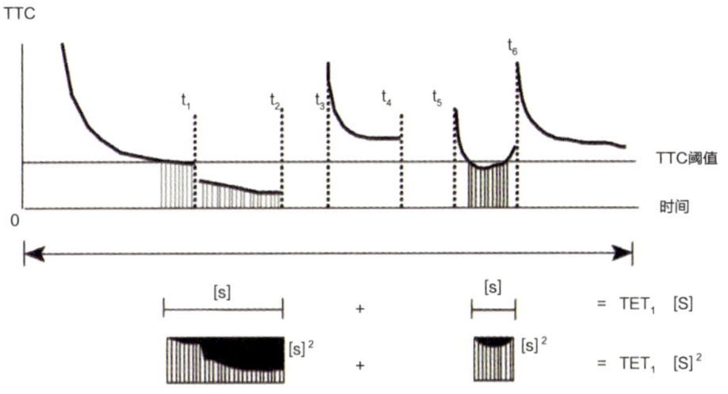

■ TET 和 TIT 示意图

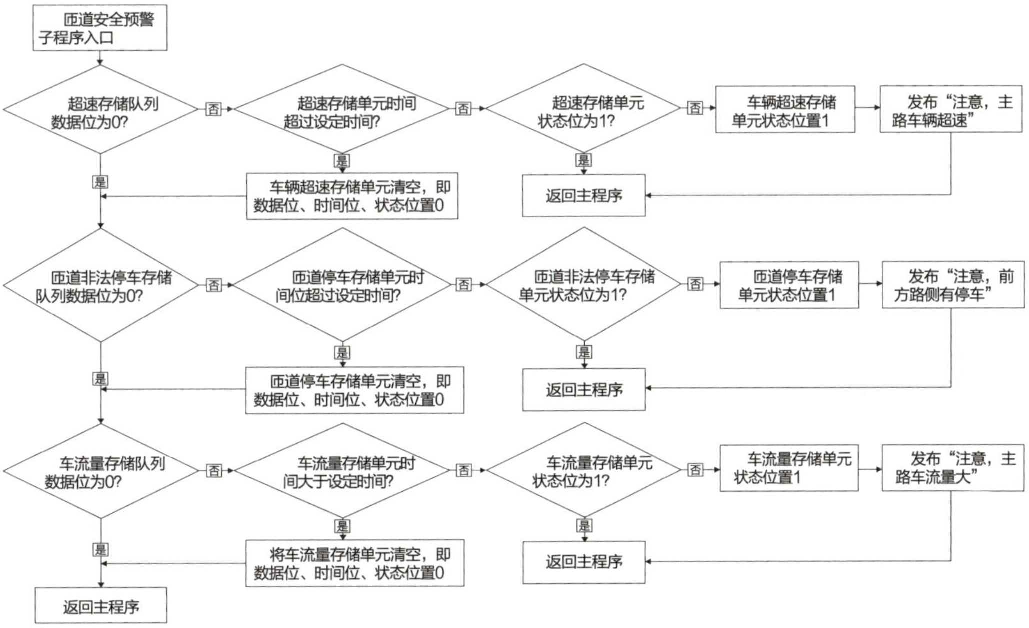

■ 匝道预警逻辑控制框图

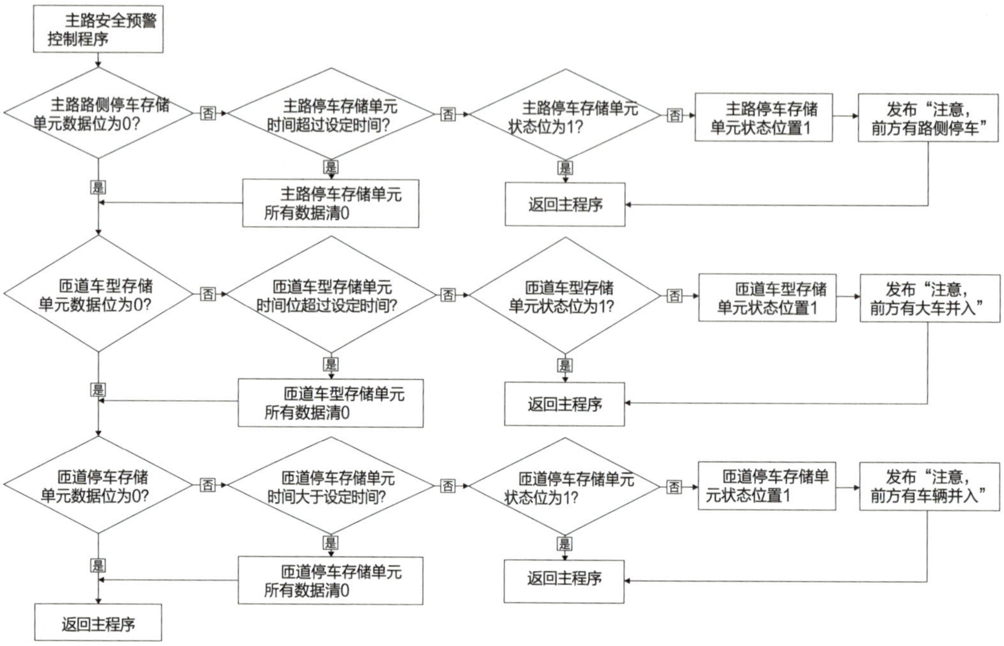

■ 主路预警逻辑控制框图

2. 遵从安全隐患优先级别的匝道及主路预警控制算法

匝道及主路预警控制算法对不同交通事件信息采用不同优先级别处理的方法。匝道预警控制算法事件优先级为：主路超速数据 > 匝道非法停车数据 > 主路流量数据。主路预警控制算法事件优先级，主路路侧非法停车 > 匝道车型 > 匝道加速车道非法停车。

3. 合流区车路合作式交通安全预警服务系统软件及运行决策单元

车路协作式高速公路合流区交通安全预警服务系统决策单元（以下简称决策单元）以工控机作为控制平台，运行车路协作式高速公路合流区交通安全预警服务系统软件，主要完成行车环境感知、处理和发布的任务。

4.DSRC 系统参考架构及关键技术能力指标

以车辆高速移动为应用背景，针对车路协作式安全预警应用对 DSRC 通信协议的效率要求，并兼容其他通信技术接入，项目提出了合作式智能运输专

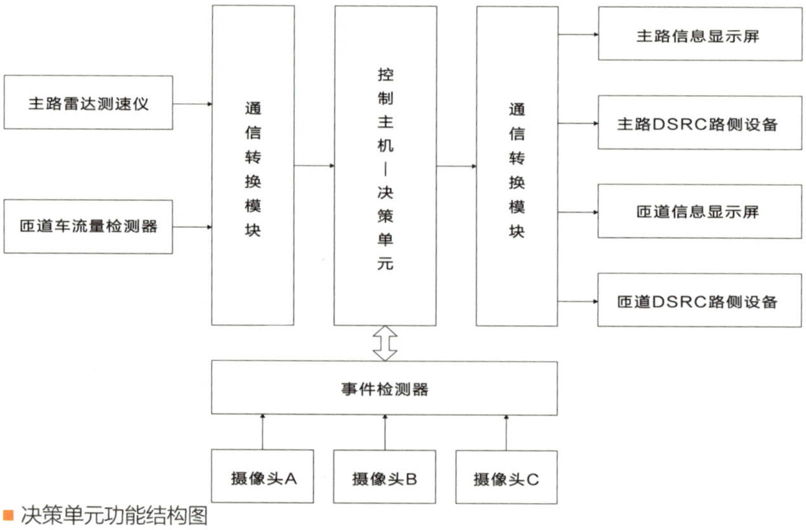

■ 决策单元功能结构图

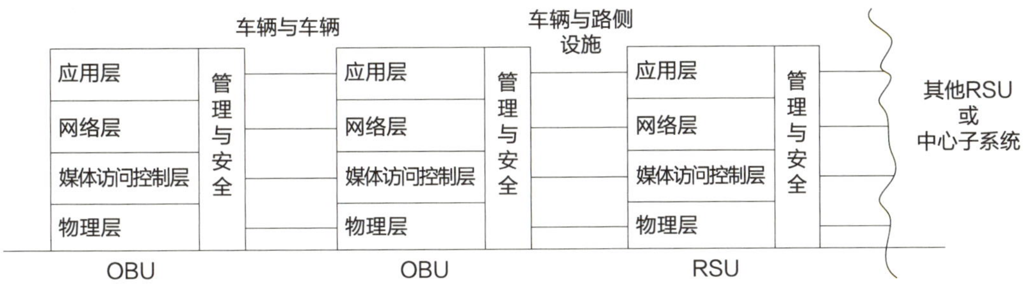

■ 合作式智能运输 DSRC 系统参考架构

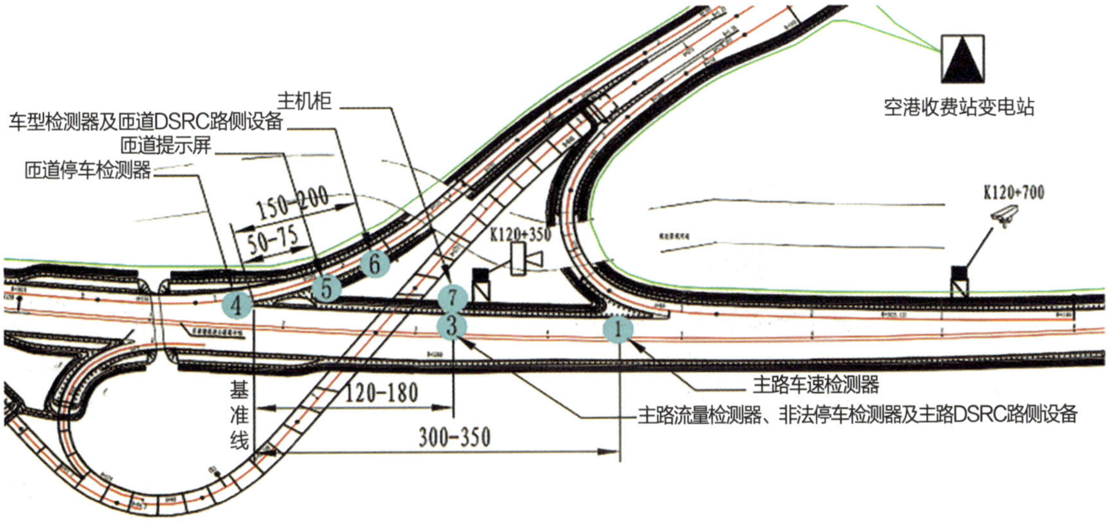

■ 车路协作式高速公路合流区交通安全预警服务系统核心设备布设示意图

用短程通信系统的参考架构。

5. 基于 DSRC 技术的多应用服务一体化的车载设备和路侧设备

项目自主研发的车载设备和路侧设备具有 ETC 收费功能和信息服务功能，并且进一步扩展了信息采集功能。

(1) 车载设备研制：车载设备单元具有电子收费功能以及可以支持简约交通安全服务的人机交互功能，同时 DSRC 微波环节采用兼容基于 5.8GHz 的 FSK 和 ASK 技术的机制。

(2) 路侧设备研制：路侧设备单元的实现方案保持了 ETC 收费功能，并在此基础上增加了交通安全信息服务功能。

6. 合作式智能运输系统 - 专用短程通信技术标准

项目制订了我国首部合作式智能运输系统中专用短程通信技术标准两项。

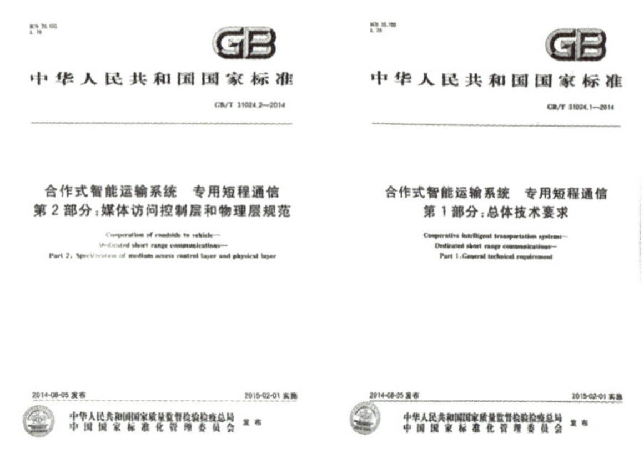
GB
中华人民共和国国家标准
GB/T 31024.2—2014
合作式智能运输系统 专用短程通信
第2部分：媒体访问控制层和物理层规范

GB
中华人民共和国国家标准
GB/T 31024.1—2014
合作式智能运输系统 专用短程通信
第1部分：总体技术要求

■ 合作式智能运输系统—专用短程通信技术标准

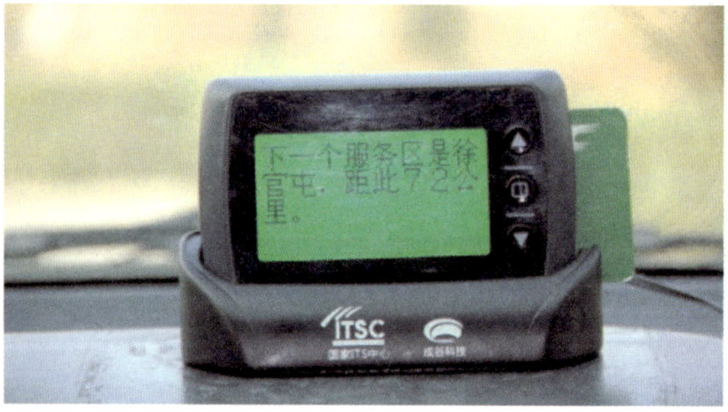

■ 车载设备实物图

■ 路侧设备实物图

成果应用

本项目研究的车路合作技术成果先后在G2天津段（京津塘高速公路）、G45北京段（京承高速公路）和S28（机场北线高速公路）进行了示范应用，下图显示了京津塘高速天津空港收费站天津方向入口车路协作式高速公路合流区交通安全预警服务系统核心设备布设情况，应用结果分析表明该成果可以使高速公路合流区交通冲突量减少25%，有效提升了高速公路合流区的安全性。

完成人简介

李斌，博士，研究员，现任交通运输部公路科学研究院副院长。主要从事智能交通系统、车路协调与控制、交通安全技术等领域。先后承担或参与了10余项科研课题与应用示范项目，发明专利7项，主编及参编国家及行业标准4项，近年发表核心期刊、EI检索论文10余篇，获得“中国公路学会科学技术奖”二等奖、三等奖各一次。在本项目研究工作中，负责总体方案设计、技术路线制定和组织实施。完成了适用于我国高速公路合流区的车路协作式安全预警服务系统总体设计；指导了项目成果在京承高速公路（北京段）和京津高速公路（天津段）的示范应用；参与制定2项标准规范，专利1项。

宋向辉，硕士，研究员，现任交通运输部公路科学研究院交通智能运输系统工程研究中心责任工程师。主要从事交通通信及车路协同等领域相关技术、设备、应用系统的研究、研制及标准制定工作。近5年，承担国家或省部级项目十余项，其中作为负责人承担的项目有7项；发表论文10余篇；作为第一完成人完成专利6项；编制完成标准5项；合著专著1部。在本项目研究工作中，主持研究合作式交通安全服务系统DSRC通信技术研究工作，参与项目总体技术路线设计，参与车路协作式高速公路合流区安全预警服务系统设计以及示范应用；参与2项标准规范的编写工作，专利6项，论文6篇。

公路工程质量安全过程控制智能化与远程监控技术研究

中国公路学会科学技术奖　一等奖

研究背景

在全国交通大建设、大发展的形势下，尤其是随着建设项目逐步转入工程条件更为复杂的山岭和水域，高墩、大跨径桥梁和地质结构复杂隧道等高技术难度工程增多，质量风险增大，质量监管力量与建设规模不匹配，为了提高公路工程监管力度和水平，弥补施工过程控制中的监管漏洞和缺失，避免事后检查不合格返工造成人力财力浪费，各国对公路工程质量的把控已经逐渐由“事后检查”向“过程控制”转移。“过程控制”首先是工艺控制，即所采用的工艺不能生产出不合格产品，这就为之后的施工打好了坚实的基础；其后是施工过程控制，即工程在施工阶段就能保证其在完工后可以达到预期的质量效果，在施工过程中就避免出现验收不合格的结果。

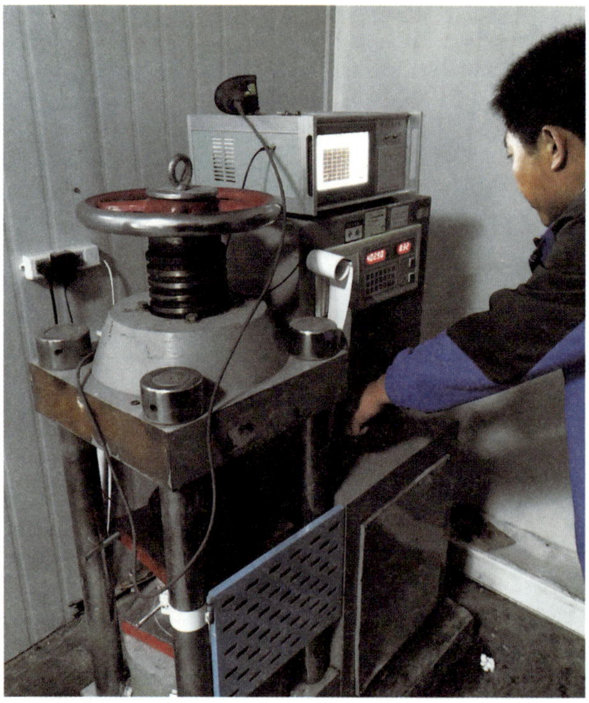

■ 混凝土抗压强度智能监控系统

现今国内外公路工程质量安全控制真正能做到“过程控制”的项目还比较少，加之在建设过程中，信息监控手段往往也比较匮乏，监督部门和业主对施工中潜在的质量事故缺乏有效的监管工具。如何才能够防止“偷工”和杜绝“减料”最终得到优质的公路工程，这就需要对建设过程中的每个环节尤其是关键环节，进行实时监控、实时反馈以及迅速纠偏，提高过程控制的灵敏度。在物联网，云计算，无线传输技术发达的今天，对数据的实时采集、传输、存储、共享、分析和调整使得公路工程实现智能化过程控制成为可能。

研究创新点

1. 开发了集 IPC 工控机、平板电脑和 3G 无线上网卡一体化的硬件系统，以及集数据查询、数据统计、异常警报三大功能模块为一体的全网页软件平台，实现了沥青混合料生产全过程数字化实时监控。通过高

■ 混凝土标准养护间智能监控系统

■ 原材料智能监控

速工业照相机捕捉热料仓下料图像，利用图像连续识别技术，反推热料仓级配实际级配组成，实现混合料动态控制，并通过远程传输、动态诊断、实现实时反馈和控制，指导不同冷料进料速率，保证连续生产过程中沥青混合料均质稳定。

2. 依托GPS实时定位技术，集成应用振动加速度及红外测温传感器开发了碾压质量实时监控系统，实现对碾压轨迹、碾压遍数、碾压温度及压实度的实时监控，有效保证了沥青路面的压实质量。通过云计算技术，实现多台压路机数据共享机制，形成云碾压技术。利用RFID技术，将沥青拌和楼实时生产结果与摊铺机GPS坐标位置通过时间序列进行匹配，实现沥青混合料生产、运输、摊铺、碾压全过程可溯源。

3. 开发了室内混凝土全仿真强制拌和机，借助该设备研究了影响新拌水泥混凝土内在品质的各个要素与拌和机电流的相关性，建立了拌和电机电流特

■ 公路工程质量安全过程控制智能化与远程监控系统平台

■ 实验短信提醒

性与混凝土扭矩、坍落度之间的关系。

4. 通过监控拌和楼主电机电流，建立了电流与扭矩之间的关系，应用电流数值在线分析了混凝土的流变特性，预测了混凝土出机后的工作性能，有效监控了水泥混凝土的生产质量。

5. 开发了压力机实时数据采集设备，并应用二维码等技术对水泥混凝土室内强度试验工作进行有效监管，保证了试验数据的客观性、准确性和真实性。利用二维码示踪技术，将室内混凝土抗压试块与公路工程结构物施工部位进行匹配，实现结构物原材料、工程质量、施工进度的数字化。

■ 拌和楼智能监控系统

6. 基于自适应预应力同步张拉控制算法和变速率预应力张拉控制算法，开发了4顶同步张拉的预应力智能张拉设备，利用数据无线传输技术，考虑桥梁混凝土强度分布，动态调整不同千斤顶加载速率，实现了桥梁施工中四顶同步预应力钢筋张拉。

成果应用

项目主要以港珠澳工程、云南锁蒙高速、湖北郧十高速、河北邢衡高速、河南三淅高速、港珠澳大桥等实体工程为依托。

1. 云南锁龙寺至蒙自高速公路，79km，4个路面标段，应用了沥青拌和站智能监控系统，沥青路面智能碾压系统，混凝土强度智能压力机系统，智能张拉系统。

2. 云南待补至功山高速公路，67km，应用了路面数字化过程控制技术，桥梁结构预应力智能张拉技术。

3. 云南普立至宣威高速公路，90km，应用了桥梁结构预应力智能张拉及智能注浆等研究成果。

4. 云南麻柳湾至昭通高速公路，106km，应用了拌和楼智能控制技术，沥青路面智能摊铺碾压技术，结构混凝土抗压强度智能监控技术。

5. 云南昭通至会泽高速公路，104km，拌和楼智能控制技术，沥青路面智能摊铺碾压技术，预应力张拉与压浆智能化技术。

6. 湖北郧十高速公路，67km，11路基个标段；应用了混凝土强度智能压力机系统。

7. 河南三淅高速公路，123km，6个路面标段；应用了混凝土强度智能压力机系统。

8. 河北邢衡高速公路，94km，4路面个标段；应用了沥青拌和站智能监控系统，沥青路面智能碾压系统，混凝土强度智能压力机系统。

9. 港珠澳大桥，应用的桥梁施工安全智能监控系统。

通过项目的研究，课题组研发了多套路面施工过程智能检测系统，各施工、监理单位利用系统可以对每天例行监测的常规试验数据进行有效管理，分析指标波动情况，判别质量是否可控。业主和总监办以及质监单位能够实时查看各单位的施工质量数据，并依照软件所提供的评价功能，及时了解施工质量的总体情况、单一数据的波动性以及存在问题的工艺环节，方便了工程监督管理人员对工程质量的把控能力。

完成人简介

郭大进，博士，博士生导师，教授级高级工程师，全国青联第十一届委员。世界道路协会（PIARC）技术委员会（TED）委员，我国路面工程检测和质量控制领域青年专家。“中国青年科技奖”获得者。中国十大杰出青年提名奖、中央国家机关十大杰出青年、全国交通行业青年岗位能手、交通部直属机关优秀共产党员、中国公路学会青年科技奖等荣誉称号。主要从事路面工程材料及路面工程质量控制领域的技术研究。作为主要负责人和主要参加人获国家科技进步二等奖 2 项、省部级科技进步一等奖 2 项，在国内外核心期刊上发表论文 20 余篇，出版专著 1 部，获得中国发明专利和软件著作权 3 项。

田波，交通公路工程研究中心副主任，博士，博士生导师，研究员，世界道路协会路面技术委员会委员。主要从事水泥混凝土路面设计、施工、养护等研究工作。承担“路面－轮胎噪声产生机制及测试技术研究”“彩色压花装饰混凝土铺装全套技术与关键装备研发”“隧道混凝土防火机制研究”等多项基本科研业务费项目。出版著作 2 本，发表论文近 100 篇。获得省部级科技进步一等奖 6 项目，二等奖 9 项，三等奖 12 项目。荣获中国公路学会百名优秀工程师、中国公路学会青年科技奖、交通运输部直属机关首届五四青年奖章标兵、交通青年科技英才、内蒙古自治区草原英才等荣誉称号。

西部地区耐久性水泥混凝土路面关键技术研究

中国公路学会科学技术奖　一等奖

研究背景

025 课题开展以后完善了以小型机具为特征的施工方式，“八五”攻关中完善提升了以滑模施工为特征的施工方法；在设计理论和方法、施工技术与质量控制、检测与养护技术方面，取得了一批实用的研究成果，水泥混凝土路面建设与维护水平不断提高，为发展水泥混凝土路面奠定了基础。但尽管技术进步使得水泥混凝土路面使用寿命有一定的延长，但路面早期断裂和错台破坏仍很普遍，水泥混凝土路面的使用寿命还远没有达到设计使用寿命要求，养护工作量也比普遍认为的水泥混凝土路面养护工作量小有较大差异。根据对我国一些水泥混凝土路面的调查，水泥混凝土路面早期断裂和错台破坏与路基的变形和支承条件改变、垫层厚度不足不能有效改善水温条件、基层抗冲刷和溶蚀能力不足或强度过高增加面板的约束应力、面层厚度选择与接缝设置不合理等结构组合因素有关。

在对路基路面各结构层次工作特性充分研究的基础上，通过对水泥混凝土路面结构设计技术及施工变异控制技术的研究，解决提高水泥混凝土路面耐久性的关键技术，显著提高水泥混凝土路面使用寿命，

■ 水泥混凝土滑模摊铺

■ 人工气象站采集外界环境数据

■ 差异缓冲层既可解决路面不均匀沉降，又可防止路面冻胀

适应我国重交通发展需求并显著降低全寿命成本，为促进水泥混凝土路面在高等级公路中的应用提供技术支撑，缓解国家产业不合理的态势，消减水泥产能过剩和钢铁行业不振的现实。

在这种形势下，开展耐久性水泥混凝土路面的研究，提出耐久性水泥混凝土路面设计、施工及预防性养护关键技术，显著提高水泥混凝土路面使用寿命，适应我国重交通发展需求并显著降低全寿命成本，对促进我国公路事业的发展具有重要意义。

研究创新点

1. 揭示了水泥混凝土路面路基湿度 - 温度 - 荷载多场耦合的路基工作规律，并得到了对应的路基回弹变形的规律与永久变形空间模型。

2. 明确了环境因素影响下混凝土板的空间接触状态，揭示了传荷性能的衰变规律，建立了混凝土板 - 基层接触状态和混凝土板边 - 路肩状态方程。

3. 提出了协调路基不均匀变形和混凝土板变形的理念，采用设计、施工工况融合技术，建立了基于实测数据修正的混凝土路面温度翘曲应力计算模型和混凝土路面施工内嵌等环境应力计算方法，构建了路基路面一体化设计体系。

4. 构建了路用水泥混凝土材料多尺度液 - 固两相流变模型，提出了符合道路施工方式的材料设计体系和混凝土的搅拌高均匀性质量控制技术；优化了三辊轴混凝土路面施工技术和大厚度混凝土路面的防塌边滑模施工技术；提出了连续配筋混凝土路面裂缝控制技术。

5. 研发了模拟混凝土路面构造衰减加速试验系统，建立了抗滑性能衰减、接缝错台、填缝料损坏等状况的评价方法和相关方程，提出了预养护时机确定方法和路面表面功能耐久性改善技术措施。

■ 水泥混凝土路面养生

水泥混凝土路面施工排振工艺

成果应用

本项目研究成果成功应用在内蒙古白霍 100km 一级路和准兴 260km 高速公路，成功应用在广西三江至柳州 168km 高速公路设计中，成果在隆林至百色 177km 高速公路中得到推广应用，同时在陕西、黑龙江、湖南等多处成功应用本成果。在白音华至霍林郭勒一级公路水泥混凝土路面底基层下设置碎石垫层，缓解了由于极端天气造成的冻深过大对路面板造成的断裂问题春融造成的土基不均匀沉降所造成的负面影响。还采用了沥青类封层技术，减少了断板率；在筋竹至岑溪高速公路采用改进的搅拌工艺提高混凝土生产能力和搅拌均匀性，适当提高混凝土的施工性能，实现了大坍落度水泥混凝土路面全幅滑模摊铺和三辊轴机组施工，验证了水泥混凝土路面施工变异性控制技术指南的各项措施；在隆林至百色高速公路使用机制砂铺筑水泥混凝土路面，验证了水泥混凝土路面变异性控制技术指南的各项措施。在蓝商高速公路使用露石水泥混凝土路面，在罗圈梁隧道水泥混凝土路面使用纵向刻槽的技术方案，提高了表面抗滑能力，大幅度较低了事故率。

完成人简介

牛开民，研究员，博士生导师，长期从事路面结构与材料研究工作，曾主持完成了“高等级公路碾压混凝土路面施工技术研究”等多项国家科技攻关项目和“低噪音水泥混凝土路面研究”“西部地区耐久性水泥混凝土路面关键技术研究”等多项交通运输部科技项目，主持编制了多项交通行业标准规范。先后参与了“京津塘高速公路路面结构设计研究”“重交通道路沥青在高等级公路工程中的实用技术”“沥青路面设计指标体系”和“西部地区公路建设主要技术政策”等项目的研究。对道路结构与材料的研究有一定建树，组织和主持完成的科研成果具有一定的系统性和水平，相关成果纳入多部行业标准规范。主持或参与完成的项目获得国家科技进步二等奖 1 项、交通部科技进步二等奖 1 项、广西科技进步二等奖 1 项、中国公路学会科学技术一等奖 8 项、二等奖 10 项。

田波，交通公路工程研究中心副主任，博士，博士生导师，研究员，世界道路协会路面技术委员会委员。主要从事水泥混凝土路面设计、施工、养护等研究工作。承担“路面－轮胎噪声产生机制及测试技术研究”“彩色压花装饰混凝土铺装全套技术与关键装备研发”“隧道混凝土防火机制研究”等多项基本科研业务费项目。出版著作 2 本，发表论文近 100 篇。获得省部级科技进步一等奖 6 项目，二等奖 9 项，三等奖 12 项目。荣获中国公路学会百名优秀工程师、中国公路学会青年科技奖、交通运输部直属机关首届五四青年奖章标兵、交通青年科技英才、内蒙古自治区草原英才等荣誉称号。

公路甩挂运输关键技术与示范

中国公路学会科学技术奖 一等奖

研究背景

统计资料显示，2010 年我国国内生产总值为 39.8 万亿元，物流总费用约占 GDP 的 18%，较发达国家高出一倍。

经济发达国家普遍采取甩挂运输作为干线公路货物运输的组织形式。甩挂运输是指牵引车按照预定的运行计划，在货物装卸作业点甩下所拖挂车，换上其他挂车继续运行的运输组织方式，具有提高运输效率、降低物流成本、促进节能减排、优化运力结构、推动现代物流和多式联运发展等方面的优势。

2009 年，交通运输部、国家发改委、公安部、海关总署和保监会联合发布了《关于促进甩挂运输发展的通知》，2010 年，交通运输部与国家发改委联合印发了《甩挂运输试点工作实施方案》，为促进甩挂运输的发展、推动公路货物运输组织模式的改革做出了工作部署。

为破解甩挂运输实施中的法规政策障碍，攻克运输装备性能匹配、运输效能与安全评价、车辆轻量化、场站设施配置、运营组织与管理、智能调度及运行统计分析等方面的技术难题，实现自主研发技术的多区域、大范围示范应用，交通运输部于 2011 年启动了道路运输领域第一个重大科技专项"公路甩挂运输关键技术与示范"（合同号：2011 318 223 006）。交通运输部公路科学研究院作为专项牵头单位，联合交通运输部规划研究院、中集车辆（集团）有限公司等 14 家单位，共同开展技术研究与示范应用，专项研究时间为 2011 年 4 月至 2013 年 10 月。

研究创新点

专项"自上而下"运用系统工程的理论和方法，进行项目开发和技术攻关。围绕总体目标开展工作，逐级细化目标，并分别进行研究，确保各项技术研究成果的完整性、关联性、先进性、通用性，以及总体目标的实现。

在部科技司、运输司及西部项目管理中心的组织领导和关心支持下，专项紧密围绕阻碍甩挂运输发展的车辆装备、站场优化、运输组织管理和法规政策标准等 4 个方面技术难题开展研究，研究形成了制度 / 政策建议 7 项（其中 5 项建议已被相关政府部门采纳），形成标准 / 规程 / 指南共 15 项，试制样车 / 样机 8 套，已获得设备专利 12 项，软件著作权 5 项，完成分析系统与软件 2 套，发表技术论文 67 篇，专著 1 册，在对研究成果梳理并与国内外相关研究对比的基础上，凝练总结专项创新点主要包括以下几个方面：

1. 构建了汽车列车运动学和动力学模型，研究提出了半挂牵引车与半挂车匹配技术要求，集成应用单轴陀螺轮速测试技术和气电信号实时采集技术，研

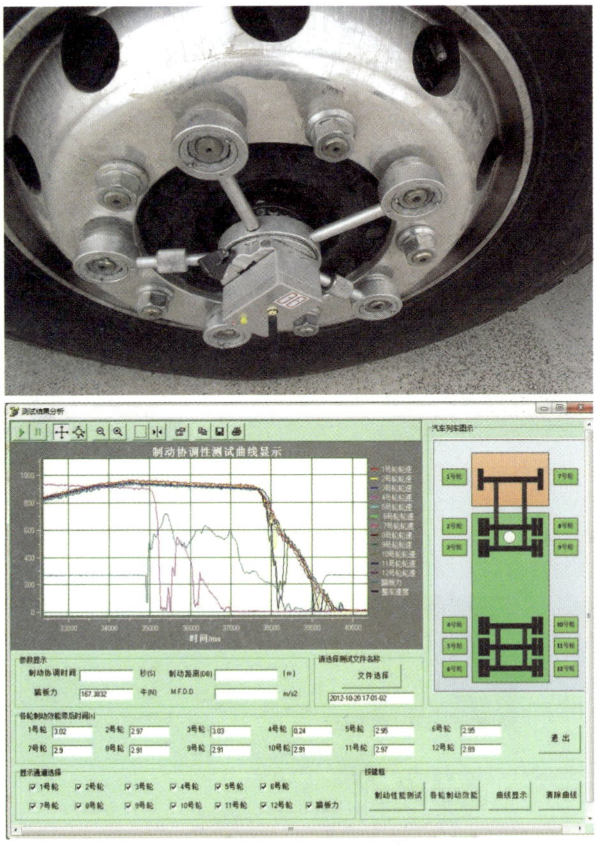

■ 制动性能测试仪中的无线轮速传感器与测试结果分析界面

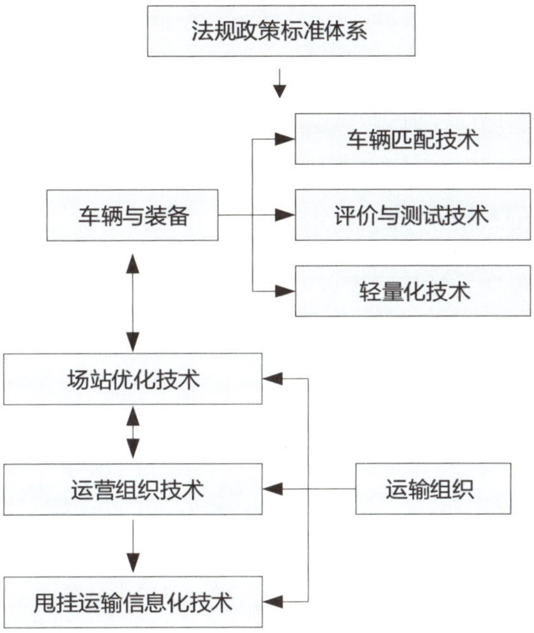

■ 专项各研究领域内在联系示意图

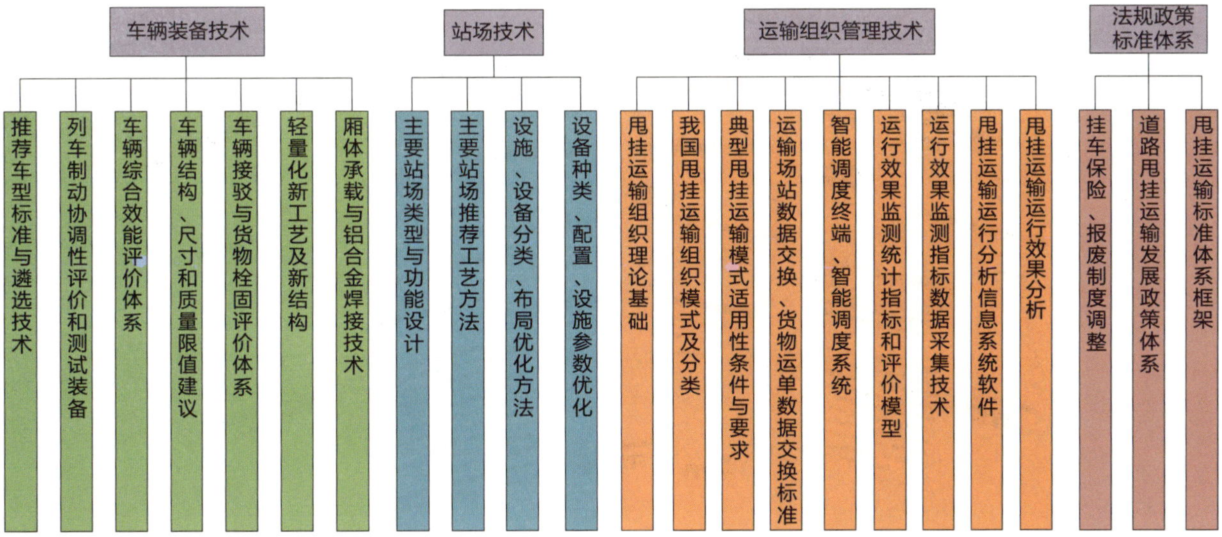

■ 项目研究成果一览

制了汽车列车气电连接测试仪和汽车列车制动协调性测试仪等设备。

2. 形成了新结构、新材料和新技术等甩挂运输车辆的轻量化技术体系，实现了半挂牵引车、厢式半挂车和集装箱运输半挂车的轻量化，3 款轻量化车型的轻量化率均在 11% 以上，成本增加控制在 7% 以下。

3. 提出了我国货运车辆模块化发展的理念，构建了包括载荷单元、牵引车辆单元、挂车单元的道路运输车辆模块化系统，相关研究成果已体现在 GB 1589《道路车辆外廓尺寸、轴荷及质量限值》修订的报批稿中。

■ 气电连接测试仪

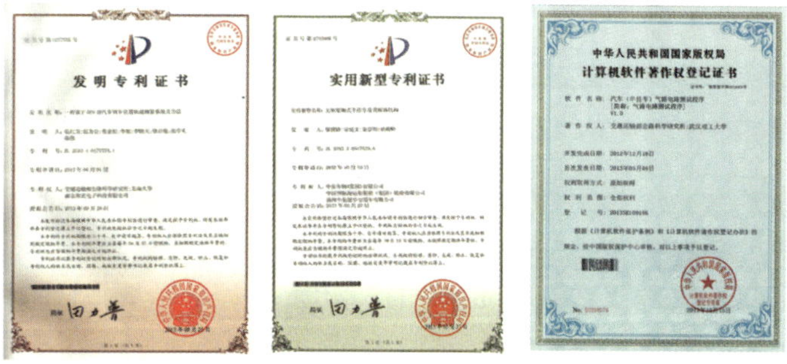

■ 专利与软件著作权等知识产权

■ 甩挂运输运行分析信息系统

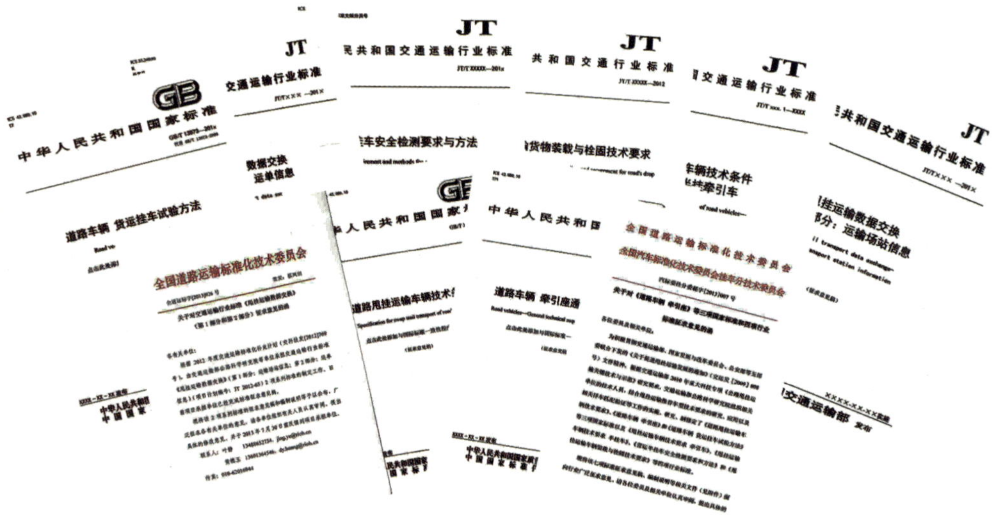

■ 部分标准

■ 推荐车型遴选与宣传

■ 中集车辆（集团）有限公司的轻量化三轴厢式半挂车样车

■ 一汽解放汽车有限公司的轻量化牵引车样车试验现场

■ 规划中的某甩挂运输试点项目运输站场

4. 对零担甩挂运输站场提出了零担干线甩挂运输、客户端甩挂运输组织站场作业工艺推荐流程，规定了零担站场的生产设施要求和装卸搬运设备要求，对企业提高运输效率、降低运输成本、节能减排等方面起到了积极作用。

5. 对集装箱甩挂运输站场提出了集装箱倒箱、集疏运、集装箱客户端甩挂运输组织作业工艺推荐流程，规定了集装箱站场的生产设施要求和装卸搬运设备要求。

6. 研制开发了一套能够实现车货信息自动识别与匹配、货物与车辆远程监控、安全预警等功能的车载终端与甩挂运输智能调度系统，成果已达到美国大多数道路运输企业信息化水平。

成果应用

专项采取研究、示范 / 试点同步实施、开展的方式，依托全国甩挂运输试点工程开展了一系列的阶段性成果的验证、使用和示范应用。专项研究期间，相关研究成果已服务于交通运输部、国家发展改革委、财政部共同确定的 148 个甩挂运输试点工程项目的实际工作中。

在研究过程中有关甩挂运输轻量化车辆已经被甩挂运输试点工程单位认可并选购；多项国家标准、交通运输行业标准的制定以及甩挂运输标准体系的构建，有效地指导了甩挂运输试点工程建设，并为甩挂运输的标准化管理提供依据；相关车辆检测仪器设备已在推荐车型遴选过程中得到了应用，遴选出的三批 93 个牵引车和 51 个半挂车甩挂运输推荐车型（含轻量化车型）的销量已达 4 万余辆，产品集中度高，车辆匹配互换性能良好，被甩挂运输试点单位认可并选购；车辆交强险规定、挂车报废制度、资金补贴管理办法促进了甩挂运输试点工程的有力开展，预计每年可为物流运输企业节约不合理的保险支出约 5 亿元；标准规范的有效实施已明显提升了企业内部装备与设施配备水平，以及作业与管理的科学性、规范性；站场优化技术以及运营组织相关技术已在交通运输部第二、第三批 121 个甩挂运输试点项目实施方案的制定中得以应用，反馈效果良好；运行分析信息系统已在 29 个省、市、区的交通运输主管部门以及 10 个甩挂运输试点重点联系企业的信息上报工作中得以应用，为主管部门提供了一手可靠的数据来源。

完成人简介

易振国，曾任交通运输部公路科学研究院副院长、成绩优异的高级工程师。国家节能中心专家库专家，中国公路学会环境与可持续发展分会副理事长，交通环境标准化技术委员会主任委员，全国汽车标准化技术委员会挂车分技术委员会主任委员，全国道路运输标准化技术委员会主任委员，全国汽车维修标准化技术委员会主任委员，中国汽车工程学会理事，中国汽车保修设备行业协会副会长，中国汽车维修行业协会副会长，中国节能协会交通专业委员会副主任委员。曾被评为全国交通系统优秀科技工作者。

主要从事交通运输战略与规划、交通环境与安全、汽车运用工程、交通运输政策等领域的研究工作。主持了交通运输部重大科技专项“公路甩挂运输关键技术与示范”、国家科技支撑计划项目“营运车辆安全保障技术开发及大范围集成应用”、交通运输部西部项目“在用汽车维修、检测诊断系列标准研究”、省级公路网规划（2005—2020年）、高速公路建设项目环境影响评价、低碳交通和节能减排政策、低碳交通发展战略与规划、节能减排相关技术、节能评估等多项研究工作，出版了《公路交通环境保护》等著作，获中国公路学会科学奖及交通运输部科技奖等多项奖励。

在本获奖项目中负责搭建课题总体框架，协调和分割6个专题和10家主要研究单位的任务，在课题申报、实施、验收、鉴定全过程中，负责研究进度和质量、经费执行的总体把关，组织编写可研报告、申报书、实施方案、任务书、验收报告等一系列技术文件，并负责初审，课题重要活动的策划、组织和协调工作。

张红卫，交通运输部公路科学研究院汽车运输技术研究中心首席工程师、成绩优异的高级工程师。长期从事汽车/汽运产品测试与工程技术研究、汽车标准化研究、质量管理与认证认可技术研究和行业服务等工作。组织实施了货运车辆超限超载运输治理、货运车辆推荐车型遴选、营运车辆燃料消耗量准入管理以及货运装备现代化专项调研与车型标准化发展研究等行业服务工作；全国汽车挂车分标委会委员兼副秘书长、全国专用车分标委主任委员、负责甩挂运输科技专项技术总体组秘书处的运行管理工作。主持或参加的汽车行业、科技部、交通运输部有关汽车、汽运领域科研课题成果获省部级科技进步一等奖2项、二等奖3项、三等奖3项；已获得实用新型专利5项、发明专利1项、软件著作权4项，发表技术论文、论著40余篇/部。

主持或主要参与完成了甩挂运输科技专项的车辆装备技术研究以及“货运车辆安全运行技术要求与检测技术研究”等10个西部项目与部软科学项目课题研究，完成了科技部支撑项目“道路交通安全保障关键技术研究及示范——大型客货车辆安全运行技术研究”的专题研究，主持了《城市物流配送汽车选型技术要求》《道路甩挂运输车辆技术要求》等20余项国家/行业标准制修订等。

在本项目中负责组织编制重大专项可研报告、研究大纲和任务书，研究报告审查工作以及评审工作，组织开展相关技术交流活动以及专项鉴定、验收申请、科技奖励申报工作。此外，还作为项目负责人主要参与“甩挂运输车辆与装备关键技术研究及示范应用”专题研究工作。

道路交通气象系统的成套标准及检测技术研究应用

中国公路学会科学技术奖　一等奖

研究背景

我国是大雾、雨雪、冰冻等恶劣天气多发国家，据交通部统计，因恶劣天气引发的阻断事件占全部数量三成以上，据公安部统计，每年恶劣天气条件下发生的道路交通事故在 10% 以上，影响道路行车安全的主要因素是能见度降低和不良路面状况，对能见度和路面状况规范化监测与预警是交通行业亟待解决的问题。

从 2005 年交通部和中国气象局联合签署《关于共同开展公路交通气象监测预报预警工作》备忘录，并设立"公路气象与应急处置工作组"起，公路交通气象监测方面取得了突破性进展，但气象监测领域被国外设备垄断，产品技术参数不统一，预警分级无统一标准，急需成套标准规范支撑。

为满足中国大规模应用道路交通气象系统和产业化需求，项目组历经 7 年时间，面向装备提升和国产化，提出了公路交通气象观测站功能规格需求、路面状况检测器和能见度检测器的研发方案；面向市场准入和产品标准化，攻克了路面状况和能见度检测器的检测技术和规程，建成道路交通气象检测系统和实验室；面向产业化和规模化应用，攻克了公路交通气象条件等级、冰雪天气公路通行条件预警分级等重大技术难题，形成了系列国家及行业标准规范。

项目依托工程为国家公路主干线 G30 线赛里木湖—果子沟口段（以下简称"新疆 G30 赛果段"）高速公路改建工程，该工程是新疆境内最重要的一条

■ 道路交通气象系统系列标准及相关证书

埋入式路面状况检测器外场试验环境搭建

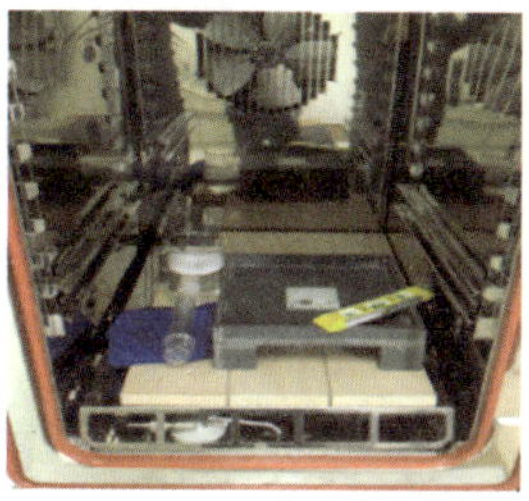

埋入式路面状况检测器—水膜厚度控制环境

规划中的某用挂运输试点项目运输站场

交通干线，位处高寒、高纬度地带，公路冰雪灾害严重。由于冬季寒冷和强风作用，易造成交通中断事件，给公路交通安全带来极大的影响。通过应用本项目形成的检测技术与标准成果，保证了设备监测数据的准确度、完好性，为管理者决策提供基础数据支持，为精细化的气象信息发布提供了技术支撑。

研究创新点

项目核心成果如下：

1. 突破了与交通阻断事件密切相关的气象检测器研发方案及标准

系统地提出了公路交通气象观测站功能规格需求，攻克了基于环形电桥结构的水膜厚度检测技术及其稳定性优化算法、多传感器高频信号隔离屏蔽技术、气溶胶粒子前向散射光能量测量技术，研发了相应的检测器，形成行业标准两项。

2. 在国际上创新性地研发了道路交通气象环境重构技术，建设满足实车试验的大型气象模拟实验室

研发了基于雾环境参数控制技术的气象实验室雾模拟系统，构建了国内唯一具有模拟雾、雨、雪等恶劣气象且能进行实车试验的实验室，解决了交通气象研究中基本实验环境缺乏等问题。

3. 提出了具有国际先进水平的道路气象环境检测装备的检测方法及流程

国际上首次攻克了集成水流控制和温度补偿的道路交通气象水膜厚度制备技术，实现了 0.01mm 精度的水膜厚度制备，提出了气溶胶粒子均匀性检测方法，形成了路面状况检测器和能见度检测器的检测规程。

4. 攻克了公路网气象应用服务技术

从气象、路面、基础设施等方面建立冰雪天气公路通行条件预警模型和指标体系，提出了具有普适性的公路交通气象条件分级方法、业务规范和观测站网建设指南，形成了系列国家及行业应用服务标准规范。

■ 道路交通气象实验室—降雨环境能见度检测试验

■ 道路交通气象实验室—烟雾环境能见度检测试验

■ 交通气象实验室—水雾环境能见度检测试验

项目形成了4项国家和行业标准、3项行业技术规范，获国家专利10项，其中发明专利6项，软件著作权10项，发表论文21篇。项目成果已对国内外9个厂家的设备进行检测。项目总体处于国际先进水平。

成果应用

成果已在新疆G30赛果段、北京市气象服务中心进行示范应用，全面支撑了路网运行效率、应急处置能力和服务水平的提升，社会效益巨大。

1. 在新疆G30赛果段应用后，实现了冰雪覆盖路面、低能见度等恶劣气象条件的实时感知，为驾驶员提供实时的预警信息发布，为管理者决策提供基础数据支持，提升了冬季通行效率，降低了封路时间和阻断率。

2. 获得的《冰雪天气公路通行条件预警分级》《公路交通气象条件等级》标准已在北京市气象服务中心应用，可为冰雪天气条件下区域公路网的预警信息发布、公路交通气象监测及预警预报服务业务提供了技术支撑。

3. 获得的道路交通气象路面状况检测器和能见度检测器检测规程系列研究成果，已对国内外9个厂

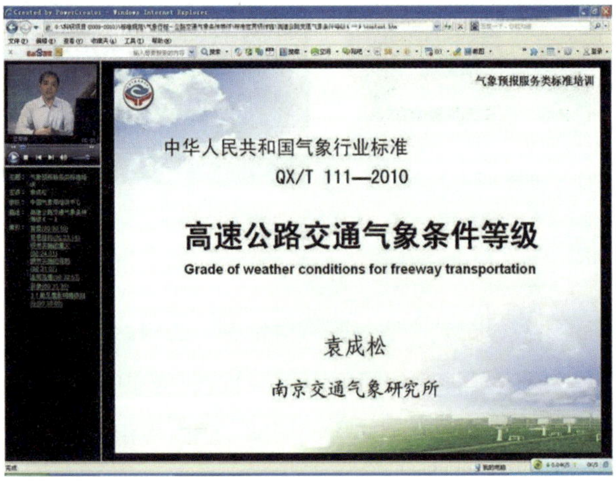

■ 中国气象局培训中心气象标准远程培训班教学

■ 中国气象局气象探测中心地面室—全国第二期能见度仪室内试验考核

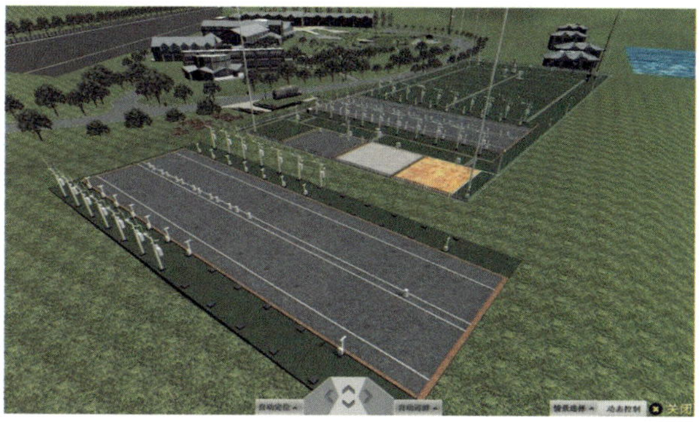

■ 全国交通气象观测站首次定型考核试验场布局图

家的产品进行检测及验证，检测结果表明检测规程可行、可操作，可为气象检测器的后期模块开发、市场准入等工作的开展具有重要指导意义，并可为工程设计和业务应用提供依据，促进国产设备的推广普及。

4. 已在《道路交通信息服务信息分类与编码》等 9 项标准中得到应用。

通过本项目研究成果的推广应用，全面提升了高速公路安全保障和智能化主动预警水平，有效预防和降低高速公路交通事故发生，减少公路交通阻断。值得在低能见度与冰雪灾害多发的地区大力推广和应用，应用前景十分广阔。

完成人简介

汪林，现任交通运输部公路科学研究院国家智能交通系统工程技术研究中心副主任，主要从事智能交通系统相关技术研究、设计及实施工作。主持或参与完成了多项国家、省部级科研课题及实验室科研建设项目，获得中国公路学会一等奖 2 项、二等奖 1 项，中国智能交通协会一等奖 1 项、二等奖 1 项，获得实用新型专利 7 项，发明专利 2 项，撰写 10 余篇学术论文，并参与 2 篇论著的编译工作。主编完成交通行业标准 1 项，参与多项国家及行业标准的编写，获得软件著作权 5 项。

致力于开展恶劣气象条件对道路交通安全相关研究工作，目前在该领域分别承担了国家自然基金项目“雨天城市道路驾驶行为对通行能力影响的机理研究”、国家道路交通安全科技行动计划课题二、课题三中相关气象专题、科研院所社会公益性项目《不利气象条件对公路交通安全的影响机理研究》、交通行业标准 JT/T715—2008《道路交通气象环境埋入式路面状况检测器》，并于近期承担了路面状况检测器及能见度仪的测试规程研究工作等。主持了国内第一个道路交通气象环境实验室的建设工作，完成了交通气象环境实验室可行性研究、设计以及建设工作，设计开发了实验室中心控制系统及测试系统。同时大力推进各项恶劣气象相关研究成果在交通行业内的推广应用，如目前已完成的新疆 G30 线、G217 线冰雪示范工程系统、扫雪车辅助驾驶系统等一大批横向工程项目，取得了较为丰硕的科研成果和社会经济效益。

通用盆式支座

中国专利奖　二等奖

研究背景

截至2015年底，我国公路桥梁总数已达77.92万座。桥梁支座作为连接桥梁上、下部结构的“脊柱”，使用数量巨大。由于桥梁支座在桥梁工程造价中所占比例较小，往往未能引起研究人员的足够重视。同时，尽管我国桥梁支座生产企业众多，但由于研发水平有限，产品设计创新能力不足。为提升公路交通产品行业核心竞争力，我院对目前最主要的桥梁支座型式——盆式支座开展了研究工作。盆式支座按使用性能分为双向活动支座、单向活动支座和固定支座三种型号，双向活动支座和单向活动支座主要由上支座板、中间钢板、承压橡胶板和下支座板等组成。固定支座主要由上支座板、承压橡胶板和下支座板等组成。通过调研可以发现，目前盆式支座设计在通用性和互换性两方面存在缺陷，主要体现在：对于三种不同型号的盆式支座，下支座板和中间钢板等零部件在同一承载力等级下均需按照不同型号分别设计，缺乏通用性和互换性，明显增加了设计人员和制模翻砂工人的工作量，不利于企业生产组织和零部件库存控制。

研究创新点

针对盆式支座设计在通用性和互换性两方面存在的缺陷，我院通过创新设计和系统试验研究，成功研发出了“通用盆式支座”。该成果于2012年取得国家发明专利授权，并于2015年获得由国家知识产权局评选的第十七届中国专利优秀奖。该奖项为我国交通行业于2015年获得的两项专利优秀奖之一，是对我院知识产权创造、运用、保护、管理等工作的高度肯定。

■ “通用盆式支座”于2012年取得国家发明专利授权

■ “通用盆式支座”于2015年获得第十七届中国专利优秀奖

该成果的创新点主要体现在：在保证盆式支座使用功能的前提下，减少主要组成零部件的种类，使得同一种零部件可以应用到不同

■ 在公路院试验场桥梁材料与成品试验室开展的通用盆式支座竖向承载力试验

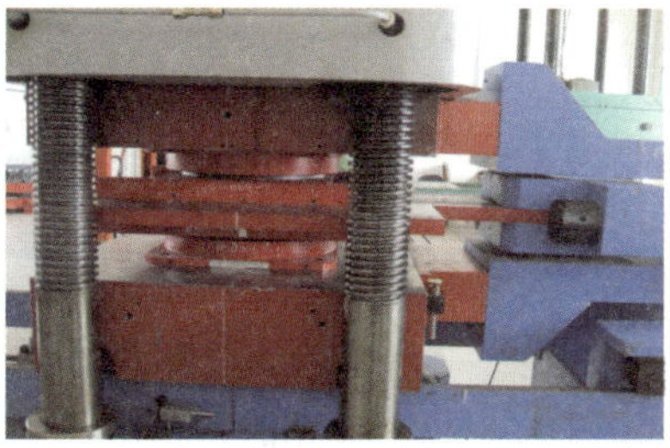

■ 在公路院试验场桥梁材料与成品试验室开展的通用盆式支座摩擦系数试验

■ 在公路院试验场桥梁材料与成品试验室开展的通用盆式支座转动试验

型号的盆式支座设计中。其中，中间钢板在单向活动支座、双向活动支座之间实现了通用；下支座板也可在三种不同型号的盆式支座之间通用；承压橡胶板、黄铜密封圈、橡胶防尘圈、锚固螺栓、锚固套筒等相关零部件也相应实现了通用。因此，要想实现同一承载力等级不同型号盆式支座的使用功能，只要更换相应的上支座板就可以完成。这样既缩短了设计周期，降低了生产成本，又有利于节能减排，便于工厂化生产和组装，实现了桥梁附属构件的机械标准化操作。将机械工程的最优设计理念应用到盆式支座设计中，即以最少的零部件种类，达到整体设计最优，这本身是该领域的技术突破和巨大进步。

成果应用

在该成果取得国家发明专利授权后，我院积极开展了科技成果转化工作，并基于该专利技术成功开发出“公路桥梁盆式支座系列通用图”等一系列核心技术产品，目前已推广应用至 70 余家桥梁支座生产企业，国内市场占有率近 70%。支座生产企业的反馈意见显示，由于该专利技术的采用，生产效率显著提升，零部件库存成本得到有效降低，极大地方便了工厂化生产和组装。同时，从桥梁建设单位的应用情况可知，通用盆式支座现场安装方便，工作性能可靠。

■ 高俊元研究员指导盆式支座转动试验

截至目前，该专利技术的科技成果转化效益已超过 1700 万元。

完成人简介

主要完成人
李　明

李明，桥梁技术研究中心副研究员，桥梁检测工程师，国家注册审查员。2010 年毕业于交通运输

部公路科学研究院桥梁与隧道工程专业，同年进入院桥梁技术研究中心工作。主要从事波形钢腹板组合结构桥梁、桥梁支座和伸缩装置产品的研发推广工作。

在波形钢腹板组合结构桥梁研究方向，作为子课题负责人完成了国家自然科学基金项目 2 项、交通部西部交通建设科技项目 1 项和省级交通厅科技项目 3 项。作为现场负责人，完成了主跨 120m 的山东鄄城黄河公路大桥（国内第一座采用悬臂施工的大跨波形钢腹板组合连续梁桥）、主跨 135m 的河南桃花峪黄河大桥（国内当时主跨最大的该类桥型）等多座波形钢腹板组合桥梁的配套科研和施工监控项目。研究形成的波形钢腹板组合桥梁设计与施工技术达到国际先进水平，并被纳入交通运输建设科技成果推广目录；在桥梁支座和伸缩装置产品研发方向，负责或参与完成了部公路院自主研发项目3项，研发出“公路桥梁盆式支座系列通用图”“公路桥梁隔震橡胶支座系列通用图”等多项拥有自主知识产权的技术成果。主持企业委托研发项目多项，研发出“公路桥梁减振缓冲伸缩装置”等一批具有较高市场应用价值的产品。相关技术和产品目前推广应用效果良好，企业用户达到 70 余家，国内市场占有率近 70%，科技成果转化效益总体超过 2000 万元。

近年来，获得中国专利优秀奖、中国公路学会科学技术一等奖、中国施工企业管理协会科学技术一等奖、华夏建设科学技术二等奖以及中国铁道建筑总公司科学技术二等奖各 1 项。参编行业标准《公路桥梁现场检测技术规程》，取得国家发明专利 2 项、实用新型专利 7 项，发表论文 10 余篇（其中 EI 检索 2 篇，ISTP 检索 1 篇）。

左新黛，桥梁技术研究中心副研究员，桥梁检测工程师、国家注册审查员。自 2005 年进入交通部公路科学研究所工作至今，主要在桥梁中心从事桥梁科研、加固设计、支座研发、检测咨询等工作。

作为项目负责人先后完成了 3 项公路院自主研发项目，分别为《公路桥梁支座产品系列通用技术图纸开发项目》（2011 年）《公路桥梁四种转角球型支座系列通用图开发》（2012 年）《公路桥梁隔震橡胶支座产品系列通用图开发项目》（2013 年）。作为项目负责人，完成了 1 项国家自然科学基金项目《混凝土箱梁曲线底板在高预应力作用下破坏机理与试验研究》，完成了 1 项公路院基本科研业务费专项项目《大开孔率箱梁曲线底板在高预应力作用下破坏行为及设计优化》。工作期间，本人作为项目负责人，先后完成多项桥梁加固设计项目、检测咨询项目。

本人作为主要完成人，先后获得 2 项实用新型专利“盆式球型支座”“一种防尘桥梁球型支座”，1 项发明专利“通用盆式支座”，其中发明专利“通用盆式支座”获得中国专利优秀奖。

严寒地区超重载水泥混凝土路面设计施工关键技术研究

内蒙古自治区科技进步奖　一等奖

研究背景

本项目依托内蒙古自治区白音华至霍林郭勒一级公路建设工程，旨在解决严寒地区极重荷载条件下水泥混凝土路面设计、施工关键技术难点。项目研究围绕严寒地区超重载水泥混凝土路面结构，路面下承层结构、材料与施工控制技术，路用高耐久性水泥混凝土材料，恶劣气候条件下路面施工工艺与过程质量控制等科技内容展开。项目获国家发明专利3项、实用新型专利7项，发表论文30余篇，软件著作权1项。

研究创新点

1.针对严寒、极重荷载环境，系统提出基于地基、路基路面一体化的水泥混凝土路面设计理论和方法。提出特重交通条件下混凝土路面极限断裂典型破坏模式，建立以面、基层疲劳断裂和面层极限断裂为控制标准的重交混凝土路面极限状态设计法。

2.建立水泥混凝土结构层变形协调理论，提出设置粒料变形协调层和沥青混凝土功能层实现变形协调方法，并大规模应用于实体工程。

3.基于混凝土路面硬化阶段内嵌温度理论，提出混凝土路面施工窗口期的确定方法和施工控制技术。

4.基于水泥混凝土路面施工装备与材料相互作用特性，进行设备超前评估、带载调试、过程监控的装备、材料与工艺综合控制技术研究。

5.基于不同季节对地基路基影响，建立变形和强度双参数控制下水泥混凝土路面地基路基施工质量控制技术。

6.提出耐严寒、抗盐冻、高性能路用水泥混凝土配合比设计方法。

■ 传力杆工厂化加工

■ 32厘米面板混凝土芯样

成果应用

研究成果纳入《公路水泥混凝土路面设计规范》（JTG D40—2011）、《公路水泥混凝土路面施工技术细则》（JTG/T F30—2014）、《公路工程水泥混凝土路面填缝料》（JT/T203—2014）和《公路工程环氧涂层钢筋》（JT/T 945—2014），为行业规范标准的修订与完善做出积极贡献。整体技术在

■ 3 厘米 AC-10 功能层摊铺

■ 施工现场足尺试验

■ 贫混凝土基层滑模施工

■ 路面硬刻槽

■ 面板夜间滑模施工

内蒙古、山西、云南、广西和黑龙江等省区重交通公路建设和养护中成功应用。建成了以内蒙古准兴高速公路，山西孙吴电煤集运通道为代表的水泥混凝土路面建设工程，取得了显著的社会及经济效益。有力助推重载水泥混凝土路面在国内推广应用，填补了我国寒区极重荷载条件下高等级公路水泥混凝土路面建设空白。

■ 路面硬刻槽

■ 建成白霍一级公路

■ 通车运营白霍一级公路鸟瞰

完成人简介

付智，博士，交通公路工程研究中心二级研究员，博导，研究方向为水泥混凝土路面与混凝土材料科学。1977 届本科毕业于新疆八一农学院水利系，获得学士学位；1982 届硕士毕业于武汉水利电力学院水建系，获得硕士学位；1988 届博士（1991 年 8 月）毕业于上海同济大学材料科学与工程学院，获得工学博士学位。交通部公路科学研究院二级研究员、原副总工程师、博士生导师。现任国务院特殊贡献津贴获得者，国家科技进步奖评审专家，交通运输部第二、第三、第四届专家委员会委员，科技部国家科技进步奖评审专家、973项目评审专家、国际合作专家。中国建筑材料工业协会科教委员会委员。曾获交通青年科技英才、“八五”科技攻关先进个人等荣誉称号。

清华大学建造师培训中心教授，同济大学兼职教授、兼职博导，东南大学兼职教授、兼职博导，南京工业大学兼职教授，重庆交通大学兼职教授，长沙理工大学兼职教授，福州大学兼职教授。中国建筑学会建筑材料分会副主任委员；中国土木工程学会混凝土耐久性委员会副主任委员，中国腐蚀与防护学会建筑防腐蚀委员会副主任委员，中国公路学会道路分会理事。曾任国际公路协会（PIRAC）C7水泥混凝土路面技术委员会理事。

主要从事水泥混凝土路面大型机械化滑模施工及养护技术研究，兼研究桥隧特种水泥混凝土新材料，特别是桥隧高性能混凝土“双掺”外加剂与掺合料的应用技术。主持完成了“八五”国家重点科技（攻关）项目85-403-01《滑模水泥混凝土路面修筑成套技术研究》及其推广等国家及省部级研究项目10项，获得一等奖3项；二等奖7项。

主编完成了国家行业标准《公路水泥混凝土路面施工技术规范》（JTG F30—2003）及其修订版《公路水泥混凝土路面施工技术细则》（JTG F30—2014）等15项，出版《水泥混凝土路面滑模施工技术》等专著10部，1996—2013年在国内、外发表论文200余篇。

付智博士是中国高等级公路水泥混凝土路面滑模机械施工技术开拓者；高速公路长寿命水泥混凝土路面结构优化设计技术倡导者；公路桥隧特种高性能混凝土技术推动者；中国高速公路从无到12万km建设参与见证人；中国公路水泥混凝土路面突破百万公里的技术领导者，遵循《公路水泥混凝土路面施工技术规范》JTG F30—2003，10年来已经建成中国公路水泥混凝土路面160万km，为中国公路水泥混凝土路面里程达到世界第一做出了卓越贡献。遵循《公路水泥混凝土路面滑模施工技术规程》建成的高速、一级公路水泥路面总里程6.5万km，也是世界第一。

云南锁蒙高速公路路面与桥梁工程施工质量远程智能控制技术研究

云南省科技进步奖　二等奖

研究背景

在全国交通大建设、大发展的形势下，尤其是随着建设项目逐步转入工程条件更为复杂的山岭和水域，高墩、大跨径桥梁和地质结构复杂隧道等高技术难度工程增多，质量风险增大，质量监管力量与建设规模不匹配的问题突出，亟须研究如何利用物联网技术，实现工程质量监管的实时化、智能化、远程化，有效防止“偷工”和杜绝“减料”，弥补施工过程控制中的监管漏洞和缺失，切实提高工程质量监管效能。由于信息监控手段较匮乏，监督部门和业主对施工中潜在的质量事故尚缺乏有效的工具，因此开展公路工程施工质量远程智能控制技术研究对于提高公路工程施工质量具有重大现实意义。交通运输部科技司于2011年立项开展“公路工程质量安全过程控制智能化与远程监控技术研究”，为了配合该项目的实施，云南省交通运输厅于2011年下达了行业科技联合攻关的重大科技攻关项目“锁蒙高速公路路面与桥梁工程施工质量远程智能控制技术研究”，本项目由云南省公路科学技术研究院联合交通运输部公路科学研究所、清华大学、云南锁蒙高速公路有限公司、云南省交通运输厅工程质量监督局、长安大学和北京中交睿达科技有限公司共同承担。

本项目依托物联网技术，开发集智能化、远程化、实时性为一体的施工质量监控技术，以沥青混合料拌和、碾压及桥梁混凝土质量、预应力张拉过程数字化控制，路面及桥梁工程质量过程控制指标体系和评价方法、试验数据的采集与异常判别为主要研究内容，研发了沥青混合料及水泥混凝土的生产质量实时在线智能监控设备、沥青混合料碾压质量智能在线监控设备、室内混凝土全仿真强制拌和机、混凝土强度试验数据实时采集与智能管理设备，开发了路面试验检测数据管理系统、沥青路面和桥梁工程施工质量过程控制指标体系与评价系统以及路面和桥梁施工过程智能监控数据分析、评价、反馈计算云平台系统。本项目的研究成果应用于云南锁蒙高速公路、湖北郧十高速公路、河南三淅高速公路、河北邢衡高速公路建设并取得了良好的应用效果。

主要研究内容

1. 沥青路面质量控制关键参数选择与实时监控技术研究

研究沥青混合料生产及成型过程中的关键工艺，获得影响质量的关键参数；研究沥青混合料生产全过程数字化实时监测方案；研究现场实时检测设备与路面压实度的相关性，基于实时检测相关技术，构建沥青路面碾压数字化实时监控系统，实现对沥青路面压路机碾压过程关键参数的实时监控；研究开发路面试验检测数据管理系统集成平台，实现对路面工程试验

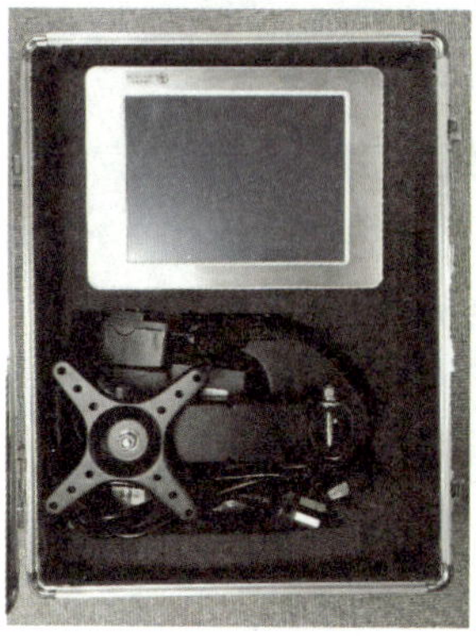

■ 拌和楼智能监控系统

数据的远程监控与自动统计分析功能。

2. 桥梁混凝土及预应力张拉施工质量远程监控技术研究

研究原材料质量变化对混凝土性能的影响，定性或定量地给出水泥、砂、粗集料与混凝土性能的相关性；研究水泥混凝土流变特性的监控方法，实现对拌和站工作状态的连续监控；研究拌和站计量系统远程监测技术；研究水泥混凝土养生对早期收缩开裂、力学性能、碳化、内部相对湿度及内部温度的影响，优选水泥混凝土养生方法和手段；开发智能压力机、建立智能化的对象识别和数据采集传输机制，增强抗压强度试验结果的真实性；研究开发预应力智能张拉设备，实现对桥梁预应力张拉过程的自动化控制。

3. 公路工程试验检测数据特征分析

研究试验检测数据的要求以及数据之间的相关关系，总结逻辑性检验；研究检验试验数据真实性的算法及方法。

■ 智能压路机

4. 公路工程路面、桥梁质量过程控制指标体系与评价方法研究

研究建立公路工程沥青路面、桥梁工程的质量过程控制指标体系，构建公路工程质量过程控制指标体系与评价方法。

研究创新点

1. 沥青路面施工质量远程监控技术

(1) 通过对沥青混合料质量控制关键参数的比选研究，开发了集 IPC 工控机、平板电脑和 3G 无线上网卡一体化的硬件系统，以及集数据查询、数据统计、异常警报三大功能模块为一体的全网页软件平台，实现了沥青混合料生产全过程数字化实时监控。通过高速工业照相机捕捉热料仓下料图像，利用图像连续识别技术获取热料仓级配，实现混合料动态控制，并通过远程传输、动态诊断、实现实时反馈和控制，指导不同冷料进料速率，保证连续生产过程中沥青混合料均质稳定。

(2) 依托 GPS 实时定位技术，集成应用振动加速度及红外测温传感器开发了碾压质量实时监控系统，实现对碾压轨迹、碾压遍数、碾压温度及压实度的实时监控，有效保证了沥青路面的压实质量。利用 RFID 技术，将沥青拌和楼实时生产结果与摊铺机 GPS 坐标位置通过时间序列进行匹配，实现沥青混合料生产、运输、摊铺、碾压全过程可溯源。

2. 桥梁混凝土及预应力张拉施工质量远程监控技术

(1) 借助开发的室内混凝土全仿真强制拌和机开展了大量试验，研究了影响水泥混凝土内在品质的各个要素与拌和机电流的相关性，建立了电流特性与混凝土扭矩、坍落度之间的关系，为建立和完善拌和混凝土质量在线监控和反馈机制提供了科学依据。

(2) 开发了基于流变特性的水泥混凝土质量在线监控设备，有效监控了水泥混凝土的生产质量。

RFID 智能芯片

(3) 通过研究水泥混凝土养生对早期收缩开裂、力学性能、碳化、内部相对湿度及内部温度的影响，优选了水泥混凝土养生方法和手段。利用湿度传感器、Wi-Fi 无线传输技术，实现了水泥混凝土养生闭环控制。

(4) 开发了压力机实时数据采集设备，并应用二维码等技术对水泥混凝土室内强度试验工作进行有效监管，保证了试验数据的客观性、准确性和真实性。利用二维码示踪技术，将室内混凝土抗压试块与工程结构物施工部位进行匹配，实现结构物质量控制的可溯源。

(5) 基于自适应同步张拉控制算法和变速率张拉控制技术，开发了 4 顶同步的预应力智能张拉设备，提高了桥梁预应力施工质量的可靠度。

3. 公路工程试验检测数据特征分析

(1) 试验检测的异常数据识别研究表明，应用标准差检验法、肖维勒准则等数据统计方法对异常数据进行剔除，可有效提高试验检测数据处理结果的科学性、客观性和准确性。

(2) 从工作量一致性、试验环境标准化、试验室能力检查、试验数据特征检验等方面系统提出了沥青路面试验检测数据逻辑性检查要素，有效保证试验检测数据结果的真实性、可靠性与准确性。

4. 公路工程质量过程控制指标体系与评价方法

(1) 按照“全程监控，严格检测”的原则，从“材料、设备、人员、工艺、环境”五个方面确定了沥青路面、桥梁工程施工质量过程控制的主要指标，并按递阶关系构建了质量过程控制指标体系。

(2) 设计了“德尔菲法”所需要汇集专家意见的表格，汇总统计了各个专家关于指标“重要性标度”和“评价标准”的意见，采用将最优传递矩阵融入 AHP 法形成改进的 AHP 分析方法，得到了施工质量过程控制指标体系中各指标的权重值；依据各技术指标对工程质量的影响程度分析，对指标体系中各指标的不同范围值确定了不同的赋值，建立了施工质量过程控制指标的评价标准。

(3) 依据不同的工程情况将得到的施工质量过程控制各技术指标权重和不同赋值应用于工程实际，结果表明本研究提出的过程控制指标体系及评价方法具有较强的实际应用性。

成果应用

1. 依托云南锁蒙高速公路、湖北郧十高速公路开展“混凝土质量远程控制技术”的应用，使其水泥混凝土质量明显提升。

2. 在云南锁蒙高速公路南盘江特大桥工程应用了“4 顶同步智能张拉技术”。智能张拉系统应用于主桥箱梁、引桥简支 T 梁及盖梁，有效地提高了预应力张拉可靠度，保证了施工质量。

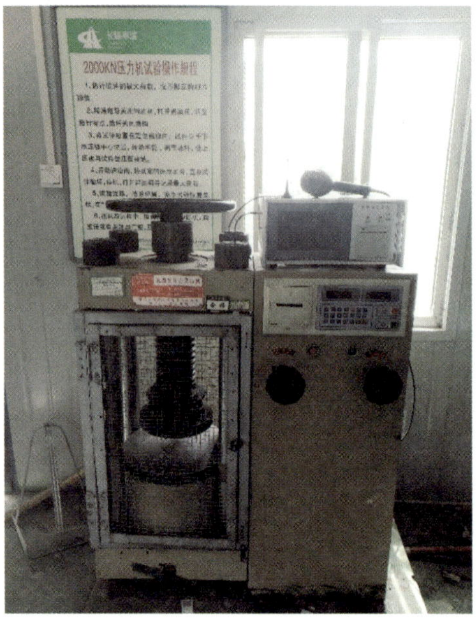

■ 智能压力机

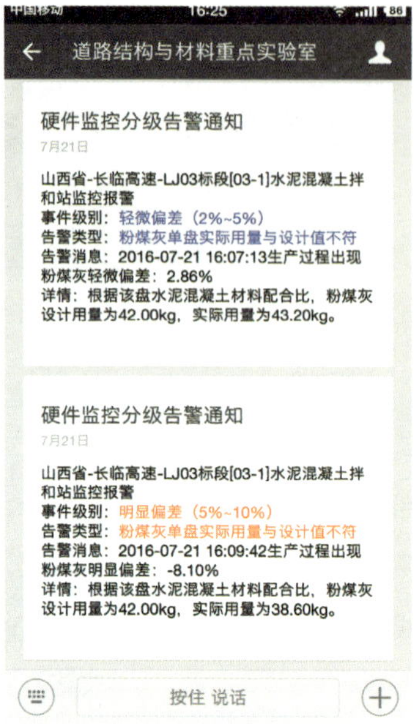

■ 微信分级报警通知

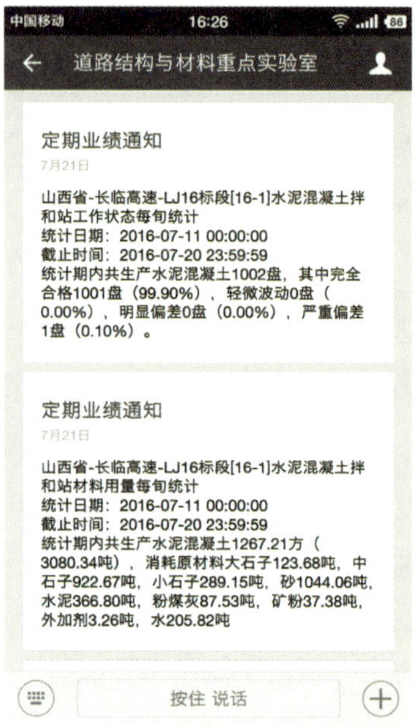

■ 微信统计通知

3. 在云南锁蒙高速公路、河北邢衡高速公路应用了“沥青混合料拌和质量远程监控技术”，实现了混合料级配、油石比、外掺剂剂量、拌和温度和时间等关键参数的有效控制，保证了沥青混合料的生产质量的稳定性。

4. 依托云南锁蒙高速公路第四合同段的沥青面层施工，应用了“沥青混合料运输、摊铺及碾压远程监控技术”。依托无线射频识别和 GPS 差分实时定位技术，集成应用振动加速度及红外测温传感器，对整个运输、摊铺及碾压过程进行远程监控。

本项目研究成果在锁蒙高速公路等项目的应用，有效地增强了工程的监管力度，切实保证了实体工程的合格率，产生的直接经济效益达 300 余万元。预应力张拉可靠度、混凝土性能、路面施工质量的提升，进一步提高了工程的耐久性，减少运营期养护维修成本，产生的经济效益将达千万元。

本项目研究成果对规范施工行为具有一定的震慑作用，有助于降低施工质量控制风险和提高公路工程质量。远程智能化实时监控系统为公路工程施工质量过程控制提供了有效手段，明显改善了质量监管的可操作性和有效性，具有显著的经济效益和社会效益。

完成人简介

田波，交通公路工程研究中心副主任，博士，博士生导师，三级研究员，世界道路协会路面技术委员

会委员。主要从事水泥混凝土路面设计、施工、养护等研究工作。承担“路面－轮胎噪声产生机制及测试技术研究”“彩色压花装饰混凝土铺装全套技术与关键装备研发”“隧道混凝土防火机制研究”等多项基本科研业务费项目。出版著作2本，发表论文近100篇。获得省部级科技进步一等奖6项目，二等奖9项，三等奖12项目。荣获中国公路学会百名优秀工程师、中国公路学会青年科技奖、交通运输部直属机关首届五四青年奖章标兵、交通青年科技英才、内蒙古自治区草原英才等荣誉称号。

李思李，交通公路工程研究中心助理研究员，参与完成“云南锁蒙高速公路路面与桥梁工程施工质量远程智能控制技术研究”“公路工程质量安全过程控制智能化与远程监控技术研究”等省部级科研项目，发表文章15篇，其中SCI检索2篇，EI检索8篇，获得中国公路学会科技进步一等奖1项，云南省科技进步二等奖1项。

厦蓉线水都高速公路建设关键技术研究

贵州省科技进步奖 一等奖

研究背景

高填方路基易出现整体失稳、路面开裂和沉陷等病害。厦蓉线水都高速公路起点为桂黔省界处，终点为上跨贵新路桥梁终点，路线全长208.022km。由于地形地貌、地质状况和控制工程投资的原因，存在大量的高填方和连续填挖转换路段。全线高填方路段103处，最大中心填高55m，最大边坡填高108m，为贵州省之最。大多高填方路段地形较陡，有"V"形、"W"形和"U"形，地基表面常有斜坡软弱层。路基填料主要为强风化板岩，强度低。为确保工程建设与质量，贵州省科技厅于2007年重点立项，开展"厦蓉线水都高速公路建设关键技术研究"，研究内容涉及桥、隧、弃土场、温拌路面、挖方边坡和高填方等6个方面，其中高填方路基稳定性及施工技术是其重点研究子题之一，该子题由交通运输部公路科研所承担。

■ 室内大型三轴高压试验

研究创新点

项目针对贵州水都高速公路的地形地貌、地质和路基填料等特点，采用大型循环三轴试验系统对高填方路基填料进行详细试验，明确了其在高应力水平下的力学特性。采用不同方法对不同工况下的高填方路基稳定性进行计算，分析其适用范围；针对沿线高填方多呈现出"S"形、"V"形和陡斜坡地形等非平面应变的特点，采用强度折减法进行三维有限元应力计算，结果表明，其稳定系数较传统的基于平面应变假定的稳定计算结果高，为今后类似复杂地形高填方的稳定分析与填筑提供了新的技术支持与基础。

对三个典型高填方的水平位移与沉降进行了系统的观测，结合理论分析提出了水都路高填方的沉降变形规律和预测计算公式；通过试验路的铺筑，总结了高填方路基的施工工艺、压实标准与质量控制措施，并用于指导生产实践，确保了高填方路基的稳定，相关研究成果在实体工程中得到了验证。

项目通过大量的工程调研、室内外试验和理论分析，系统研究了贵州高填方路基的病害类型与成因

■ 高填方填筑施工现场

■ 高填方冲击追密补压

■ 水都线 BT4 标的高填方（边坡高 108m）

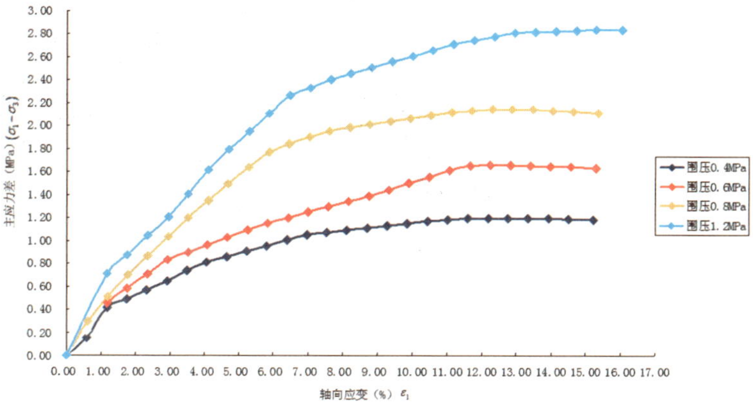

■ 主应力差（$\sigma_1-\sigma_3$）与轴向应变 ε_1 关系曲线

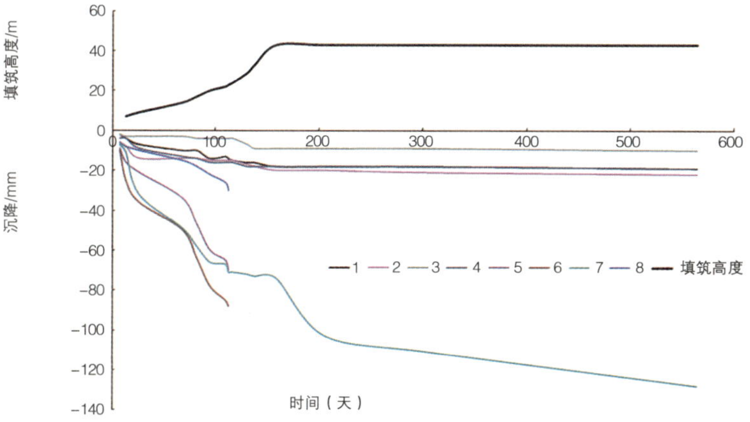

■ 高填方沉降曲线

机制、稳定分析方法、沉降变形规律及施工工艺等，取得了丰富的创新性成果。

1. 明确了板岩碎石土在高应力水平下的力学特性

我国公路行业对于高填方稳定分析多采用查表方式确定相应的计算参数，计算参数的准确性在很大程度上决定了填方路基的稳定计算结果。强风化板岩的强度较低，若按查表方式根据颗粒粒径组成确定相应的计算参数则无疑可能偏于不安全，另一方面水都高速 BT4 标的最高填方达 108m，为此，采用大型循环三轴系统进行了高应力水平下的力学特性试验，风化板岩碎石土的应力—应变曲线表现出明显的非线性特征。为高填方路基的稳定分析与长期性能研究提供了基础数据。

2. 提出了公路复杂地形高填方的稳定分析

边坡稳定性分析是土力学中的经典问题之一。我国公路行业一般采用简化 Bishop 法进行边坡稳定分析，但这以沿圆弧滑裂面破坏为前提。水都高速沿线的一些高填方多位于深山峡谷地区，高填方呈“S”形、“V”形等非平面问题，采用传统的基于平面应变假定的边坡稳定分析方法显然与实际情况不符。为此采用三维折减强度有限元法对强风化板岩高填方的稳定性进行计算，为类似复杂地形条件下高填方的稳定分析提供了技术手段。

3. 揭示了板岩碎石土高填方路基的台阶状沉降变形特征与影响因素

(1) 高填方路基填筑体的工后（指路基填筑完成，下同）总沉降量与填筑高度基本呈线性关系，约占高度的 1%；当路基填筑速度较快和施工控制不严时，可达 1.3%。

(2) 不同填料的高填方路基的沉降差别不明显。

(3) 粗粒土高填方路基第一个雨季（5~7 月）的沉降量约占第一年沉降量的 1/2，占总沉降量的 1/4 左右。高填方路基的沉降曲线在总体上呈抛物线形的同时，呈现出明显的台阶状。高填方路基第一年的工后沉降量约为第 2 年的 3~4 倍，约占总沉降量的一半。

■ 高填方三维激光扫描仪测量

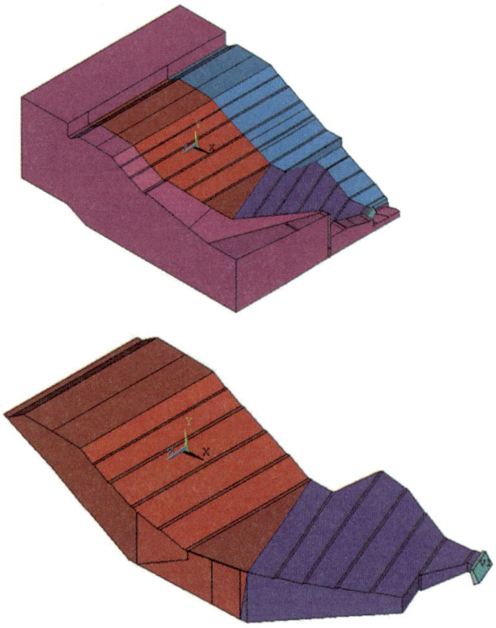

■ 基于强度折减的高填方三维有限元稳定性分析

(4) 高填方路基完工后至少经历一个雨季或 6 个月方可铺筑路面，在工期允许的情况下宜自然沉降稳定一年时间较合适。

(5) 路面铺筑后的沉降速度远小于铺筑前，高速公路高填方路基的沉降应以路面铺筑为界，分成两个不同的阶段。

(6) 地质状况良好的情况下，路基沉降的主要影响因素依次是：路基沉降稳定时间、路基高度、施工层厚、填料级配和碾压工艺等。

■ 通车后的 BT4 标高填方调查（2012.11.21）

■ 通车后的 BT14 标高填方沉降观测（2012.11.21）

(7) 高填方路基填筑体两点间的工后差异沉降率普遍较大，多在 0.2% ~ 0.3%，个别点可达 1%，路基边坡的水泥防护砌体在路基刚完工时出现了开裂等现象。路面铺筑后路基的差异沉降普遍不大，差异沉降率多在 0.1% ~ 0.15%，个别点超过 0.5%，但路面未见裂缝等病害，路基边坡防护砌块亦未再现开裂。

4. 系统提出了高填方路基填筑技术及质量控制要点

包括不同填料的碾压工艺、冲击追密补压、防排水、填挖交界处理、工期合理安排等系统的填筑技术。

成果应用

研究成果在水都高速公路格都段和贵州省的余凯羊、毕生、毕都、黔兴、遵贵等众多高速公路建设中得到广泛推广应用。取得了良好的社会与经济效益。相关成果也将纳入正在修订的《公路路基施工技术规范》。

完成人简介

吴立坚，研究员，现任交通公路工程研究中心责任工程师。在特殊土路基、山区高速公路、路基与路面的相互作用等领域有较深入的研究。参编《公路路基设计规范》，正在参编《公路路基施工技术规范》，正在负责《公路土工试验规程》的修订。曾获中国公路学会一等奖 1 项，二等奖 3 项，三等奖 3 项，贵州省科技进步一等奖 1 项。发表论文 30 余篇。